한국교회의 사역자들과 성도들에게 올리는 호소문

# 교회여 어찌하여

한국교회의 사역자들과 성도들에게 올리는 호소문

# 교회여 어찌하여

김진홍 지음

예찬사

# 호소문

이 시대의 한국교회(개신교)는 세상으로부터 심각한 비난을 받고 있으며, 이로 인하여 복음 전파의 어려움은 물론 기독교인들의 수마저 급격히 감소하고 있습니다. 기독교가 그 정체성을 분명히 하면 신앙의 특성상 세상으로부터 핍박과 야유를 피할 수 없는 일이기는 합니다.

그러나 현재의 한국교회가 세상으로부터 받는 비난은 대부분 그 원인이 그릇된 교회 운영과 사역자들의 빗나간 삶으로 인한 것임을 부인할 수 없습니다. 세상은 날로 타락하여 뜻있는 그리스도인들은 이를 바로잡아 보려 하지만 뜻대로 되지 않습니다. 연일 매스컴에 등장하는 교회와 사역자들의 비리와 추문으로 인하여 이제 세상 사람들은 그리스도인들의 외침에 대해 코웃음을 치며 조롱하고 있습니다.

“기독교계 내부 문제와 지도자들의 타락된 행위들이 가관인데, 주제넘게 세상문제까지 이래라 저래라 목소리를 높이느냐는 것이지요.”

심각한 문제는 또 있습니다.

교회가 하나님 나라의 정의를 구현하지 못하고 세속화되고 타락한 사역자들의 그릇된 행태로 인하여 더 이상 교회 안에 신앙의 뿌리를 내릴 수 없어서 교회를 점점 떠나고 있는 속칭 ‘가나안’(교회 안나가는) 교인들의 문제입니다.

이제 한국교회는 안팎에서 심각한 도전과 위기에 직면해 있습니다. 지금이라도 한국교회와, 사역자들과, 성도들은 뼈를 깎는 듯한 자성과 하나님 나라의 일을 맡은 자로서의 합당한 자세를 가다듬어야 하겠기에, 교회 개혁과 사역자들의 윤리 규범에 대한 몇 가지의 기준을 제시하여 호소합니다.

## 1. 한국 기독교(개신교) 산하 교회들의 재정 집행 문제에 관하여

교회가 재정적인 운영에 있어서 전도의 대상인 세상과 구성원인 교회 성도들에게 당당하지 못하고 감춰야 할 부분을 놔두고서야 무슨 명목으로 사람들을 향해서 여기 진리가 있으니 와서 들으라고 초청하여 그 무엇을 전할 수가 있겠습니까? 이런 일들은 사람들을 속이는 범죄 집단에서나 있을법한 그릇된 일이며, 세상과 뜻있는 성도들에게 판단을 받는 기준이 되기도 합니다.

## 2. 일부 교회의 담임목사들과 부흥사들의 고액 사례비에 대하여

세상과 뜻있는 성도들로부터 빈축을 사고 있는 일부 교회 담임목사들과 부흥사들의 고액 사례비 문제로 기독교 전체가 비난을 받고 있습니다. 이제는 이 문제에 대하여 온 세상과 모든 성도들이 납득할 수 있을 정도의 적절한 사례비의 기준을 세워서 제시해야 할 때가 되었다고 봅니다.

기독교를 바라보는 세상 사람들의 정서와 신령한 자는 다른 이들에게 판단을 받지 않는다는 성경 말씀을 고려할 때(고전 2:15 참조), 담임목사들의 사례비는 서민들의 평균 생활비를 넘지 않는 범위로 정하는 것이 옳을 것입니다. 이에 대해서는 중, 대형교회의 담임목사들도 예외를 두어서는 안 될 것입니다. 그 이유는 한 사람의 지나침은 곧 전체 기독교계에 좋지 않은 영향력을 끼치기 때문입니다. 그리고 성령님께서는 "너희 교회 재정 사정이 아주 좋으니 가난한 자들과 굶어 죽어가는 이들의 신음소리 같은 것은 신경쓰지 않아도 된다"고 말씀하시지 않습니다.

개인적인 삶의 안위보다도 이 세상에 영광스럽게 임해야 할 하나님의 나라를 더 소중하게 생각하는 사역자라면 충분히 '아멘'을 할 수 있으리라 봅니다. 교회를 섬기는 사역자들이 주님의 종들인 점을 의식한다면 종들을 향하신 주님의 말씀을 명심해야 할 것입니다.

"이와 같이 너희도 명령 받은 것을 다 행한 후에 이르기

를 우리는 무익한 종이라 우리가 하여야 할 일을 한 것 뿐이라 할지니라"(눅 17:10)

## 3. 교회당을 성전이라 칭하는 문제에 대하여

신약시대의 교회당을 마치 구약의 성전이나 되는 것처럼 막대한 비용으로 크고 화려하게 짓느라 성도들을 힘들게 하고 세상의 비난을 듣는 일은 하지 말아야 합니다. 예배당은 성도들의 예배와 교제를 위한 편의 시설일 뿐 그 이상도 이하도 아니기 때문입니다.

"너희는 너희가 주의 성전인 것과 주의 성령이 너희 안에 계시는 것을 알지 못하느냐"(고전 3:16)

## 4. 소속된 교단, 교회보다 먼저 하나님의 나라에 속한 사역자가 되어야 한다.

하나님의 나라는 특정 교단이나 교회나 어느 한 사람의 깨달음 안에 갇힐 만큼 작지 않습니다. 아무리 정통을 자처하는 교단이라도 측량할 수 없는 하나님의 나라의 무한한 넓이와 깊이와 높이에 비하면 그저 지극히 작은 지체에 불과하기에, 한 교단이 하나님의 나라를 다 담아낼 수 없습니다. 자신이 사역하는 교회와 소속된 교단의 주의에 사로잡혀서 경쟁, 시기, 분쟁하는 부끄러운 모습들을 더 이상 보이지 말고, 타 교단 및 타 교회와 형제들을 함께 섬기고 세워주는 아름다운 사역을 해야 합니다.

"이 사람들은 분열을 일으키는 자며 육에 속한 자며 성령이 없는 자니라"(유 1:19)

## 5. 기독교계에 치명적인 해를 끼친 자들에 대한 권징 강화

부적절한 언행과 개인적이고 개교회적인 이해관계로 전체 기독교계에 이미지 실추 및 심각한 해를 끼친 사역자들 및 신자들에 대하여는 성경에 근거하여 엄격한 권징을 집행해야 합니다.

"만일 어떤 형제라 일컫는 자가 음행하거나 탐욕을 부리거나 우상 숭배를 하거나 모욕하거나 술 취하거나 속여 빼앗거든 사귀지도 말고 그런 자와는 함께 먹지도 말라 함이라"(고전 5:11)

이 시대 많은 사역자들이 있지만 하나님은 둘로 구분하실 것입니다.

"하나님의 나라를 세워가는 이들과 욕을 듣게 하고 무너지게 하는 자들로."

위의 내용은 2015년과 2016년에 걸쳐서 기독교 신문, 목회자 사모신문, 더 타임 기독 신문 하단에 호소문 형태로 올렸던 내용입니다. 향후 교회 개혁에 관한 위의 글을 신문이나 여러 매체에 지속적으로 게재하여 뜻있는 그리스도인들의 공감대를 형성하고자 합니다. 그리하여 모든 교회와 사역자들과 성도들이 세상의 빛과 소금으로 온전히 세워질 그날이 속히 오기를 소망합니다.

대한예수교장로회(대신) 온세복음교회 김진홍 목사

e-Mail onsemission@hanmail.net

인터넷 초교파 그리스도인들의 모임 온세복음선교회

http://cafe.daum.net/onsemission

# 차례

## 제2부 예수 그리스도의 교회

## 제3부 바른 믿음의 출발과 삶의 적용

# 들어가는 글

필자는 중국 선교 사역을 하면서, 현재 한국교회들이 직면하고 있는 여러 가지 문제점들을 한국교회의 입장에서 벗어나 객관적인 입장에서 바라볼 수 있는 안목을 가지게 되었다. 중국의 가정교회나 삼자교회처럼 운영되는 방식이 일반적인 한국교회들의 운영 방식에 비하여 더 바람직하다는 의미는 결코 아니다. 그러나 한국교회의 관점에서 벗어나 객관적인 입장에서 한국교회들의 문제점들을 바라볼 때, 한국교회의 흐름 중에서 그동안 잘 안보이던 문제점들이 보이기 시작했다고 할 수 있다.

한국교회에서는 성도들이 예배를 마치면 여러 기관에 소속되어 있기 때문에 각 기관의 모임에 참석하거나 아니면 그냥 교회에서 흩어지는 것이 일반적이다. 예배와 설교와 모임들이 거의 대부분 앞뒤 사이의 스케줄에 의하여 샌드위치처럼 끼어 있는 형국이다. 그러다보니 습관적으로 예배에 참여하는 경우가 많으며, 어떤 면에서는 교회 내에서의 예배와 활동이 지극히 사무적으로 진행된다고 볼 수 있다. 그러나 이런 현상들이 어느 특정 교회만의 문제가 아니라, 거의 대부분의 교회들이 그렇다보니, 목회자나 신자들이 이러한 현상들을 지극히 정상적인 것으로 받아들이고 있는 것도 사실이다.

17~8년 쯤 전에 내가 가르치던 제자가 사역하는 중국 '산동성'의 가정교회에서 복음을 전할 기회가 있었다. 그 교회는 산동지방 가정교회들의 '모체'와 같은 교회였는데, 문화대혁명 시절 혹독한 박해 속에서도 비밀 공간에서 예배를 드리며 그 자리를 꿋꿋이 지켜온 교회였다. 먼저 도착해 식사를 하고 좀 쉬고 있는데, 성도들이 몰려들어 예배당과 마당까지 가득 메웠다. 가정교회 지도자와 성도들이 상의를 하더니, 나에게 지금부터 말씀을 전해 달라고 부탁했다. 내 계획은 저녁부터 할 생각이었는데, 성도들의 요청에 따라 오후 2시쯤 설교를 하게 되었다.

예배 순서지도 없이 그 교회의 지도자는 한국에서 오신 자기 스승 목사가 말씀을 전하겠다는 딱 한마디를 하고는 강단 뒤에 앉았다. 설교 중에도 성도들이 자꾸 모여들어 강단 뒤쪽과 설교자 바로 턱 밑까지도 성도들이 운집하여 발 디딜 틈이 없었다. 오후 2시에 시작하여 3시쯤 설교를 마쳤는데, 성도들이 흩어지지 않고 대부분 그 자리에 앉아 있었다.

잠시 밖에 나갔다가 들어오니, 가정교회 지도자가 나한테 물어 보지도 않고 "두 번째 말씀을 전하시겠습니다." 하며 나에게 또 말씀을 전해 주라는 것이 아닌가. 나는 '저녁에나 한 번쯤 더 말씀을 전하라 하겠지' 하는 생각을 가지고 있던 터였다. 그때는 9월 중순경이라 산동 지방의 농촌은 집집마다 농작물 수확이 막 시작되어 한창 바쁜 때였다.

나는 그날 그렇게 계속 등을 떠밀리다시피 하여 무려 10차례나 강단으로 밀려나 새벽 2시까지 설교를 하였다. 그때 마음속에 성도들의 내일 일정을 위해서라도 이제는 집회를 마쳐야겠다는 생각이 들어서, 내일 다시 모이자고 하고 폐회하였다. 집회를 마치고 바깥에 나가보니 예배당 바깥쪽과 골목 앞에까지 사람들이 운집하여 선 채로 차가운 새벽이슬을 맞아가며 말씀을 듣고 있었음을 알게 되었다.

좁은 예배당 안에 콩나물시루처럼 몸을 운신할 수 없는 불편한 상태로 열두 시간 동안 설교를 들은 사람들이나, 가을 새벽의 찬 이슬을 맞으며 선 채로 설교를 들은 사람들이나, 그들 모두가 깜빡 잊고 있었던 것이 있었다. 바로 '불편함'이었다. 만일 그들이 불편함을 느끼기 시작했다면, 그 긴 시간을 버텨낼 수 없었을 것이다. 그러나 그들은 불편한 기색조차 보이지 않았으니, 열두 시간을 참고 '견뎌낸' 것이 아니라, '누리고' 있었던 것이다.

한국교회의 신자들은 그 좋은 교회당 환경에서 30분 남짓한 설교도 너무 길다고 은근히 불평하는 이들도 적지 않은 것이 현실이다. 나는 그 중국의 예배 현장에서 이 시대의 한국교회의 예배와 신앙의 흐름에 중대한 '이상 징후'가 있음을 발견하게 되었다.

"하나님이여 사슴이 시냇물을 찾기에 갈급함 같이 내 영혼이 주를 찾기에 갈급하니이다 내 영혼이 하나님 곧 살아 계시는 하나님을 갈망하나니 내가 어느 때에 나아가서 하나님의 얼굴을 뵈올까"(시 42:1-2)

쾌적한 예배 환경에서 그다지 길지도 않은 예배 시간도 견디기 힘들어 하는 한국교회 신자들의 모습과 불편한 환경 속에서 그 긴 시간을 '견디지' 않고 '누리던' 중국교회의 성도들이 비교되었기 때문이다. 하나님께 대한 간절한 사모함이 없이 광야처럼 메마른 심령들을 가졌다는 것을 발견하게 된 것이다. 교회를 담임하는 사역자들이 많은 돈을 들여서 예배 환경을 좀 더 좋게 하려는 이유 속에는 성도들에 대한 배려도 없지는 않을 것이다. 사실 한국교회 대부분의 개척 교회들이 어려움을 겪는 이유는 큰 교회들에 비하여 예배드리는 환경이 열악한 것도 분명히 한 몫을 했을 것이다. 한국교회의 신자들이 신앙의 본질적인 면보다도 변두리(예배 환경이나 잘 짜인 시스템) 것들의 영향을 많이 받는다는 것은 그만큼 영적인 건강 상태가 취약하다는 점을 드러내고 있다고 본다.

필자는 '산동성' 선교 현장에서 목격하였던 중국 성도들의 그 열정적인 모습을 보면서, 한국교회의 신앙의 흐름의 문제점에 대하여 깊이 살필 수 있는 계기가 되었다. 그러다가 2015년 경기도 용인에서 교회를 개척하여 사역을 하는 중에, 마음속에 한국교회의 일반적인 현상에 대하여 분명한 깨달음을 얻게 되었다. 특히 2015년은 한국 기독교계의 치부를 드러내는 부끄러운 일들이 교회와 사역자들을 통하여 연속적으로 불거져 나와 세상에 드러나는 해였다.

한국교회가 세상으로부터 빛과 소금이 되지 못하여 비난을 받게 되고, 그로 인하여 점점 더 어려움에 빠지게 되는 악순환이 계속 이어지는 고리를 발견하게 되었다. 먼저, 교회의 사역자들이 영적으로 타락하여 생명력 있는 말씀이 성도들에게 제대로 공급되지 않고 있음을 알게 되었다. 사역자들이 성령의 감동으로 깨달은 말씀이라면 전하면서 자신도 삶속에서 기쁨으로 순종하게 될 것이다. 이런 사역자들이 전하는 말씀은 신자들에게 그대로 살아있는 생명력으로 전달이 된다. 그런데 최근에는 이런 삶의 순종함이 없이 단지 입으로만 설교를 하였던 사역자들의 정체가 세상에 많이 드러나게 되었다. 전하는 말과 삶이 도무지 일치하지 않는 사역자들이 이 시대의 기독교계에 주류처럼 활동하고 있었으니, 이 시대 기독교계의 타락과 쇠락은 당연할 수밖에 없구나 하는 생각이 들었다.

한국 기독교계의 타락과 쇠락의 원인은 먼저 교회의 사역자들부터 '현세주의'의 변질된 번영 신학을 따름이 그 원인임을 알게 되었다. 비리로 인하여 세인들의 따가운 시선을 받고 있는 작금의 상당 수 교회들, 사역자들은 영광스러운 예수의 복음을 오해하고 있음이 분명하다는 확신을 가지게 되었다.

그리하여 2015년 11월 15일자에 기독신문과 2016년 한국교회 목회자 사모신문, 그리고 3월경 더 타임 기독신문에 한국교회를 향한 호소문을 올리게 된 것이다. 그 후 수많은 교회의 목사님들과 장로님들이 누군가 진작 해야 할 일을 하나님이 저를 통해 하셨다며, 한국교회가 다시 일어설 때까지 하라는 격려를 아끼지 않았다.

이 책의 주요 구성은, 먼저 한국교회를 향하여 신문 지상에 올렸던 호소문의 내용을 좀 더 자세하고 구체적으로 다루었다. 내용 중에는 다소 격앙된 표현들이 있지만, 하나님이 세우신 존경하는 사역자들을 향한 것이 아니라 거짓되게 숨어들어와 하나님의 나라를 해롭게 하는 자들을 위한 것임을 먼저 밝힌다. 필자는 이 시대 한국 기독교계의 문제점들이 너무나 광범위하고 성경에서 제시하는 표준의 그것과는 너무나 간극이 넓음으로 인하여 어떻게 내용을 전개해야 할지에 대하여 깊은 고민에 빠지기도 하였다.

그러다가 이 글을 쓰면서 분명하게 적용해야 할 원칙을 발견하게 되었다. 척도를 가늠하는 기준이 모호할 때는 가장 표준적인 잣대를 제시해야 모호함에서 벗어날 수 있다는 사실을 알게 되었다. 간혹 개혁가들 가운데는 초대교회로 돌아가자는 분들도 있고 청교도 신앙을 회복하자는 분들도 있다. 그 분들은 훌륭한 사역적인 자세를 가진 분들임에 틀림이 없다. 그러나 그분들의 훌륭한 사역적인 자세에는 찬사를 보내지만, 그분들이 지향하고자 하는 교회의 방향에는 동의를 할 수 없다. 하나님은 당신의 교회를 미래 지향적으로 나아가게 하시지 결코 과거 지향적으로 돌아가게 하시지 않기 때문이다. 비록 이 시대의 기독교계가 타락이 되기는 했지만 여기까지

오게 된 데에도 분명히 역사를 주관하시는 하나님의 경륜이 계셨을 것이다. 역사를 주관하시는 하나님이 기껏 과거로 돌이키게 하시려고 역사를 여기까지 이끌어 오시지는 않았음을 믿는다. 뿐만 아니라 초대교회나 청교도들의 신앙이 분명히 본받을 만한 좋은 점들이 많기는 하지만, 그 교회들 나름대로 많은 문제점들이 있었던 것도 사실이다.

필자는 이 시대의 기독교계가 어디로 방향을 잡아야 할지에 대해서도 많은 고민을 하였다. 하나님은 분명히 이 시대의 교회들에게 역사의 뒤를 가르치시기보다는 하나님이 창세전에 예비하신 그 아름다운 계획을 향하여 앞으로 가게 하시리라고 믿는다. 성경은 이 시대의 모든 교회들이 바라보고 나가야 할 분명한 방향을 제시하고 있다.

요한계시록 19장 8절은 찬란한 세마포를 입고 어린양의 신부로 준비된 여인의 모습을 이 시대의 모든 교회들이 추구해야 할 모델로 제시하고 있다.

> "그에게 빛나고 깨끗한 세마포 옷을 입도록 허락하셨으니 이 세마포 옷은 성도들의 옳은 행실이로다 하더라"(계 19:8)

신구약 교회 중에 많은 교회들이 나오지만 요한계시록 19장 8절에서만큼 아름다운 모습으로 묘사된 적은 없다. 가장 완벽한 교회는 말세지말인 세상 끝 날에도 여전히 존재하는 것이다. 이런 반문을 제기할 수도 있을 것이다. '이 세상에 그런 교회가 어디 있느냐?' 고. 눈에 보이는 교회 중에 그런 교회가 없다고 해서 하나님의 계획이 수정되지는 않을 것이다. 그렇게 되지 못한 그 교회와 사역자들이 하나님의 기뻐하심에서 제외될 뿐이지, 하나님의 계획은 한 치의 차질도 없이 이루어질 것이다.

이 책에서는 인간의 가시권에 그 윤곽을 쉽게 드러내지 않는 하나님의 나라와 은밀한 역사하심에 많은 비중을 두었다. 거의 대부분의 사람들은 눈에 드러나는 가시적인 업적에 지나치게 집착을 한다. 그러다보니 하나님의 일을 맡은 사역자들마저도 가시적인 성과를 토대로 실패와 성공이라는 잣대를 들이대는 경우가 많다. 그 결과 더러는 섣부른 성취감에 빠지고 많은 이들은 가시적인 성과를 이루지 못한 자괴감에 빠지는 경우가 적지 않다.

필자는 이 책에서 이 세상에 임하는 하나님의 나라는 인간의 가시 영역보다도 비가시적인 은밀함을 통해서 더 많이 이루어지고 있음에 대하여 성경을 근거로 깊이 있게 다루려고 노력하였다. 그리하여 가시권에 크게 드러나는 것이나 그렇지 않은 것에 대한 부담에서 완전히 자유를 얻고, 은밀함을 보시는 하나님의 나라를 위한 진정한 사역이 무엇인가를 밝히 드러내고자 하였다. 사역자들이 세상 사람들로부터 비난을 받아 가면서도 수고하는 이유는 자신의 사역에 대해 최종적으로 하나님이 기뻐해 주실 것이라는 소망이 있기 때문일 것이다.

이 책의 내용은 사람들의 눈에 드러나는 가시적인 성과 위주의 사역보다는 하나님이 보시기에 아름다우며 기뻐하실 만한 사역에 초점을 두었기 때문에 이 시대 기독교계의 주류적 흐름과는 상당한 간격이 있을 수 있다.

한 가지 양해를 구할 것이 있다. 성경에는 분명히 잘못된 것으로 규정하고 있지만, 이 시대의 기독교계에 관행처럼 만연하고 있는 어떤 문제점들을 이 시대의 그리스도인들이 납득이 되게끔 잘못된 것으로 밝히 규명해 내기가 쉽지 않았다는 점이다. 그리하여 다소 반복적으로 다루고 있는 부분들이 분명히 있다. 필자가 가진 표현력의 한계이기도 하지만 너무나 중대한 내용이기에 여러 각도에서 비추어보면서 빚어진 것으로 이해하고 읽어 주실 것을 부탁드린다.

하나님이 교회와 성도들에 대하여 바라시는 기준과 이 시대의 기독교계의 상황이 많은 마찰을 빚을지라도 우리들은 하나님이 세우신 종들이라는 점을 인식한다면 그 많은 차이도 기꺼이 극복할 수 있을 것이다.

한국교회 개혁을 위한 호소문이 워낙 중대한 내용인데 비하여 좁은 지면에 충분한 내용을 실을 수 없어서, 그동안 모아두었던 글들을 정리하여 《교회여 어찌하여》라는 제목의 책을 내놓게 되었다. 하나님은 필자에게 처음 믿을 때부터 "네 교회 내 교회"라는 생각에서 자유롭게 해 주셨다. 지금도 하나님께 끊임없이 드리는 기도는, 지구 반대편에 있는 교회가 부흥되어 일어날 때 "주님, 저의 교회를 부흥시켜 주셔서 감사합니다." 이런 사역을 할 수 있게 해 달라는 내용의 기도이다. 마침 2017년은 루터의 종교개혁 500주년을 맞는 의미 있는 해이기에 한국교회가 다시 한 번 하나님의 영광스러운 교회로 일어서는 데 이 책이 작은 빛이 되기를 바라면서, 이 시대를 살아가는 모든 그리스도인들 앞에 내놓게 되었다.

이 책이 완성되기까지 기도와 격려로 함께 해주신 한국교회의 여러 목사님들과 성도들에게 진심으로 감사를 드린다. 또 인터넷에서 한국교회에 대하여 함께 아파하고 기도와 응원과 수고로 동참해주신 '온세복음선교회' 모든 회원들과 특히 이 책이 쓰이기까지 여러 방면으로 도움을 주신 마정윤 집사님께 진심으로 감사를 드린다. 또 부족한 종을 하나님이 세우신 사역자로 알고 개척 교회에 스스로 찾아와 큰 힘이 되어주시며 함께 기도해주신 '온세복음교회' 성도님들께도 진심으로 감사를 드린다.

끝으로 남편인 필자의 사역을 온전히 자신의 사역처럼 생각하며 격려와 위로와 때로는 따끔한 직언까지 아끼지 않고 복음 사역에 평생을 함께하는 동역자 박옥희 사모에게 진심으로 감사하고, 늘 든든한 힘이 되어주는 사랑하는 아들 요한과 원고 정리에 도움을 준 사랑하는 딸 주영이에게 고마운 마음을 전한다.

_ 2016년 7월 20일

경기도 용인 온세복음교회 **김진홍**

1부

# 이 시대 한국 기독교계의 문제점

## 1. 기독교계가 직면한 이 시대

2016년 5월, 신문 지상에 우리나라 국민들에게 존경받는 44 종류의 직업을 순위별로 소개한 것을 보았다. 2014년에서 2016년까지 약 2년간 수도권에 사는 고교생, 대학생, 일반인 1,240명을 상대로 한 조사였다. 그때 다양한 직업군들에 대한 조사가 이루어졌는데, 우리나라 3대 종교의 성직자들에 대한 국민들의 존경과 신뢰도에 대한 조사도 함께 이루어졌다. 1996년에는 개신교 목사가 17위, 가톨릭 신부가 23위, 스님은 33위로 그때까지만 해도 개신교 목사가 성직자들 중 존경과 신뢰도가 가장 높았다. 그러나 2016년의 결과는 가톨릭 신부가 24위, 스님이 29위, 개신교 목사가 34위를 하였다. 우리나라 3대 종교의 성직자들 중 신뢰와 존경에 있어서 개신교 목사들이 맨 꼴찌를 하였던 것이다.

어둡고 썩어가는 세상에 빛과 소금이 되어 영광스러운 예수 그리스도의 복음을 전하라고 세움 받은 이들이 바로 목사들이다. 기독교의 목사들이 왜 이처럼 복음 전파의 대상인 세상 사람들로부터 존경과 신뢰를 받지 못하고 있는 것일까? 목사들이 인정을 받지 못하는 것은 비단 세상 사람들에게만은 아닌 것 같다. 통계적으로 집계 된 바에 의하면 우리나라의 개신교단에 속한 신도의 수는 급속도로 줄고 있는 것으로 나타나 있다. 기존 신자들의 탈 교회 현상이 가속화되는 가장 주된 이유는 성직자들의 비리와 하나님의 정의를 구현하지 못하는 그릇된 교회 운영이 핵심적인 원인으로 지목되고 있다. 이처럼 이 시대의 기독교계는 안팎으로 매우 어려운 상황에 직면해 있다.

필자는 어려서부터 조심성이 없어서 사고를 많이 쳤다. 그런데 그렇게 조심성이 없어도 아주 신중해질 때가 있다. 살짝 언 얼음 위를 지날 때이다. 간혹 얼음이 얇게 언 살얼음을 지날 때도 있었는데, 그때는 먼저 조심스럽게 발로 굴러보고 그러고도 까치발로 아주 조심조심 지나던 기억이 있다. 우리 그리스도인들이 직면한 이 시대의 어떠함을 안다면 스스로 자세를 가다듬고 마치 까치발을 딛고 걷는 것처럼, 조심스럽게 이 시대를 지나는 것이 지혜로운 자세일 것이다. 직면한 위기가 한국교회 내부적인 문제들 때문이기에 늦은 감이 없지 않지만, 지금이라도 그런 문제들을 성경적인 관점과 특히 교회의 머리되신 예수 그리스도의 입장을 조심스럽게 헤아려서 버릴 것은 버리고 세울 것은 세워 나가야 할 것이다.

### 1) 날로 어두워져 가는 세상

지금은 공중의 권세를 잡은 마귀가 우는 사자처럼 삼킬 자를 찾고 있는 말세의 때이므로, 세상은 날로 점점 더 악해지고 있다. 정치, 사회, 법률, 경제, 교육계를 막론하고, 기존에 지켜 오던 최소한의 바른 가치관들마저 그 무엇엔가 떠밀려 전복되고, 시대적 추세에 따라 새로이 형성된 뒤틀린 가치관들이 그 자리를 채워가고 있다. 지금까지 국가와 사회가 불문율처럼 지켜오던 성경적이고 건전한 윤리 가치관들은 더 이상은 법적인 테두리 안에서 설 자리를 잃어가고 있다.

세상의 흐름만이 그런 것은 아니다. 특히 WCC(World Council Churches, 세계교회협의회)에 한국교회들이 가입하는 문제로 인해, 교회들의 분열이 더욱 가속화되고 있다. 1948년 네덜란드 암스테르담에서 처음 출범한 WCC 세계교회협의회는 표면적으로는 세계 기독교 교회들의 연합이라는 명분을 내세우고 있다. 하지만 지금까지 WCC 총회가 각 나라들에서 개최되어온 양상을 살펴보면, 교회연합이라는 성경적인 가치보다는 세계 종교의 통합이라는 성격을 더 짙게 나타내고 있음을 볼 수 있다. 왜냐하면 그 대회 중간 중간에 이교도들이 귀신과 접신할 때 행하는 초혼제와 이교도들의 종교 행위도 함께 행해지고 있기 때문이다.

성경에 기록된 교회라는 명사는 세상과 구별된 성도들의 모임이라는 의미를 생각할 때, WCC 운동은 예수 그리스도께서 피로 구속하신 교회들의 모임으로 볼 수 있는 명분이 없다. 교회는 교회다움을 유지할 때 세상에 세워진 교회로서의 사명을 제대로 감당할 수 있을 것이다. 교회가 교회다움도 잃어버린 채 이교도들과 함께 무당 굿판까지 곁들여지는 모임에 합류를 한다는 것은 거룩한 성령을 귀신들과 한마당에 초청하는 것과 조금도 다를 바가 없을 것이다.

> "너희는 믿지 않는 자와 멍에를 함께 메지 말라 의와 불법이 어찌 함께 하며 빛과 어둠이 어찌 사귀며 그리스도와 벨리알이 어찌 조회되며 믿는 자와 믿지 않는 자가 어찌 상관하며"

(고후 6:14-15)

교회 연합이라는 미명하에 기독교의 절대 순수성을 훼손하여 세속화된 신흥 종교로 타락시키려는 사탄의 계략에 교회들이 속고 있는 것은 아닌지 잘 살펴야 할 것이다. 아담 이후 타락한 모든 인간의 내면에는 죄의 본성이 깊이 내재 되어 있다. 그러나 이 시대는 인간의 내면에 깊이 숨어있던 타락의 본성들이 세상 밖으로 과감하게 그 모습을 드러내어 서로 연대하고 뭉치고 세력화하여 세상의 흐름을 주도하고, 예수 그리스도께서 피 흘려 세우신 교회마저 접수하려 하고 있다. 그 배후에는 사탄의 검은 그림자가 인간들의 타락한 욕심 뒤편에서 어른거리고 있음을 우리는 읽어야 할 것이다. 이로 인하여 이 시대는 점점 캄캄한 어둠 속에 잠겨 들어가고 있다.

### 2) 세상에 대하여 목소리를 내려 하지만

이러한 사회적인 부패와 타락의 현상에 대하여 뜻있는 그리스도인들이 일어나 흐름을 바로잡아 보려고 목소리를 높여보기도 한다. 하지만 세상은 그리스도인들의 이러한 목소리에 대하여 아주 냉소적이다. 잘못 흘러가는 세상을 향하여 바른 소리를 외치는 그리스도인들에 대하여, 세상 사람들이 냉소적인 태도를 보이는 데는 객관적 입장에서 보더라도 그럴만한 이유가 있어 보인다.

"잠시 세상 사람들의 입장에 서서 이 시대의 한국교회들을 자세히 살펴보자."

세상 사람들은 정치인이나 어떤 단체를 이끌어갈 지도자를 세울 때에도 그 사람의 인품은 물론 과거에 어떤 선력이 있었는지에 대하여 꼼꼼히 살핀다. 겨우 몇 년 정도 일하고 물러날 장관이나 어떤 단체의 장을 뽑을 때도 지목된 후보자의 면면을 살피며 지극히 사소한 문제라도 적당히 대충 넘어가는 법이 없다. 세상 사람들은 국가나 사회의 틀을 유지하기 위하여 필요한 일꾼들을 세울 때도 매우 신중하다. 뿐만 아니라 사회의 구성원들이 원칙에 벗어난 잘못을 저질렀을 때도 아주 예리하고 공정한 잣대를 적용한다. 그리하여 사회의 질서와 정의가 손상되지 않도록 많은 애를 쓰는 흔적들을 발견할 수 있다.

정치인들이 선거 때 자신을 지지해 달라며 유권자들에게 갈비탕을 한 그릇씩 대접한 것 때문에 어렵사리 달았던 금배지를 떼일 수도 있다. 정치인에게 갈비탕 한 그릇씩 대접 받았던 시골 어르신들 수십 명이 70여만 원씩의 벌금을 맞은 경우도 실제로 있었다. 뿐만 아니라 회식 자리에서 취중에 부적절한 발언을 한 것 때문에 정치 생명에 치명적인 타격을 입은 유망 정치인들도 있다. 이런 면만을 놓고 본다면 세상은 많은 부분에서 과거보다 더 공정해지고 정밀해지고 있다고 볼 수 있다. 비록 하나님과 영생에 대하여는 전혀 알지 못하지만 유한한 세상만이라도 좀 더 아름답게 가꾸고 사람답게 살기 위하여 몸부림을 치는 이들이 세상 사람들 가운데서도 분명히 적지 않다.

이러한 세상 사람들이 보기에 이 시대의 기독교계 움직임이나 교회 운영과 목사들의 세계는 너무나 무질서하고 정의마저 완전히 실종된 집단으로 보일 수 있는 여지가 분명히 있다. 한국교회를 향한 세상 사람들의 부정적인 눈길은 한국교회가 먼저 제공하였음을 부인할 수 없다. 이는 하나님을 모르는 이들도 추구하는 정의와 최소한의 질서마저도 무시하거나 개념조차 없는 것 같은 현상들이 기독교계 안에 만연해 있기 때문이다. 입으로 외치는 구호와 너무나 상반되면서도 그 차이를 극복하려는 최소한의 노력조차 보이지 않는 기독교계에 대하여 세상 사람들은 구호만 그럴듯한 종교로 폄하하고 있는 것이다. 그들이 보기에 이 시대의 기독교계는 (특히 교회 운영과 사역자들의 비리에 관련하여) 사회 공동체로서 기본 질서마저도 완전히 무시하는 무법자들의 집단처럼 보였을지도 모른다. 그 대표적인 사례 몇 가지를 살펴보자.

"세상 사람들의 눈에 비친 한국교회의 모습"

| 사례 1 |

기독교계의 한 연합 단체에서 총회장 자리에 오르기 위하여 총대들에게 금품을 살포하고 수억 원의 뇌물을 사용한 일들이 세상에 알려졌다. 이런 사건들은 이성이 마비된 사이비 종교계 안에서도 거의 일어나지 않는 일이다. 이런 비리들이

한국 기독교 전체를 대표하는 어느 연합 기관에서 일어났다는 점은 세상 사람들이 기독교계를 부패한 곳으로 판단하는 척도가 되었을 것이다. 이런 일들이 정치인들에게서 일어났다면 국회의원이나 대통령에 당선이 되었더라도 당선 무효는 물론 구속되어 법의 심판을 받았을 것이다. 2016년 7월 속칭 김영란법(부정청탁금지법)이 대법원에서 최종 통과되어 몇 만 원 이상의 금액에 해당하는 선물이나 식사 대접은 공직자들에게 주거나 받을 수 없게 법제화되었다. 세상 사람들과 기독교계의 준법정신을 비교해보면, 기독교계가 얼마나 잘못하고 있는지 알 수 있다.

| 사례 2 |

한국교회에서 개혁적인 이미지의 목회자로 잘 알려진 목사의 연봉이 1억 정도 된다는 사실이 알려져 평소 그에게 좋은 이미지를 가지고 있던 많은 이들에게 실망을 안겨주기도 했다. 문제는 담임목사들의 고액 사례비 문제가 어린 신자들의 신앙에 상처를 줌은 물론 복음 전파의 대상인 세상 사람들에게 기독교계의 이미지를 부정적으로 심어주고 있으며 이런 점을 충분히 알만한 목사들마저 고액 사례금을 받고 있다는 점이다. 이는 복음 전파의 대상인 세상 사람들의 보편적인 정서가 성직자들의 과다한 사례비를 용납하지 않고 있음을 간과한 것이며, 성경에서 제시하는 사역자들의 바른 자세와도 부합하지 않는다는 것이다(고전 9:12 참조).

| 사례 3 |

어느 대형교회 목사가 은퇴할 때 교회로부터 수백억이나 되는 돈을 퇴직금으로 받아서 사회적으로 큰 논란에 휩싸이기도 하였다. 세상 사람들은 이런 면을 보고 교회 사역자들의 수고를 돈벌이를 위한 수단으로 오해하게 된다. 특히 교회재정 운영 문제로 시비가 붙어 세상 법정까지 들락거리던 목사가 퇴직금으로 천문학적 액수를 받았으니 세상 사람들의 판단이 잘못이라고 볼 수만은 없다. 이런 사례는 약간의 차이는 있으나 기독교계 안에서 관행처럼 이루어지고 있는 흔한 현상이다. 사역자들이 물질 문제로 세상 사람들의 논란에 휩싸이는 자체가 이미 사역자로서의 기본적인 처신이나 자질에서 많이 벗어난 것이라고 할 수 있다(딤전 3:7 참조).

| 사례 4 |

세계적으로도 손꼽히는 한국 기독교계의 대형교회들이 앞다투어 자식들에게 교회를 대물림하여, 한국 기독교계에 악영향을 끼치기도 하였다. 어느 목사가 교회를 개척하여 대형교회로 부흥을 시켰더라도, 그 교회는 그 목사 개인의 교회가 아닌 예수 그리스도의 교회이다. 당연히 하나님의 나라에 유익된 방향으로 후임 사역자를 정하는 것이 옳은 일일 것이다. 성경적인 면에서 교회를 자식에게 대물림하는 것이 딱히 그릇된 것이라고 못 박을 수는 없다. 하지만 시대적인 정서를 감안하여, 마치 바울이 복음 전도자로서 마땅히 복음의 유익을 위하여 자신의 권리를 다 쓰지 않은 것처럼, 복음에 더 유

익되는 방향으로 하는 것이 더욱 옳을 것이다. 교회 신자들의 입장은 물론, 복음 전파의 대상인 세상 사람들의 정서도 살피면서 교회를 은혜롭게 후임에게 물려주고 사역을 마친다면, 하나님께 영광이 되고 한평생 수고한 사역도 더욱 빛이 날 것이다.

| 사례 5 |

비교적 젊은 청년들을 중심으로 교회를 부흥시킨 한 목사가 청년 자매를 교회 집무실 등에서 성추행한 사건이 알려져 사회에 큰 파문을 일으키고 결국 그 교회에서는 사임하였으나, 얼마 지나지 않아 다른 곳에 교회를 세워 여전히 기독교계 안에서 목사로 활동하고 있는 사실들이 세상에 알려졌다. 세상 사람들은 취중에라도 이성에 대한 부적절한 발언을 한 정치인이나 고위 공직자들에게는 가차 없이 책임을 물어 그런 사람들이 사회 구성원들을 위한 업무를 맡을 수 없도록 제동을 건다. 그래야 많은 사람들이 공동체를 이루고 있는 사회의 질서와 규범을 바로 세울 수 있기 때문이다. 하물며 거룩한 하나님의 나라를 위하여 일을 하는 사역자들이 그런 일에 연루되었다면 세상으로부터 기독교계 전체가 오해받지 않기 위해서라도 일벌백계로 다스려야 했다. 상품광고 모델이 성추행을 했다면 자신이 활동하는 분야에 다시는 발을 붙이지 못하게 할 것이다. 기독교계에 끼치는 이미지의 영향에 있어서 목사들은 상품광고 모델들이 회사에 끼치는 것보다 결코 비중이 적지 않을 것이다.

| 사례 6 |

담임목사의 말이라면 여신도들이 옷이라도 어떻게 할 수 있어야 진정한 내 양이라는 저질 발언을 한 목사로 인하여, 세상으로부터 기독교계 성직자들의 이미지가 크게 손상을 받았다. 그러나 그는 어떤 징계도 받지 않은 채 여전히 기독교계 안에서 활동하고 있다. 세상 사람들이 기독교계를 마치 막장 드라마가 펼쳐지고 있는 곳으로 보게 한 사건이기도 하다. 성경에는 입버릇 나쁜 자(모욕하는 자)들에 대해서는 그리스도인들과 한 자리에 있지 못할 자들로 규정하고 있다(고전 5:11 참조).

| 사례 7 |

필자와 약간 일면식이 있는 한 목사는 다른 교회에 부흥회 강사로 초청되어 몇 일간 집회를 하고는 거의 이천만 원에 가까운 강사료를 받았다는 말을 직접 들은 적이 있다. 심지어 어떤 교회들은 담임목사들끼리 합의하여 서로 상대방 교회에 부흥회 강사로 집회를 인도해 주고는 고액의 강사료를 받는 편법을 쓰기도 한다. 거저 받았으니 거저 주라는 주님의 말씀을 어떤 눈으로 보았는지 부흥회나 담임목사의 사례비가 온통 돈 잔치로 보이는 모양이다.

| 사례 8 |

어떤 목사는 목사의 신분으로 몇 년 동안 수십억의 교회 돈을 빼돌려 카지노에서 도박을 하여 사회적으로 큰 파장을 일

으키기도 하였다. 그는 모 교단의 총회장까지 지냈던 것으로 전해진다.(언급할 가치조차 없으므로 내용 생략)

수많은 사례들이 있지만 대표적인 몇 사례만 올려 보았다. 위에 언급된 사례들은 한국교회의 대표적인 대형교회들이자 속된말로 스타급 목사들에 속하는 이들로 말미암은 일들이며, 또한 지금도 관행처럼 벌어지고 있는 일들이다. 성직자라는 이들이 소속된 교단에서 좀 더 영향력 있는 자리에 서려고 뇌물을 주고받는다는 소문은 전부터 세상 사람들의 귀에 들리던 것이었다. 교회 재정 운영의 불투명성, 과도한 성직자의 사례비 및 부흥사의 강사료, 담임목사의 전횡 등 이루 다 열거하기도 어려울 정도로 많은 문제점을 안고 있다. 이 역시 이 시대 한국교회의 주류적 흐름 안에 있는 일들이다. 심지어 신도들을 성추행한 사역자마저도 한국교회 안에서 어떤 제재도 받지 않고 여전히 목사로서 활동하고 있다. 만일 먼저 믿는 우리들이 믿지 않았을 때 교회와 성직자들 사이에 이와 같은 비리들이 들추어졌더라면 지금의 세상 사람들보다 더 적극적으로 기독교를 비난했을지도 모른다는 생각이 든다.

앞서 언급하였지만 사회 공동체를 지켜가기 위하여 노력하는 세상 사람들에 비하여 이 시대 교회들과 사역자들이 빚어낸 많은 문제점들은 기독교 전체를 오해하기에 충분한 여지를 제공하고 있다. 기독교계는 사이비 기독교를 기독교와 엄정히 따로 구분한다. 그러나 세상 사람들은 사이비 종교계와 기독교계를 따로 구분하지 않는다. 사이비 종교나 정통 기독교가 뭐가 다르냐는 것이다. 세상 사람들은 기독교의 핵심 교리 같은 것은 잘 모르고 관심도 없다. 그들이 보는 것은 한국교회를 이끌어가는 지도자들의 행실의 어떠함을 살핌은 물론, 사회를 더 좋은 방향으로 나아가게 하는 선한 역량을 얼마나 가졌느냐를 중점적으로 본다.

기독교에 대한 세상 사람들의 이런 바람은 주님의 말씀과도 그 맥을 같이한다. 주님께서 그리스도인들을 향하여 너희는 세상의 빛이요 소금이라(마 5:13-16) 하신 말씀 안에는 다분히 세상을 더 나은 방향으로 이끌라는 의미가 포함되어 있을 것이다. 그러나 이런 면에서 이 시대 한국교회의 신뢰도는 우리나라 3대 종교 중에서도 맨 꼴찌를 차지하였다. 이미 세상 사람들이 보기에 세상보다도 더 썩은 것처럼 보이는데, 그들이 바뀔 마음도 없는 한국교회를 고운 눈으로 쳐다 볼 리 만무한 것이다.

위에 언급한 몇 사례들은 사이비 종교계 안에서도 있기 어려운 부끄러운 일들임을 세상 사람들도 알고 있지만, 한국교회는 오히려 문제의 심각성을 제대로 인식하지 못하고 있는 것 같아 안타깝기 그지없다. 최근 한국교회 안에 만연한 여러 비리들은 세상 사람들의 눈에 기독교와 사이비 종교가 전혀 구별되게 보이지 않게 하는 단초를 제공하였음을 깊이 인식해야 할 것이다. 그러므로 작금의 기독교계는 세상 사람들의 비난에 맞서서 변명하거나 비리들을 덮으려  하기 보다는 이 시대의 한국교회가 무슨 일을 하였는지에 대하여 교회의 머리 되신 예수 그리스도의 입장을 헤아려서 자세히 살펴보는 것이 옳은 일일 것이다.

### 3) 먼저 자세를 가다듬자.

주님의 지상 명령은 세상을 향한 복음 전도에 대한 사명이요 재촉이다. 그런데 세상을 향해 거침없이 뻗어 나가야 할 한국교회가 내부적인 어떤 문제로 인하여 복음의 대상인 세상 사람들에게 걸림돌이 되어 더 나가지 못하고 주춤거리고 있다. 무엇이 복음에 거침돌이 되는지 자세히 살펴서 드러나는 원인이 있으면 뼈를 깎고 살을 에는 고통을 감수하더라도 그 원인들을 다 제거해야 할 것이다. 그리하여 마지막 남은 한 생명에게 복음이 전해지기까지 기독교계 내부의 어떤 문제 때문에 복음이 주춤거리지는 않게 해야 할 것이다.

믿음의 선진들은 아직 세상에 속해 있던 우리에게 복음을 전하기 위하여 자신들이 누려야 할 당연한 권리마저도 다 쓰지 않고 상처받기 쉬운 우리의 마음을 다치게 하지 않으려고 무척 조심하였다(고전 9:12 참조). 능히 피할 수 있었음에도 불구하고 고난과 핍박과 죽음까지 불사하며 그들의 몸과 마음으로 막아서고 복음이 달려 가야할 길을 더 용이하게 하려고 무진 애를 썼던 것이다(골 1:24 참조). 그들의 믿음을 물려받은 그리스도인들이라면 그들처럼 자신들을 복음의 디딤돌로 바쳐서 복음이 가야할 곳으로 평안히 달려가도록 힘써야 할 것이다.

사람들의 시각에는 복음의 흐름을 사람들이 주도하고 있는 것 같지만, 단지 쓰임 받고 있을 뿐이다. 복음의 흐름은 생명이 흐르는 강이다. 하나님은 친히 마지막 한 생명에게까지 이르도록 생명의 강이 흐르게 하실 것이다. 이 마지막 때가 되도록 복음은 먼 여정을 중간에 막히지 않고 말세를 살아가는 우리를 향하여 똑바로 흘러왔다. 이처럼 먼 여정을 흘러온 생명의 강인 예수의 복음이 이 시대의 어떤 지각없는 그리스도인들로 인하여 뚝 멈추어 지거나 오염되게 해서는 않될 것이다. 거룩한 생명의 강이 마지막 남은 한 생명에 이르기까지 순탄하게 흘러가도록 그리스도인들은 자신을 내놓아야 한다. 복음의 흐름에 쓰임을 받는 모든 이들은 하나님이 기뻐하시는 방향으로 쓰임받기 위하여 그 흐름에 걸림돌이 되는 모든 것들을 주저하지 말고 다 버려야 할 것이다. 자칫 깨어있지 않으면 사탄에게 속아서 거룩한 복음의 흐름을 방해하는 일에 쓰임 받을 수도 있다는 점을 명심해야 할 것이다.

이 시대의 기독교계가 거룩한 복음이 좋지 않은 쪽으로 변질되고 있는 부분이 적지 않다는 것에 우려를 금할 수 없다. 복음의 대상인 세상 사람들이 이 시대의 기독교계를 향하여 가지는 불만에는 한국교회의 오랜 관행이나 설령 신앙 양심상 가책이 없는 것까지 포함되었을 수도 있다. 그렇지만 그들의 영혼을 불쌍히 여기는 마음이 있다면, 우리가 마땅히 누려도 될 만한 권리라 하더라도 그것이 진리의 문제가 아니라면 양보할 수 있어야 한다.

"내가 모든 사람에게서 자유로우나 스스로 모든 사람에게 종

이 된 것은 더 많은 사람을 얻고자 함이라"(고전 9:19)

## 2. 이 시대의 기독교계가 안고 있는 문제들

땅 끝까지 이르러 복음을 전하라는 주님의 지상 명령을 받은 우리에게 세상은 각을 세우고 대립해야 할 대상이 아니다. 세상 사람들은 기독교계가 먼저 손을 내밀고 다가가야 할 복음 전파의 대상이며, 우리가 믿음의 선진들에게 받았던 복음의 빚을 갚아야 할 대상이다.

"세상 사람들은 이 시대의 그리스도인들에게 있어서 복음의 채권자들이라고나 할까?"(롬 1:14 참조)

한국교회가 세상을 향하여 다가갈 때 최대한 세상 사람들의 정서를 이해하고, 그들의 정서가 받아들여질 수 있는 접점을 찾으려고 노력해야 한다. 그리스도인들이 그들의 정서와 마찰을 일으키지 않으려고 노력하는 것은 결코 비굴한 것이 아니다. 이것은 먼저 복음을 듣고 영생을 얻은 그리스도인들의 아량이자 여유이다. 사도 바울은 바로 그런 자세로 세상을 향하여 다가갔다.

"율법 없는 자에게는 내가 하나님께는 율법 없는 자가 아니요 도리어 그리스도의 율법 아래에 있는 자이나 율법 없는 자와 같이 된 것은 율법 없는 자들을 얻고자 함이라"(고전 9:21)

전도자 바울은 자신과 대면하는 유대인이나 이방인들의 정서에 거치지 않기 위하여 힘을 썼다. 때로는 자신이 율법 아래 있는 것처럼 행동을 하였다. 율법이 없는 이방인들에게는 율법이 없는 이방인들의 정서를 헤아리며 마치 율법 없는 이방인처럼 조심스럽게 다가갔던 것이다. 이것이 바로 더 가졌기 때문에 더 높은 책임과 의무를 가져야 한다는 '노블레스 오블리주' 의 정신일 것이다. 하물며 최고의 가치인 예수 그리스도를 알고 믿으며 하나님의 나라를 소유한 그리스도인들은 더 높은 '노블레스 오블리주' 의 자세로 복음의 대상인 세상 사람들을 향하여 다가가야 할 것이다.

필자는 그리스도인의 한 사람으로서 세상 사람들의 정서를 최대한 이해하여 그들과 소통될 수 있는 접점이 무엇인지를 찾아보고자 한다.

### 1) 사역자들의 고액 사례비 문제

교회의 사역자들이 목사안수를 받고 임직을 받을 때, 권면의 말이나 임직 패에는 다음과 같은 성구가 많이 인용되었을 것이다.

> "여러분은 자기를 위하여 또는 온 양 떼를 위하여 삼가라 성령이 그들 가운데 여러분을 감독자로 삼고 하나님이 자기 피로 사신 교회를 보살피게 하셨느니라"(행 20:28)

교회에서 담임목사의 역할은 너무나 소중하다. 그러므로 성경에는 사역자들이 어떤 자세로 섬겨야 할 것인지에 대하여 신신 당부하는 듯한 권고의 말씀이 많다. 이처럼 성경에서 엄중히 다루고 있음에도 불구하고 역사 속에 등장한 많은 교회들은 사역자들로서의 합당한 처신을 가지지 않는 자들 때문에 어두운 그늘에 사로잡히기도 하였다. 이 시대의 한국교회가 직면한 위기도 교회의 담임목사들로 말미암아 빚어지는 부적절한 처신과 밀접한 관련이 있음이 분명하다.

필자 역시 교회를 섬기는 한 사람으로서 담임목사의 사례비 문제에 대하여 언급한다는 자체가 참으로 힘든 일이다. 하나님이 세우신 사역자들이라면 이런 문제로 다른 이들의 입에 오르내리기 전에 적절한 처신을 할 정도의 분별력은 있을 것이다(고전 2:15 참조). 하지만 이 문제는 이 시대 한국교회의 당면한 문제로서 복음 전파의 대상인 세상 사람들과 교회의 구성원들인 신자들에게도 심각한 걸림돌이 되고 있는 중대 사안임에 틀림없다.

이에 필자는 양심, 성령의 법, 성경의 근거와 특히 한 생명이라도 실족함을 원치 않으시는 예수님의 입장을 최대한 살펴서 몇 가지를 다루고자 한다. 먼저 사역자들의 헌금과 연관성이 있을 수 있는 성경의 기록을 살펴보자.

> "다윗이 소원하여 이르되 베들레헴 성문 곁 우물 물을 누가 내게 마시게 할까 하매"(삼하 23:15)

다윗이 전쟁을 치를 때 심히 목이 말랐다. 그때 심복인 세 장수(요밥, 엘르아살, 삼마)가 목숨을 걸고 적진을 돌파해서 그곳에 있는 우물 물을 길어다 다윗에게 바쳤다. 그때 다윗은 목이 심히 갈하였으나 그 물을 감히 마시지 못하고 여호와께 부어 드렸다.

> "이르되 여호와여 내가 나를 위하여 결단코 이런 일을 하지 아니하리이다 이는 목숨을 걸고 갔던 사람들의 피가 아니니이까 하고 마시기를 즐겨하지 아니하니라"(삼하 23:17)

이러한 내용을 성경에 기록하여 오고 오는 세대의 사람들이 알도록 기록하신 하나님의 뜻은 무엇일까?

성도들이 세상에 나가서 돈을 벌고 경제 활동을 하는 것은 우물물을 길으러 적진으로 달려갔던 장수들과 별반 차이가 없을 것이다. 삶의 모든 영역(학업, 취업, 자녀교육 등등)에 있어 무한 경쟁을 해야 하는 상황에서 성도들이 경제 활동을 한다는 것은 총 소리만 나지 않을 뿐 전쟁 그 자체라고 할 수 있다. 공중의 권세 잡은 사탄이 강력하게 영향력을 행사하여 불법이 판을 치는 곳이 이 세상이다. 이런 악한 세상에서 성도들이 하나님의 뜻 안에서 경제 활동을 하여 소득을 얻기까지 얼마나 힘들고 쓰라린 과정을 거치며 또한 소중한 것들을 지불해야만 하는가. 성도들이 벌어들인 소득 안에는 그들의 땀과 한숨 그리고 몸부림과 함께 생명의 일부분이 그 속에 고스란히 녹아 스며들어 있다.

대부분의 성직자들은 성도들이 힘겹게 얻은 소득을 하나님께 바친 헌금으로 생활하는 사람들이다. 자신의 일생을 소진해가며 힘겹게 벌어들인 소득으로 바친 헌금 안에는 성도들의 아픔과 눈물과 생명의 일부분이 시간과 함께 고스란히 녹아들어 있다. 이것을 아는 성직자들은 지극히 검소하며 또한 성도들에게 감사하고 애처로운 마음으로 사용하는 것이 마땅하다.

자식을 키워서 사회에 진출시켜본 부모들은 좀 더 이해가 될 것이다. 자녀들이 학업을 마치고 직장에 취업을 하여 얼마의 소득이 생겼을 때, 자신을 낳고 키워준 부모님께 효도할 마음이 생긴다. 자식들이 직장에 나가 벌어들인 소득 중 얼마를 떼어서 부모에게 내놓을 때, 부모들은 그 돈을 쓰기가 그리 쉽지 않을 것이다. 자식이 내민 돈 안에 담겨진 자식의 수고가 어떤 것인지를 부모들은 잘 알기 때문이다. 양떼들의 영혼을 위하여 하나님이 세우신 신실한 교회의 사역자들은 부모가 자식들에게 가지는 마음 그 이상의 애틋한 마음을 가져야 한다. 헌금에 담겨진 성도들의 사정과 애환을 조금이라도 읽을 줄 아는 성직자들은 자기 혼자 부유하게 살기 위하여 분에 넘치는 고액 사례비를 차마 받을 수 없을 것이다.

"먹고 마시는 문제로 사역자들이 사람들의 판단을 받은 적이 없었다."

필자의 성경적 관점에서는, 신구약 역사에 하나님의 백성

(특히 사역자들)들이 먹고 마시는 문제로 당 시대의 사람들에게 손가락질 받은 기록을 본 적이 없다. 발람 같은 선지자들이 물질 문제와 연관되어 기록되기는 하였으나 그는 전형적인 이단과 잘못된 믿음을 가진 사람들의 표본으로서 성경에 등장하고 있을 뿐이다. 하나님이 세우신 복음의 일꾼들이라면 적어도 먹고 마시는 문제 정도로 세상 사람들에게 빈축을 사서는 안 된다는 점을 성경이 보여주고 있는 것이다. 필자가 한국교회에 올린 호소문에서 담임목사의 사례비를 우리나라 서민들의 평균 생활비 정도로 제시했던 것도 그런 이유에서다. 제시한 기준이 복음 전파의 대상인 이 시대 사람들의 정서와 마찰을 일으키지 않을 최소한의 기준이요 접점으로 보았기 때문이다. 그들을 향하여 먼저 사랑의 손을 내밀고 가까이 다가가야 할 사람들이 바로 우리 복음의 사역자들이다.

교회 담임목사가 먹고 마시는 문제인 사례비의 기준이 불신자들의 정서와 마찰을 빚을 정도로 과다하게 책정되었다면 성직자들로서 바른 자세가 아니다. 성경에서 제시하는 하나님의 일꾼들 중에는 어디에도 그런 사례가 없다. 그렇지만 한국교회는 이미 오래전부터 담임목사의 사례비 문제가 세상 사람들의 정서와 마찰을 빚어 왔기에, 이제는 교회의 목사들이 그 마찰을 피할 수 있는 적절한 기준을 제시해야 할 때가 되었다고 생각한다. 우리가 사례비를 좀 덜 받음으로 인하여 하나님의 나라가 더 영광스럽게 임할 수 있다면 받아들여야 한다. 그리고 우리가 좀 더 움켜쥐는 것 때문에 하나님의 나라가 비난을 받고 천하보다도 더 귀한 생명들이 구원에서 점점 더 멀어지는 것에 대해서 사역자들이 바른 판단을 내려야 할 것이다.

> "만일 음식으로 말미암아 네 형제가 근심하게 되면 이는 네가 사랑으로 행하지 아니함이라 그리스도께서 대신하여 죽으신 형제를 네 음식으로 망하게 하지 말라"(롬 14:15)

### "성령의 음성을 듣는 사역자들이라면"

성령의 음성을 들을 줄 아는 사역자들은 사람들에게 덕이 되지 않는다는 이유보다도, 또 다른 이유로 인해 결코 과다한 사례비를 받을 수 없게 될 것이다. 바로 성령님이 탄식하시는 음성을 들음 때문이다. 복음을 헛되이 믿지 않은 신실한 그리스도인들은 그 마음속에 항상 성령님이 비추시며 내주해 계신다. 성도들의 심령에 함께 하시는 성령님은 동시에 세상 어디에도 계신다. 하나님이 교회에 세우신 사역자들은 성령의 감동에 따라 온 세상을 마음속에 품고 살아야 한다. 예수님의 시선이 가난한 이들에게 머물러 계실 때 성령께서 함께 계시는 하나님의 일꾼들도 주님의 시선과 같은 방향으로 향하게 될 것이다.

이 시대는 교통과 정보 통신이 발달하여 바야흐로 이 세상을 지구촌이라 한다. 하나의 촌락처럼 온 세상이 가까워졌다는 의미이다. 마음만 있으면 얼마든지 지구 건너편에 있는 사람들에게 사랑의 손을 뻗칠 수도 있다. 그러나 이 시대의 그리스도인들의 마음이 불쌍한 이들을 향하지 못하고, 지나치게 배부른 자신들의 배로 향하고 있다는 것이 문제다. 설마 성령께서 이 시대의 교회 담임목사들에게 이렇게 말씀하셨을까?

"그런 사람들에게까지 네가 왜 신경을 쓰니? 너희 교회 재정은 풍부하잖아? 사례비 넉넉히 받아서 좋은 자동차 굴리고 좋은 옷 입고 화려한 집에서 화끈하게 한번 살아봐. 남이야 어떻든 간에."

성령님은 하나님의 영이면서 동시에 예수 그리스도의 영이시다. 예수님은 세상에 계실 때 항상 가난하고 병든 사람들의 주변을 돌보셨다. 그들이 눈에 밟히셔서 도저히 외면하실 수 없으셨던 것이다. 그들 중 특별히 불쌍한 이들에게 더 눈길을 주시던 주님께서 이제는 영으로 모든 그리스도인들과 함께 하신다. 그리스도께서 영으로 함께 하시는 그리스도인들은 예수님의 눈과 마음으로 사람들을 바라보게 될 것이다.

> "내가 예수 그리스도의 심장으로 너희 무리를 얼마나 사모하는지 하나님이 내 증인이시니라"(빌 1:8)

예수의 심장을 가진 사역자들이라면 자발적으로 가난하게 되는 길을 선택할지언정, 고액 사례비를 받음으로 어느 누군가의 마음에 걸림돌이 되는 분별없는 처신을 하지는 않을 것이다. 교회를 섬기는 모든 사역자들은 주님이 부리시는 종들임을 잊지 말아야 한다.

"너희 중 누구에게 밭을 갈거나 양을 치거나 하는 종이 있어 밭에서 돌아오면 그더러 곧 와 앉아서 먹으라 말할 자가 있느냐 도리어 그더러 내 먹을 것을 준비하고 띠를 띠고 내가 먹고 마시는 동안에 수종들고 너는 그 후에 먹고 마시라 하지 않겠느냐 명한 대로 하였다고 종에게 감사하겠느냐 이와 같이 너희도 명령 받은 것을 다 행한 후에 이르기를 우리는 무익한 종이라 우리가 하여야 할 일을 한 것뿐이라 할지니라"(눅 17:7-10)

## 2) 교회의 재정적인 문제

세상 사람들이 이 시대의 기독교계에 대한 불신 가운데 교회의 재정 운용과 관련된 부분이 담임목사들의 고액 사례비 문제와 함께 가장 심각한 문제로 대두되고 있다. 세상 사람들 사이에서 발생하는 거의 모든 시비가 경제적인 부분에서 일어나고 있기 때문에, 교회의 재정 문제에 대하여 그렇게 날카롭게 주시하고 있는 것이다. 이처럼 경제적인 부분이 예민하게 작용한다는 것을 알았다면, 교회들은 사전에 이런 면에서 의심의 여지를 확실히 차단했어야 했다. 사람들이 한국교회를 형편없는 종교단체로 인식하는 부분이 바로 이 때문이다.

오래전에 필자가 지방의 한 교회에 머물렀던 때에 있었던 일이다. 주일 출석 신자가 1,500명 정도 되는 교회였다. 그런데 그 교회의 재정문제로 뜻이 있는 몇 집사님들이 울면서 가슴아파하는 것을 직접 본 적이 있다. 그리 크지도 않은 교회인데, 담임목사에게 사례비와 기타 경비로 연간 3억 정도의 재정이 들어가고 있었고, 그것도 일반 신자들이 잘 모르게 은밀하게 지출되고 있었던 것이다. 교회 총 예산이 15억 정도 되는 교회였으니, 총 예산의 20% 정도를 담임목사 혼자서 사용한다며 젊은 집사님들이 울면서 가슴 아파 하였다. 그 집사님들은 힘을 다하여 교회를 위하여 충성하고 싶은데, 한 개인의 그릇된 욕심에 의하여 재정이 헛되게 사용되는 것을 볼 때에 너무나 가슴이 아프다는 것이었다. 그 교회가 예배당 건축을 할 때 살던 집을 팔아서 건축헌금으로 바칠 정도로 힘을 다하여 교회를 섬기고자 하는 신자들도 많았다.

그때 필자는 작정을 하고 연말 공동의회에 참석하여 교회의 재정 운영 상태가 어떻게 돌아가는지 알아보기로 하였다. 이윽고 그해 연말 쯤 미리 광고도 하지 않고 어느 날 저녁 예배 후 갑자기 공동의회가 열렸다. 교회 운영에 관한 보고서를 교회 사무원이 나누어 주었다가 번개같이 회수해 가는 것이었다. 나는 미리 작정하고 있었기에 짧은 시간이었지만 내역을 자세히 볼 수 있었다. 담임목사에게 들어가는 재정 규모를 살펴보니, 정기 사례비로 팔천만 원 정도와 목회 활동비, 도서비 등으로 이억 삼천만 원, 합하여 삼억 원 이상이 지출되고 있었다. 담임목사에게 제공되는 목회 활동비, 도서비 등의 항목은 명목상으로 되어 있을 뿐 사실상 사례비에 해당하는 돈이었다. 다른 지출 항목에는 주일학교 교재비 명목으로 몇 백만 원 정도 따로 책정되어 있었다.

이처럼 교회들이 재정 운영 상태를 구성원인 성도들이나 세상에 정확하게 밝히지 않고 어물쩍 넘어갈 경우 이미 그 자체로서 매우 사악한 일이라고 할 수 있다. 물론 대형교회들 중에는 교회의 재정 운영 업무를 공인회계사에 맡겨서 한 점 의혹이 없도록 하는 모범적인 교회들도 상당히 많다. 세상 사람들이 일부 교회들의 불법적이고 변칙적인 재정 관리상의 문제들을 보면서 모든 교회에 대하여 매우 좋지 않은 시선으로 보고 있음은 어제 오늘의 일이 아니다.

"교회의 재정 관리상의 허점이 세상 사람들에게 미치는 영향"

세상 사람들이 기독교계의 재정 관리와 운용의 문제점에 대하여 지적을 함에도 불구하고, 많은 교회들이 들은 체도 하지 않는 경우가 많다. 교회들이 소속되어 있는 각 교단들도 이런 문제를 뻔히 알면서도 강 건너 불을 보듯이 방관해온 것도 사실이다. 이런 교회의 행태에 대하여 세상 사람들은 교회를 돈을 밝히는 곳으로 오해하게 되는 것이다. 그 결과 기독교가 세상으로 더 뻗어 나가지 못하고 스스로 제 울타리 속에 갇히는 결과를 가져온 것이다. 다 그렇지는 않겠지만 많은 경우 이 부분에 관하여 잘못하고 있는 교회들이 있을 것이다.

영리를 목적으로 운영되는 모든 기업이나 비영리적인 기관이나 공익을 목적으로 운영되는 모든 단체(교회 포함)들은 재정 투명성이 선행되어야 한다. 위와 같은 기관들이 재정 운영에 있어서 관계 기관이나 혹은 중요 구성원들에게 숨기는 것은 사회 윤리적 측면에서 보았을 때에 옳지 않은 일이다. 세상은 사회 안녕을 위한 최소한의 질서마저 지키지 않는 이들로 인하여 점점 더 악해지고 있다. 마약 조직이나 폭력 조직이나 소매치기들도 분명히 그들 나름대로의 재정 운영을 통해서 수입과 지출이 이루어지겠지만, 그런 조직들은 결코 자신의 재정 운영 상태를 세상에 떳떳하게 공개할 수 없다. 그들의 재정적 수입과 집행이 불법으로 이루어지고 불법적인 곳에 사용되기 때문이다. 그들의 재정 공개는 곧 그들의 죄악을 세상에 알리는 일이 되기 때문에 공개할 수 없는 것이다.

재정 운영에 있어서 어두운 부분이 없다면, 영리를 추구하는 기업이든 비영리 기업이든 사회단체든지 간에 재정 운영 상태를 세상이나 관계 기관에 떳떳이 공개하지 못할 이유가 없는 것이다. 오히려 재정 운영 상태를 떳떳이 공개함으로써 많은 사람들에게 신뢰와 안정감을 심어줄 수 있을 것이다. 불특정 다수를 대상으로 하여 수입과 지출이 이루어지는 모든 기관들은 재정 운영의 투명성이 보장되어야 한다.

### "교회가 재정 운용을 공개하지 못하는 이유"

만일 어떤 교회가 재정 운용 상태를 명백하게 공개하지 못한다면, 이는 세상이 알아서는 안 되는 어두운 부분이 그 안에 있기 때문일 것이다. 불꽃같은 눈으로 보시는 하나님을 믿고, 그분의 뜻을 성도들과 온 세상에 전하는 곳이 교회이다. 이런 교회들이 세상에 다 밝히기 어려운 부분들을 감추고 있다면 그런 교회나 사역자들을 누가 하나님의 일꾼으로 인정하겠는가? 사람들이 신경이 곤두서서 예민하게 바라보는 교회의 재정 문제조차 두루 뭉실하게 대충 숨긴다면 영광스러운 복음 사역을 제대로 감당할 수 없을 것이다. 현명한 사람들이라면 이처럼 무엇인가 숨기는 교회들과 사역자들에게 자신의 영혼을 맡기고 신앙생활을 하고 싶지는 않을 것이다.

### 3) 교단 및 교회보다 먼저 하나님 나라의 사역자가 되어야 한다.

이 시대 기독교계의 가장 큰 문제는, 교회의 담임목사들이 하나님 나라와 교회에 대한 좁은 안목을 가지고 있다는 점이다. 대부분 교회의 담임목사들은 자신이 몸담고 있는 교단이나 교회에는 열심히 일하여 부흥을 시키기도 한다. 그러나 이 세상에 임해야 할 하나님의 나라와 교회의 머리되신 예수 그리스도의 몸을 이루는 연합된 지체로서의 역할에 대해서는 소홀히 하는 듯하다.

지상의 모든 교회들은 그리스도 안에서 한 몸을 이루어 이 세상에 하나님의 나라가 영광스럽게 임하게 하기 위하여 세워졌다. 주기도문에 “하나님의 나라가 임하옵소서” 하는 내용은 단지 입으로만 주문처럼 외우라고 가르쳐 주신 말씀이 아니다. 사역자들은 하나님의 나라가 이 세상에 임하게 하는 일에 힘써야 할 것이다. 오로지 자기 교단과 사역하는 교회의 부흥에만 초점을 두고 사역하는 이들은 그 범위를 넓혀서 이 세상에 임할 하나님의 나라를 위한 사역에 힘써야 할 것이다. 사역자들은 이 세상에 영광스럽게 임해야 할 하나님의 나라를 위하여 자신을 온전히 내놓을 수 있는 아름다운 사역에 힘써야 한다.

"하나님의 나라는 강자 독식이나 나 홀로 성장하는 나라가 아니다."

이 시대의 기독교계는 전체를 위하기보다는 개인주의에 사로잡혀 있는 사역자나 교회들이 많은 것 같다. 그 한 예를 들자면, 대형교회들이 넘치는 자금력으로 대형 버스를 구입하여 원거리까지 운행시키며 멀리 떨어진 신자들까지 굳이 자기 교회로 데려 온다는 점이다. 모든 교회들이 이 세상에 임하는 하나님의 나라에 속한 지체들이라면, 자신이 사역하는 교회에 오는 것이나 다른 사역자들이 사역하는 교회에 가는 것이나 다 같은 하나님의 일이라고 할 수 있을 것이다. 대형교회들은 화려하고 쾌적하고 최신 시설이 완비된 교회당과 잘 조직된 교회의 프로그램을 운영하고 있다. 이에 비해 규모가 작고 재정이 빈약한 교회들은 속수무책으로 경쟁력에 밀려서 신자들을 하나 둘 대형교회들에게 빼앗기고 있다. 대형교회로서는 부흥처럼 보일지 모르겠지만 이 세상에 임하는 하나님의 나라라는 관점에서 보면 하나님의 나라에 역행하는 일에 해당한다.

이성이 없는 맹수들이 살아가는 정글의 법칙은 강자 독식이지만, 하나님의 나라는 강자독식의 법칙이 지배하는 곳이 아니다. 오히려 나를 한 알의 밀알처럼 희생하여 남을 살리고 세워주고 강자가 약자를 섬기는 사랑의 나라라고 할 수 있다. 자신이 사역하는 교회의 일을 하되 전체 하나님의 나라를 세워가는 범위 안에서 아름다운 사역을 해야 한다. 대형교회들이 버스들을 지방까지 운행시켜서 마치 저인망 어선처럼 지방의 작은 교회들 바로 옆에 사는 신자들까지 다 데려와 교회당에 채우고서는 "우리 교회는 부흥했네, 나는 성공한 목회자네, 어쩌네……" 하는 이들은 어쩌면 교회의 머리되신 예수 그리스도에게서 완전히 따로 독립한 나 홀로 교회일 가능성이 많다.

또 일부 대형교회에서는 지방에 있는 지교회들의 예배 시간에 자신의 설교를 영상으로 듣게 하는 경우도 있다. 그 교회를 섬기는 목사들이 있음에도 불구하고 그들을 들러리처럼 세워놓고, 본부 교회 담임목사인 자신의 설교를 지교회의 신자들에게 듣게 하는 이들이 있다. 이것은 성령 훼방죄에 해당하는 무서운 죄가 될 수도 있다. 지교회 사역자들의 마음속에 성령의 감동이 일어나 하나님의 뜻을 전하고 싶어도 영상으로 전하는 설교 시스템에 가로막혀 성령의 감동이 소멸되는 경우가 얼마든지 있을 수 있기 때문이다. 하나님이 하시고자 하시면 짐승인 나귀의 입을 통해서도 타락한 선지자를 꾸짖은 것을 잊지 말아야 할 것이다. 성령이 역사하시면 나면서 말 못하는 이의 혀도 풀려서 하나님을 찬양하며 영광을 돌려드릴 수도 있다(사 35:6 참조).

그런데 대형교회의 담임목사들이 하나님의 은혜를 혼자 전매특허 낸 것처럼 영상을 통해서라도 자신의 설교만 신자들에게 듣게 하는 행위는, 담임목사인 자신만이 하나님의 은혜를 독점한 듯한 교만한 생각의 발로라고 할 수 있다. 설교자가 설교할 때 신자들의 눈과 눈을 바라보며 서로 교감을 하면서 주고받는 은혜가 있어야 한다. 그렇지만 영상 설교는 일방적으로 주입되는 설교 일 뿐, 설교자와 듣는 청중들의 눈과 눈이 마주치는 양방향 은혜의 교감은 이루어질 수 없다. 대형교회를 담임하는 사역자들은 사역에 대한 관점을 자기중심적 사고에서 벗어나 온 세상에 임하는 하나님의 나라와 그 나라를 이루어 가시는 하나님의 관점을 헤아려서 사역해야 할 것이다. 은혜와 능력이 자신에게만 특별히 있지 않고 오직 하나님께 있음을 시인하고, 자신만이 신자들을 가르쳐야 한다는 강박관념에서 벗어나야 한다.

또 사역적 책임의 범위를 자신이 사역하는 교회의 담장을 넘어서 온 세상에 임하는 하나님의 나라 전체에 두고 책임 있고 겸손한 자세로 사역해야 할 것이다. 세상에서 하나님의 나라가 이방인들로부터 비난을 받고 아픔을 겪고 있는데, 따로 뚝 떨어져 나간 듯 혼자 아픔이나 수치도 느끼지 못하고 '내 교회가 부흥되었네. 나는 목회를 성공했네.' 하는 소리는 더 이상 교회와 목회자들 사이에서 나오지 말아야 할 것이다. 이 세상에 하나님의 나라가 온전히 임하여 주님께서 '잘하였다 착하고 충성스러운 종들아' 하시며 사역에 대한 평가를 해 주시기까지는 잠잠해야 한다. 그래서 "내가 사역하는 교회보다 이 세상에 영광스럽게 임하여야 할 하나님의 나라를 더 영화롭게 하자."

### "서로 다른 지체들이 완전한 한 몸을 이루어야"

서로 다른 지체들이 교회의 머리 되신 그리스도로부터 성령으로 연결되어 있다. 시대, 대륙, 민족, 세대와 서로 다른 너와 나의 경계마저 뛰어넘어서 완전한 하나가 되어 그리스도 예수의 몸을 이루는 교회로 묘사되어 있다. 모든 교회들이 다 모여서 여럿이 아닌 아름다운 한 여인의 모습으로 형상을 이루어 어린 양의 아름다운 신부로 세워지는 것임을, 이처럼 아름답고 드라마틱하게 그려내고 있는 것이다.

> "몸이 하나요 성령도 한 분이시니 이와 같이 너희가 부르심의 한 소망 안에서 부르심을 받았느니라 주도 한 분이시요 믿음도 하나요 세례도 하나요 하나님도 한 분이시니 곧 만유의 아버지시라 만유 위에 계시고 만유를 통일하시고 만유 가운데 계시도다"(엡 4:4~6)

> "그에게서 온 몸이 각 마디를 통하여 도움을 받음으로 연결되고 결합되어 각 지체의 분량대로 역사하여 그 몸을 자라게

하며 사랑 안에서 스스로 세우느니라"(엡 4:16)

기독교 수천 년 역사에서 수많은 교파들과 교회들이 세워졌고 존재하여 왔다. 어떤 교파나 교회들은 여러 면에서 이단은 아니지만 다른 점이 많아서 교제도 없이 따로 분리되어 각자의 길을 가는 것처럼 보이는 경우도 있다. 지금도 수많은 기독교 교파들이 서로 다른 이름으로 세워져 있으며 서로 왕래조차 없다. 성경에서 묘사된 한 몸 된 교회와는 전혀 다른 교회들의 이런 현상은 어떻게 이해해야 하는 것인가? 불신자들은 기독교의 교파들이 이처럼 수없이 난립하여 서로 대립하는 듯한 모습을 보면서 이렇게 뼈 있는 비판을 한다.

"아니! '서로 사랑하자, 하나가 되자!' 그러면서 왜 그렇게 콩가루 집안처럼 자꾸만 분열되고 갈라서는 거야? 하나님도 한 분이고, 예수 그리스도도 한 분이고, 믿게 하는 성령도 한 분이라면서 정작 한 교회 공동체 내에서도 서로 화목하지 못하잖아? 그러니 자꾸만 갈라서는 거 아닌가? 결국 기독교인들 자신들의 말로는 살아 계신 하나님 하면서도 사실은 하나님이 없는 거 아닌가? 서로 자기 교단이 정통이고 장자 교단이라고 하면서도 자꾸만 갈라서니 도대체 하나님은 어느 교파 어느 교회의 하나님인 거야?"

기독교 내에서 교파가 분리 되어야 할 부득이한 경우(하나님의 말씀에 대한 해석의 중대한 오류나 적용상의 문제 등)는 항상 있을 수 있다. 그러나 분열하는 거의 대부분은 하나님이 세상에 세우시는 교회에 대한 이해 부족으로 따로 떨어져 나가는 경우가 많았을 것이다. 그리고 자신들을 특별히 부각시키고자 하는 명예욕과 권세욕의 사심에서 비롯하여 교파가 분리되는 경우도 역시 많았을 것이다.

> "무리에게서 스스로 갈라지는 자는 자기 소욕을 따르는 자라 온갖 참 지혜를 배척하느니라"(잠 18:1)

> "내 형제들아 글로에의 집 편으로 너희에 대한 말이 내게 들리니 곧 너희 가운데 분쟁이 있다는 것이라 내가 이것을 말하거니와 너희가 각각 이르되 나는 바울에게, 나는 아볼로에게, 나는 게바에게, 나는 그리스도에게 속한 자라 한다는 것이니 그리스도께서 어찌 나뉘었느냐"(고전 1:11-13)

성경은 구약의 율법시대에 속한 사람들인 출애굽 백성들이 광야를 방황하던 때를 광야 교회로(행 7:38 참조) 묘사했을 정도로 교회를 아주 다양하게 그려내고 있다. 에베소서 1장 22-23절에는 교회를 예수의 몸이라 하였으며, 2장 16-18절에는 멀리 이방에 있던 사람들까지 한 몸이라 하였다. 또 에베소서 2장 20-22절에는 지어져 가는 한 채의 성전으로, 요한계시록 19장 7-8절에는 깨끗한 세마포를 입은 어린 양의 신부인 한 여자로 묘사하고 있다. 전부 종합해 보면 구약부터 신약시대의 모든 성도들은 머리 되신 예수 그리스도의 몸 된 교회의 한 몸을 이룬 각 지체들임을 가리키고 있는 것이다.

수천 년의 긴 역사에 등장한 헤아릴 수 없이 많은 사람들이 자신의 일생을 각기 다른 은사를 가지고 사역을 하다가 죽었는데, 어떻게 그 많은 이들을 한 몸이요, 한 성전이요, 그리스도의 신부된 한 여자로 묘사할 수 있는 것일까? 어떤 기독교 교파의 목사들이 서로 자신의 교단이 '장자 교단'이라고 자처하는 것을 가끔 볼 때가 있다. 이 세상에 특별한 장자 교단은 없다. 오직 각 지체들이 완전하게 연합되어 머리 되신 예수 그리스도의 몸을 이루는 한 지체로서 교회만 있을 뿐이다.

"내 교단, 내 교회, 나의 깨달음도 지극히 작은 한 지체임을 인정하라"

신자들이나 목회자들, 심지어 신학자들까지도 가끔 깨달음에 대한 견해 차이로 서로 대립하다가 심각한 충돌을 빚기도 한다. 틀림없이 내가 맞고 당신은 틀렸다는 것이다. 일단 자신이 아는 것을 절대적인 기준으로 삼는다. 성경적인 깨달음이나 하나님의 나라에 대한 부분을 두고, 어느 한 사람의 견해를 하나님 나라의 전체를 아우를 정도로 절대화해서는 안 된다. 하나님의 나라는 어느 한 사람의 깨달음 안에 갇힐 정도로 폭이 좁거나 높이가 낮지 않기 때문이다 신구약의 모든 성도들이 다 합하여 한 성전, 한 몸이며, 만왕의 왕이신 어린 양의 신부인 한 여자로서 성경에 기록되어 있다. 역사 위에 등장한 모든 교회들을 다 합쳐서 한 몸이라면, 이 시대의 모든 기독교 교단을 다 합쳐도 전체 하나님의 나라에서는 지극히 작은 한 부분에 불과할 것이다. 이는 또 우주적으로 지어져가는 하나님의 성전의 기왓장 하나의 역할도 감당하기 벅찬 일이다.

> "깊도다 하나님의 지혜와 지식의 풍성함이여, 그의 판단은 헤아리지 못할 것이며 그의 길은 찾지 못할 것이로다 누가 주의 마음을 알았느냐 누가 그의 모사가 되었느냐"(롬 11:33-34)

열두 사도들과 이방의 사도인 바울과 바나바는 서로 개성도 다르고 모든 면에서 다른 점이 많았다. 그러나 그들은 각자의 길을 가지 않았다. 그들은 성경적인 교회의 의미를 바로 알았고, 또 자신들의 깨달음이란 하나님의 크심에 비하면 지극히 작은 것임을 알았다. 교회가 무엇임을 알았던 그들은 서로 힘을 합하여 아름다운 사역을 감당했다. 하지만 그리스도인들이 도저히 같이 갈 수 없어서 피차 갈라서야 할 불가피한 사유가 있을 때도 있다. 하나님의 창조, 예수 그리스도의 십자가 구속, 삼위일체론, 성령의 감동 감화로 믿게 하심, 천국과 지옥을 부인하는 정도의 큰 신앙적 교리적 차이가 있을 때는 부득불 갈라서야 한다.

> "이제 내가 너희에게 쓴 것은 만일 어떤 형제라 일컫는 자가 음행하거나 탐욕을 부리거나 우상 숭배를 하거나 모욕하거나 술 취하거나 속여 빼앗거든 사귀지도 말고 그런 자와는

함께 먹지도 말라 함이라"(고전 5:11)

또한 그리스도인이면서 사적인 욕심을 차리는 이들이나 세속적인 이들과는 분명히 거리를 두라고 하였다. 그 이외의 사소한 차이점은 손과 발의 사역이 다르고 눈과 코가 서로 역할이 다르듯이, 한 몸이지만 서로 다른 지체라는 점을 인정해주어야 한다. 굳이 따로 떨어져 갈라서기보다는 피차의 부족함을 서로 도와주고 채워주는 자세로 함께 가는 것이 더 바람직하며 아름다울 것이다.

"전체 속에 자신을 묻어서 전체가 아름답게 드러나게 하라"

이는 마치 수많은 합창단원들이 노래를 부르지만 자신의 목소리를 특별히 부각시키지 않음과 같다. 전체의 화음 속에 자신의 목소리를 특별히 표시나지 않게 묻어서 아름다운 합창이 되게 하는 것이다. 성령으로 한 믿음 안에서 역사, 민족, 나라를 초월하고, 인종, 문화, 개인적 성향, 여건마저 초월하여 수많은 다양함이 한데 어우러져 하나 되는 이런 교회야말로 진정한 하나님의 교회이다. 하나를 전체 안에 완전히 묻어서 그 전체가 머리 되신 주님의 몸 된 교회가 되는 것이다. 이런 교회가 바로 하나님이 창세전에 설계하신 교회의 원형이며, 하늘의 천사들과 사도들이 하나님의 크신 경륜과 지혜에 탄복하였던 그 놀라운 교회이다(엡 3:9-10 참조).

### 4) 예배당을 성전이라 칭하는 문제

구약시대에는 하나님이 율법에 명문화하여 하나님께 제사드릴 성막을 그 구조까지 자세히 알려 주셨다. 그 후 솔로몬은 하나님이 율법에 미리 기록해 주신대로 성선을 지었다. 이스라엘 백성에게 성전은 국가와 개인의 생명보다도 더 소중한 곳이었다. 그 성전은 자신들이 믿는 여호와 하나님의 이름과 그 영광이 임재하는 곳이며, 자신들이 죄를 지었을 때 하나님께 제사를 드려서 사함을 받는 '속죄소'(시은소)가 있는 곳이었다. 이스라엘 백성들에게 있어서 신성 모독죄는 곧 성전을 모독하는 것도 포함되어 있었다. 예수께서 너희가 이 성전을 헐라 내가 삼 일 만에 일으키리라 하신 것은 참 성전 되신 주님 자신을 말씀하신 것이었지만, 유대인들은 예루살렘 성전을 모독했다는 신성 모독죄로 고소를 했던 것이다(막 14:58~15:29 참조).

이처럼 율법 아래에 있던 구약시대 때의 성전은 절대적 의미를 가지고 있었다. 구약의 성전은 신약시대에 있어서 구세주이신 예수 그리스도 만큼이나 절대적인 위치에 있었으며, 실제로 구약의 성전은 신약의 예수 그리스도를 예표하는 상징적 장소였다. 하나님의 신성을 나타내는 곳이었기에 그 성전은 안과 밖을 온전히 순금으로 입혔다(왕상 6:22-23 참조). 이처럼 중요한 의미를 지닌 성전이었기에 이스라엘 백성들은 그 성전을 짓는데 필요한 자금을 마련하는 일에 자신의 재산을 아낌없이 바쳤으니, 성전에 입히기 위하여 마련한 금은 십만 달란트(1달란트 20kg × 100,000달란트 = 2천 톤)나 되는 어마어마한 양이었다. 성전 시대인 구약시대의 성도들은 성전을 웅장하고 아름답게 세우고 찬란한 금으로 입혔던 것이다. 그 성전을 늘 마음에 사모하는 것이 곧 하나님을 경외하는 신앙의 척도였다.

그러나 신약시대에 이르러 성전의 본체이신 예수께서 사마리아 수가 성 여인과의 대화에서 이런 말씀을 하셨다.

> "여자여 내 말을 믿으라 이 산에서도 말고 예루살렘에서도 말고 너희가 아버지께 예배할 때가 이르리라"(요 4:21)

그리고 얼마 후 예수님은 예루살렘 골고다 언덕에서 인류의 죄를 지시고 십자가에서 영원한 속죄의 제사를 드리시고 '다 이루었다' 말씀하신 후 운명하셨다. 바로 그 순간 대제사장이 1년에 한 번 들어가는 지성소의 휘장이 위로부터 아래까지 찢어져 지성소는 완전히 개방되었다.

> "신약시대의 예배당은 더 이상 성전이라 칭할 수 없다."

예수님은 믿는 자의 죄를 위하여 십자가에서 영원한 제사를 드리셨다. 이제 성전시대는 막을 내리고, 본격적으로 이 산에서도 저 산에서도 예루살렘 성전도 아닌 곳에서도 예배를 드릴 수 있게 되었다. 어디서든지 신자들이 영과 진리로 장소에 제한 받지 않고 항상 신령한 산 제사를 드리는 신약시대가 열린 것이다. 그러나 성전시대가 막을 내린 신약시대에도 여전히 성도들이 함께 모여서 하나님께 예배를 드리고 말씀을 나누고 교제를 하려면, 어떤 장소나 공간이 필요하다. 물론 특정하지 않은 장소에서도 가능하지만 모이는 성도들의 편의와 질서를 위해서는 어떤 지정된 장소가 필요한 것이다. 그러나 그런 장소를 구약시대처럼 성전이라 부르는 것은 전혀 합당하지 않은 처사이다.

"예배당 건축의 간소화"

신약시대의 성도들이 예배를 드리는 장소는 하나님을 경배하기 위한 특별한 장소이지만 신자들의 예배나 교제 등의 편의 시설이라고 할 수 있다. 사람들을 위한 편의 시설에 지나치게 많은 돈을 들여서 화려하게 짓거나 필요 이상으로 크게 지어야할 이유가 없다. 하나님의 아들 예수님도 마구간에서 나셨고, 또 주님은 공중의 새나 여우도 깃들 곳이 있으나 인자는 머리 둘 곳도 없다고 하셨다. 이런 것들을 생각하면 신자들이 모이는 예배당은 하늘에서 비를 막아주고 추위에 바람을 막아주는 정도면 충분한 것이다. 그런 예배당 건축에 들어갈 돈으로 선교사들을 더 파송하고 가난한 자들에게 따뜻한 사랑으로 더 다가간다면 하나님의 나라는 영광스럽게 속히 임하게 될 것이다.

예배당을 구약시대의 성전처럼 지나치게 화려하고 크게 짓는 것은 신자들에게 과중한 경제적 부담을 안기고, 복음의 대상인 세상 사람들에게 기독교를 오해하게 할 소지가 많다. 교회가 말끝마다 사랑을 외치지만 세상의 가난한 자들의 아픔에는 인색하면서도 자기들이 모이는 건물은 저렇게 화려하고 크게 짓느냐며, 기독교 자체를 부정적으로 생각하는 이들도 있다. 최근에 예배당을 지나치게 많은 돈을 들여서 건축하다가 그 돈을 감당하지 못하여서 교회 건물이 경매로 팔리는 경우도 적지 않다. 또 신자들이 피땀 흘린 돈으로 헌금하여 지었던 예배당을 이단들이 헐값에 사들이는 일들도 비일 비재하다.

문제는 배울 만큼 배운 목사들이 여전히 예배당을 성전이라고 부르며, 신자들에게 무리하게 부담을 주어서라도 크고 화려하게 성전처럼 건물을 지으려 한다는 점이다. 이 시대의 기독교계에서는 이런 일이 아직도 현재 진행형이다. 세상에 세워진 예배당 건물을 다 합쳐도 예수께서 피로 구속하신 신자 한 사람보다 더 귀할 수는 없다. 그럼에도 불구하고 시멘트 덩어리로 짓는 건물을 성전이라 부르며, 분에 넘치게 크고 화려하게 지은 교회당들이 얼마나 많은가? 그로 인하여 얼마나 많은 신자들이 겪지 않아도 될 과중한 경제적 부담과 상처를 입었을 것인가를 생각하면 가슴이 아프기 그지없다. 성전시대가 끝난 지 2천년이 지난 오늘까지도 신자들의 마음속은 아직도 구약시대의 성전 그늘에서 벗어나지 못한 부분이 있는 것 같다.

우상을 섬기는 대부분의 종교들은 눈에 보이는 것으로 사람들의 시선을 압도하기 위하여 우상과 종교 시설들을 크고 화려하게 짓는 일에 특별히 공을 들인다. 우상을 섬기는 종교들은 그들이 주장하는 교리 안에는 참 생명이 없으므로 부득불 보이는 것으로 사람들의 시선을 압도하여 종교심을 부추겨야 그들의 종교가 유지될 수 있기 때문이다. 그러나 기독교의 생명력은 눈에 보이는 건물이나 새긴 우상에 있지 않고 살아 계신 하나님과 성경 말씀에 있으니, 이는 곧 십자가의 도이다. 이처럼 살아 계신 하나님을 진리의 말씀에 근거하여 믿는 기독교는 눈에 보이는 건물을 특별하게 치장해야 할 필요가 전혀 없다. 말씀으로 신자들을 하나님의 은혜 안에 온전히 머물게 하지 못하는 이들은 눈에 보이는 교회당 건물이라도 크고 화려하게 지어 신자들의 종교심을 자극하려는 목적이 기독교계 안에도 없지 않을 것이다.

될 수 있는 한 예배당은 견고하고 실용적으로 수수하게 지어야 한다. 기독교의 참 생명인 살아 계신 하나님과 그 말씀이 살아서 역사하는 생명을 가진 진리의 기독교로서 세상에 알려지게 힘써야 한다.

### 5) 성경에 근거하여 이단에 대한 기준을 세우자

일반적으로 기독교계에서는 성경의 핵심 교리적인 면을 기준으로 하여, 이단성의 여부를 결정짓는다. 자신을 일컬어 하나님, 재림 예수, 보혜사 성령이라고 주장하는 자들은 그냥 사이비 집단이다. 예수 그리스도의 성육신, 삼위일체 하나님, 천국과 지옥의 실존을 부인하는 자들은 성경적인 기준으로 명백한 교리적인 이단들이다. 이 시대의 기독교계도 그런 흐름의 연장선상에서 왜곡된 교리를 주장하고 따르는 자들을 명백한 이단으로 분류하고 있다. 그러나 이처럼 교리적인 이단들보다 더 치명적인 이단들이 있음을 바로 알아야 한다.

> "교리적 면보다 삶의 영역에서 이단의 특성을 드러내는 '실행적' 이단이 있다."

성경을 자세히 살펴보면, 교리적인 면에서는 별 문제 없는 자들을 이단의 범주에 포함시킨 경우가 있다. 교리적으로 별 문제가 없기 때문에 교회에서 사역자의 직임을 맡아서 활동을 하지만, 육신적인 안목을 가지고 물질이나 명예욕에 집착하는 이들이 바로 그들이다. 교회와 신자들에게 해를 끼치는 자들에 대해서는 교리적인 이단자들보다도 더욱 치명적인 해를 끼치는 자들로 성경에 기록하고 있다. 민수기에 등장하는 발람은 교리적인 면에서는 정확하게 하나님의 말씀을 대언하는 선지자로서의 역할을 감당하여 신실한 사역자처럼 등장한다. 그러나 베드로후서와 유다서, 그리고 요한계시록에서는 발람을 이단자의 대표적인 인물로 등장시키고 있다.

> "화 있을진저 이 사람들이여, 가인의 길에 행하였으며 삯을 위하여 발람의 어그러진 길로 몰려갔으며 고라의 패역을 따라 멸망을 받았도다"(유 1:11)

"그들이 탐심으로써 지어낸 말을 가지고 너희로 이득을 삼으니"(벧후 2:3)

발람은 자신을 초대한 이스라엘의 대적인 발락 왕 앞에서 일곱 번씩이나 제단을 쌓았지만 매번 어김없이 하나님의 말씀만을 대언하였다. 하지만 사적인 자리에서 이스라엘의 적국인 발락 왕에게 이스라엘 백성들을 망하게 할 수 있는 계책을 알려주고, 그 대가로 이익을 받아 챙겼다(계 2:14 참조). 교리적으로 별 하자가 없는 발람을 이단의 대표적인 인물로 성경에 등장시키고 있는 이유는 무엇일까? 어느 시대든지 기독교계 안에는 겉으로는 발람처럼 정통적인 신앙을 가진 것처럼 보이지만, 삶의 영역에서 개인적이고 세속적인 욕심을 채우는 이들이야말로 심각한 이단임을 각성시키려는 것이다. 발람처럼 하나님의 나라에 해를 끼치고 신자들에게 치명적인 해를 입히는 행위를 일삼는 자들은 어느 시대에나 교회 안에 있어왔다. 그런 자들을 경계하기 위하여 발람을 이단의 대표로 등장시키고 있는 것이다.

필자는 여기서 발람처럼 교리적으로는 별 문제가 없어서 정통 교단에 소속되어 사역을 하지만, 사적인 욕심을 이루기 위해서 교회와 기독교계에 해를 입히는 자들을 '실행적인' 이단으로 분류하고자 한다. 크고 작은 교회의 사역자로 활동하지만 발람처럼 개인의 세속적인 욕심에 빠져서 하나님의 나라와 신자들에게 치명적인 해를 끼치고도 전혀 회개하지 않는 자들이 바로 그들이다. 교회의 사역자로 일하면서 극히 개인적인 사실(사례비, 전별금의 과다함, 교회재정 불투명 등)으로 기독교계에 해를 끼침이 명백함에도 불구하고, 개선할 마음이 전혀 없는 이들이 '실행적' 이단의 범주에 해당되는 자들이다.

"교리적인 이단 vs 실행적 이단들이 기독교에 끼치는 영향에 대한 분석"

성경을 자기 멋대로 풀어서 왜곡된 해석을 하거나, 자신을 하나님, 예수, 성령으로 지칭하는 교리적인 이단들이 얼핏 보기에는 기독교에 더욱 치명적인 영향을 끼칠 것 같다. 하지만 깊이 들여다보면 그런 자들이 기독교에 끼치는 영향은 극히 제한적이다. 하나님의 은혜를 입은 성도들은 성령의 감동으로 하나님의 말씀을 읽고 깨닫기 때문에 신앙의 기본이 탄탄하게 세워져 있다. 이런 성도들은 올바른 분별력을 가지고 있으므로 교리적인 이단자들이 성경을 자의적으로 해석하는 비상식적인 미혹에 쉽게 넘어가지 않는다.

믿음이 없는 세상 사람들도 선악에 대한 약간의 안목을 가지고 있으므로 분별력이 있다. 성경을 자의적으로 해석하여 왜곡된 교리를 신봉하는 사이비 이단들은 상식에서 벗어난 자들임을 세상 사람들도 금방 알아챈다. 이단들이 아무리 반사회적인 해악을 저질러도 그들의 행위 때문에 정상적인 기독교를 향하여 비난의 화살을 돌리지는 않는다. 대부분의 교리적인 이단들은 보편적인 기독교계 바깥에서 활동하기 때문에 그들의 악영향은 기독교계 안에까지 치명적인 해를 입히지는 못하는 것이다. 설령 그들이 심각한 사회적인 물의를 일으키는 등 비난 받을만한 불법적인 행위를 일삼아도 그로 인한 책임과 비난은 거의 대부분 교회 바깥에 있는 그들에게로 돌아간다. 이단들이 아무리 수단 방법을 가리지 않고 교회를 해치려 해도 장차 심판받을 죄를 자기들의 머리 위에 더 무겁게 쌓는 것 외에는 별 다른 해를 끼치지 못한다(요일 5:18 참조). 이처럼 분명하게 교리적인 이단성을 가진 자들이 기독교계에 그다지 치명적이지 않은 이유는 교회 안과 교회 밖이라는 두터운 차단벽이 있기 때문이다.

"실행적 이단들이 기독교계에 끼치는 영향"

그러나 교리적인 면에서는 별 문제가 없어서 정통 기독교계 안에서 성직자라는 신분을 가지고 크고 작은 교회에서 사역을 하는 '실행적' 이단들은 하나님의 나라에 치명적인 해를 끼친다. 그들이 세속적인 안목을 가지고 돈이나 명예를 탐하게 되면 그들로 인하여 신자들은 물론 복음 전파의 대상인 세상 사람들에게 치명적인 해를 입히게 된다. 그 이유는 그들이 정통적인 기독교계 안에 소속되어 있는 자들이므로 그들의 불법적인 행위는 곧 온 기독교계의 불법처럼 보이게 되기 때문이다.

"기록된 바와 같이 하나님의 이름이 너희 때문에 이방인 중에서 모독을 받는도다"(롬 2:24)

그러므로 정상적인 기독교계 안에서 활동하는 어떤 그리스도인들이 잘못을 저지르게 되면 치명적이 된다. 기독교계 바깥에서 활동하는 교리적인 이단들과는 비교할 수 없는 치명적인 해를 기독교계와 그에 속한 모든 교회들에게 끼치게 되는 것이다. 이 시대의 일부 성직자들의 몰지각한 일로 인하여 그 교회는 물론 온 기독교계 전체가 심각한 비난에 휩싸이고 있는 이유도 바로 이 때문이다. 잘못은 그들이 저질렀는데 비난은 교회 전체가 받고 있는 것이다. 몇몇 성직자들과 교회들의 비리를 본 세상 사람들은 그들은 물론 기독교 전체를 향하여 비난의 화살을 쏟아낸다.

"성직자들과 교회의 비리를 보니까 기독교가 어떤 종교인지 대충 알만 하구만." 하면서 기독교에 대하여 마음을 돌리게 된다. 기독교는 단지 현상을 유지하기 위하여 세상에 존재하는 종교가 아니다. 복음을 듣지 못한 마지막 한 생명에게 복음이 들려지기까지 세상을 향하여 뻗어 나가야 하는 생명의 종교이다. 이 생명의 복음이 우리의 귀에 들려지기까지는 믿음의 선진들의 희생과 수고가 컸다. 이처럼 먼저 믿은 믿음의 선진들로부터 복음의 빚을 진 이 시대의 그리스도인들은 그 빚진 것을 아직 복음을 듣지 못한 세상 사람들에게 복음을 전함으로 갚아야 한다.

그런데 이 소중한 생명의 길이 개인적인 욕심을 가진 사역자들로 인하여 가로막혀 있다면 그 이상 불행한 일은 없을 것이다. 사욕을 채우는 문제 때문에 구원 받아야 할 사람이 기독교에 실망하게 되어 영원한 멸망에 빠지게 된다면 그들은 하나님의 일꾼들이 아니다. 영광스럽게 임하여야 할 하나님의 나라를 욕되게 하고, 구원 받아야 할 세상 사람들을 기독교로부터 멀어지게 하는 자들은 결국 하나님의 나라를 대적하는 자들이 되는 것이다. 이 얼마나 무섭고 떨리는 일인가?

### "육신적인 사역자들로 인한 신자들의 탈 교회 현상들"

육신적인 사역자들로 인하여 세상 사람들만 마음 문을 닫고 기독교에서 멀어지는 정도로 끝나지 않는다. 아직 믿음에 굳게 서지 못한 믿음이 어린 신자들도 그런 자들에게 실망하여 교회를 떠나고 신앙을 잃어버리게 되는 경우가 속출하게 된다.

이 시대의 기독교계는 불과 얼마 전에 비하여 눈에 띄게 신자들의 수가 줄어들었다. 복음 전파의 길이 막혀서 새로운 신자들이 교회로 유입되는 수가 전에 비하여 많이 줄기는 하였으나 그 점을 감안하더라도 통계적으로 나타나는 기독교인의 수는 너무 빨리 줄어들고 있다. 이는 기존의 기독교 신자들이 급속히 교회를 떠남으로 인한 결과이다. 교회에서 사역자들이 하나님의 정의를 구현하지 아니하고 사적인 욕심을 채우며 세상 사람들에게 비난받을 정도의 부끄러운 모습을 가까이에서 지켜보던 신자들이 참다못하여 교회를 떠나고 있는 것이다. 이 교회 저 교회를 떠돌다가 옮기는 교회마다 반복되는 사역자들의 부끄러운 모습에 결국은 교회를 향한 발길을 아예 끊게 되는 것이다.

타락한 사역자들에게 실망하여 교회를 떠나는 이들 중에는 단지 기독교 신앙을 상실하는 데 그치지 않고 적극적으로 안티 활동을 하는 이들도 적지 않다. 필자가 어림잡아서 짐작으로 하는 말이 아니다. 지금까지 사회생활을 하면서 만난 많은 사람들 가운데는 안수 집사로서 대형교회에 출석하며 교회 재정을 맡아서 관리를 하던 분도 있었다. 아버지가 목사인 젊은 청년을 비롯하여 많은 이들이 기독교 신앙은커녕 교회와 목사들에 대한 반감만 가득한 이들을 수도 없이 만났다. 교회를 떠나는 이들 중에는 차마 신앙을 버릴 수는 없고 그렇다고 노골적으로 욕심을 부리는 사역자들이 있는 교회에 더 이상 나갈 수는 없어서 단지 마음속으로만 믿는 이들도 적지 않다. 이들을 가리키는 "가나안신자"(교회 안나가 신자)라는 신조어가 등장하기도 했다.

"타락한 사역자들로 인한 교회와 신자들의 오염"

사역자들이 평소에 하나님의 말씀을 깊이 묵상하고 깊은 깨달음을 얻게 되면 판단력과 함께 예리한 통찰력이 생긴다.

> "주의 계명들이 항상 나와 함께 하므로 그것들이 나를 원수보다 지혜롭게 하나이다 내가 주의 증거들을 늘 읊조리므로 나의 명철함이 나의 모든 스승보다 나으며"(시 119:98-99)

하나님의 말씀을 깊이 묵상하고 성령의 교통 가운데 있는 사역자들은 반드시 예리한 통찰력을 얻게 되고, 그 통찰력으로 하나님의 사역자로서의 자신을 먼저 살피게 된다.

온 땅을 걷기도 하고 때로는 배를 타기도 하며 생명을 걸고 복음을 전하러 이곳저곳을 바쁘게 뛰어 다니던 바울은 단지 사역에만 열중한 것이 아니었다. 고린도전서 9장을 자세히 살펴보면, 바울은 남에게 복음을 전하기 전에 자기 자신을 먼저 복음에 복종시켰다. 마치 경기장에서 달리는 선수처럼 힘을 다하여 뛰고 또 뛰었다. 하나님 나라의 일꾼으로 부름을 받은 교회의 사역자들은 예리한 통찰력과 안목으로 세상을 살피기 전에 먼저 자신을 잘 살펴야 한다.

바울은 영광스러운 복음의 일꾼으로서의 합당한 자세로 사역에 임해야 할 것을 제자 디모데에게도 여러 차례 강조하였다. 매사에 절제되고 반듯한 삶의 본을 교회 앞에서 보일 것을 신신 당부하였다. 사역자들의 이런 모습은 하나님의 교회를 돌보는 사역자들의 자질을 분간하는 중요한 척도일 것이다. 아무리 설교를 청산유수 같이 하여도 삶의 영역에서 사람들에게 비난을 받는 사역자들은 사역자로서의 자질로는 낙제점이다. 이런 자들은 하나님이 그 교회에 세웠다고 보기 어렵다.

> "너희 중에 있는 하나님의 양 무리를 치되 억지로 하지 말고 하나님의 뜻을 따라 자원함으로 하며 더러운 이득을 위하여 하지 말고 기꺼이 하며 맡은 자들에게 주장하는 자세를 하지 말고 양 무리의 본이 되라"(벧전 5:2-3)

"또한 외인에게서도 선한 증거를 얻은 자라야 할지니 비방과 마귀의 올무에 빠질까 염려하라"(딤전 3:7)

성경에는 이처럼 교회의 사역자들에 대한 가장 기본적이면서 매우 요긴한 가이드라인이 제시되어 있다. 그러나 마음속에 물질적인 면이나 명예 등 어떤 세속적인 욕망이 자리 잡은 자들은 근본적으로 교회나 신자들을 위하여 자신을 희생시키려는 마음은 가지고 있지 않다. 그들은 표면적으로는 교회의 일을 하면서도 항상 자신의 욕심이 이끄는 방향으로 기울어져서 교회나 신자들마저 은근히 이용을 하게 된다.

물질에 욕심을 품은 자들은 먼저 자신의 말을 잘 들을 수 있는 신자들에게 재정 업무를 맡기고, 그들이 사례비를 올릴 수밖에 없도록 은근히 작업을 시도한다. 과거에는 부흥 강사를 초청하여서 부흥 집회를 통해 노골적으로 담임목사의 사례비 문제를 언급하게 하여 즉석에서 해결하는 방법을 사용하기도 하였다. 또 자신이 받는 사례비가 스스로 생각하기에도 외부에 그대로 알려질 경우에 교회 내부와 사회적으로도 물의를 빚게 될 것을 의식하여 교회 재정의 입출 내역을 일체 비밀에 붙이고 몇몇 사람들로 하여금 비밀리에 재정을 관리하는 교회들도 적지 않다. 하나님의 교회가 이처럼 사기꾼들의 집단에서나 있을법한 비루하고 악한 방법으로 운영되기까지 어떤 과정들이 숨겨져 있었을까?

교회 담임목사인 자신의 뜻이라면 무조건 머리를 숙이고 맹종할 수 있는 신자들을 평소에 눈여겨 두었다가 마치 자신의 친위대처럼 교회의 요소요소에 심어 놓고, 필요할 때마다 그들의 힘을 빌려서 표시나지 않게 자신의 계획을 이루는 방법을 쓴다. 물론 교회가 그리되기까지는 하나님의 교회를 바로 세우려는 눈 밝은 성도들의 저항이 전혀 없지는 않았을 것이다. 그러나 그런 성도들은 더 이상 그 교회에 머눌 수 있는 공간이 차단된다. 이런 교회들과 사역자들로 인하여 최근에 교회를 떠나는 신자들이 많아진 것이다. 사심을 가진 사역자들이 있는 교회에는 자연히 바른 말을 할 줄 아는 신자들은 하나 둘 떠나게 되고 담임목사의 눈치나 살피고 아부를 할 줄 아는 신자들이 교회의 여기저기 한 자리씩 꿰어 차고 자리를 잡는다.

이처럼 교회를 자신의 이익을 채우는 도구로 삼는 자들이 교회의 책임을 맡은 사역자로 활동을 하다 보니, 그런 목사들 옆에는 거의 대부분(영향력이 있는 기관의 부장이나 집사, 권사, 장로가 되어 보려는) 사심을 가진 신자들만 남게 된다. 세속적이고 육신적인 사역자들이 있는 교회의 신자들은 어쩔 수 없이 타락한 사역자의 영향을 받아 온 교회가 급속도로 타락의 길을 걷게 된다. 한 동네의 우물을 고의적으로 오염시킨 사람이 있다면, 그 죄는 결코 작지 않다. 그러나 그보다도 거룩하신 하나님의 나라인 교회를 자신의 욕심으로 인하여 오염시킨 사역자들이 있다면, 그 죄는 더욱 크다. 영생의 맑은 샘물이 솟아 나와 온 세상을 정결케 해야 할 하나님의 교회를 세속적인 욕심의 구정물이 넘치는 곳으로 만들었기 때문이다.

"교회를 해치는 원인은 항상 하나님을 대적하는 사탄으로부터 온다."

하나님의 형상대로 지음을 받은 아담과 하와를 타락하게 한 것도 하나님을 대적하는 마귀였듯이, 하나님의 교회를 해롭게 하는 모든 일은 마귀로부터 시작된다. 사탄이 교회를 해치기 위하여 진행되는 중간 과정과 결정적으로 나타나는 부분이 아주 다양할지라도, 그 모든 출발점은 마귀로부터 비롯된다. 예수 그리스도의 교회는 이 세상에 임하는 하나님의 나라이다. 그러나 이 세상은 하나님을 대적하다가 쫓겨난 자 곧 공중의 권세를 잡은 사탄이 다스리고 있는 곳이다(엡 2:2 참조). 하나님의 나라가 이 세상에 임하기 위해서는 부득불 이 세상에서 공중 권세를 잡은 자 곧 사탄과 싸워야 하는 치열한 전쟁이 불가피하다.

"사탄은 자력으로는 결코 이 세상이나 교회에 물리력을 행사할 수 없다"

사탄이 하나님의 나라를 대적하려 하지만 사탄에게는 치명적인 약점이 있다. 사탄은 육체를 가지지 못한 영적인 존재이므로 자력으로는 하나님의 창조적 질서와 관리 안에서 유지되는 세상의 물리적 법칙을 깨고 그 안으로 결코 들어올 수 없다는 점이다. 그러기에 사탄 스스로의 힘으로는 얇은 접시 한 개도 깨트리기는커녕 뒤집을 수도 없는 나약한 존재이다.

사탄은 분명 물리적인 법칙의 기준으로 본다면, 0.001마력의 파워도 가지지 못한 나약한 존재이다. 그럼에도 불구하고 사탄이 때로는 물리적으로도 매우 파괴적인 힘을 가진 존재처럼 묘사한 성경의 기록이 있다.

"이 사람이 땅을 진동시키며 열국을 놀라게 하며"(사 14:16 하)

육체를 가지지 않은 영적인 존재인 사탄이 어떻게 온 세상을 물리적으로도 파괴하며, 특히 교회와 그리스도인들에게 영육간에 치명적인 피해를 입히는 일이 가능한가? 욥은 사탄의 시험으로 인하여 모든 재산과 자녀들을 잃고, 자신의 몸마저 아주 치명적인 병에 걸리게 된다. 욥에게 나타난 사탄의 역사는 무엇으로 가능했는지 살펴보자.

"이제 주의 손을 펴서 그의 모든 소유물을 치소서 그리하시면 틀림없이 주를 향하여 욕하지 않겠나이까 여호와께서 사탄에게 이르시되 내가 그의 소유물을 다 네 손에 맡기노라 다만 그의 몸에는 네 손을 대지 말지니라 사탄이 곧 여호와 앞에서 물러가니라"(욥 1:11-12)

위의 성경을 통해서 욥에게 닥쳤던 큰 물리적인 시험도 하나님이 사탄에게 허락하신 범위 내에서 제한적으로 이루어진 것임을 알 수 있다.

"사탄은 숙주로 삼은 사람들을 통하여 세상에 물리력을 행사한다."

사탄은 사람들의 정신세계에 은밀하게 침투하는 것이 가능하다. 사탄이 어느 사람의 마음에 침투하게 되면, 마치 그 사람 자신이 생각하는 것처럼 감쪽같이 욕심과 미움을 비롯한 여러 가지 악한 생각을 넣어준다. 말씀과 기도로 깨어 있지 않은 사람들은 자기에게 넣어준 어떤 악한 생각이 사탄이 넣어준 것임을 전혀 알지 못하고, 자신의 생각과 계획으로 알아 구체화 시키게 된다. 사탄은 자신이 은밀하게 넣어준 생각에 잘 반응하는 사람들을 숙주로 삼아서 세상의 물리적인 법칙 안으로 들어오게 된다. 이 세상에 물리적인 실력 행사를 할 수 있는 통로가 마련되는 것이다.

하나님의 교회를 무너지게 하려는 방편의 일환으로 과거에는 교회에 물리적인 위해를 가하는 방법을 주로 사용하였다. 세상 권력자들과 사람들에게 복음을 거부하게 하는 정서를 조성하여, 그들의 힘을 빌려서 교회와 성도들을 핍박하는 방법을 사용했던 것이다. 그러나 진정한 하나님의 교회와 성도들은 세상의 환난과 핍박 속에서는 정결하게 되어 믿음의 반석 위에 더 굳게 세워졌다. 교회를 무너지게 하려고 사탄이 들고 있는 지렛대(사탄의 계획)는 견고하지만 그 지렛대를 든든히 받쳐줄 고임돌(물리적인 핍박)이 마치 푸석푸석한 떡돌처럼 사탄이 들고 있는 지렛대를 제대로 받쳐주지 못하고 있음을 사탄도 깨닫게 된 것이다.

"하나님의 나라를 흔들려고 지렛대를 이용하는 사탄"

사탄이 하나님의 교회를 해함에 있어서 물리적인 방법이 통하지 않을 때는 좀 더 강화된 방법을 쓰기도 한다. 그 방법은 '멀티'(multi) 기능이 있어서 제대로 작동하게 되면 치명적이면서 연쇄적이고 다양한 피해를 하나님의 나라에 끼친다. 먼저는 기독교를 거부하는 세상의 권력자들과 사람들의 물리적인 힘을 빌리는 간접적인 방법을 사용했다면, 이 강화된 방법은 사탄이 직접적으로 교회와 그리스도인들에게 접근하는 방법이다.

이 시대의 기독교계가 이처럼 심각한 위기에 처하기까지는 많은 원인들이 있겠지만 그 누구도 부인할 수 없도록 밝히 드러난 것들이 있다. 이는 외부에서 가해진 어떤 물리적인 원인에 의해서가 아니다. 교회들과 사역자들이 스스로의 위치에 견고하게 서있지 못하고 넘어지기 시작한 것은 교회 사역자들의 마음속에 세속적이고 사적인 욕심이 자리를 잡으면서부터이다.

한때 사람들에게 교회 성장의 롤 모델처럼 여겨지던 세계적인 대형교회들이 우리나라에 즐비하다. 우리나라에 복음이 들어 온지 100여년 남짓했던 1990년쯤에 벌써 규모면에서 세계 10위권 안에 드는 대형교회 중 우리나라 교회들이 1, 2위를 차지했다. 뿐만 아니라 10위권 안에 드는 교회들도 다섯 곳이나 있었다. 전 세계 50위 안에 드는 대형교회 중에 우리나라의 교회들이 그 수의 절반이나 차지하였다고 한다. 이처럼 전 세계에서 인정받을 정도로 규모면에서 대형화된 교회들과 그 교회의 목회자들의 언행은 곧 기독교계의 이미지를 대내외에 알리는 대변자 역할을 하게 된다. 물론 모든 교회들과 사역자들과 일반 신자들도 세상에서 하나님 나라의 대표성을 띠고 있다는 점에서는 동일하지만, 대형교회들은 그 비중이 더 크다는 의미이다. 특히 한국 기독교계에 속한 모든 교회들의 모임인 연합회 같은 곳은 한국교회 전체를 대표하는 특별한 기관임에 틀림없다. 세상에서 하나님 나라의 대표성을 띤 비중이 커지면 커질수록 더 무거운 책임 의식을 가져야 하는 중요한 공적인 자리라고 할 수 있다. 신자들이 많이 모인 대형교회나 혹은 기독교계의 중요한 자리에 세워진 후 세상의 빛과 소금의 사명을 제대로 잘 감당하지 못할 때에는 하나님의 나라에 더 크게 해를 끼치게 됨을 인식해야만 한다.

그동안 이 시대의 기독교계 안에는 크게 부흥이 되었다는 대형교회들의 비리가 세상에 알려져서, 기독교계 전체에는 교회의 크기만큼 더 큰 걸림돌 역할을 하는 교회들이 적지 않았다. 대형교회들이나 한국 기독교계에서 비중이 있는 위치에 세워진 이들은 영적인 전쟁을 치루는 하나님의 나라에 있어서 얼마나 무거운 책임의 자리에 있는지 바로 인식할 필요가 있다. 이 시대의 기독교계에 닥친 위기 안에는 대형교회들과 한국 기독교계의 비중 있는 기관들이 끼친 영향들이 상당한 인과 관계가 있기 때문이다.

먼저 영적인 전쟁을 치루고 있는 하나님 나라의 관점에서 대형교회나 한국교회의 비중 있는 기관들이 어떤 위치에 놓여 있는지에 대해서 살펴보자.

> "영적인 전쟁을 치르는 전략적인 측면에서 대형교회나 한국 교회에서 비중이 있는 높은 자리에 세워진 이들은, 사탄이 공격하기 쉬운 표적물이 될 수 있다."

인품이 훌륭하고 설교도 잘하며 여러 가지 조건이 충족된 목사가 섬기는 교회는 수많은 신자들이 모이는 대형교회로 성장할 확률이 높다. 그런 교회나 사역자들은 전체 기독교계에서 차지하는 비중도 높아져서 자연스레 전체 기독교계의 이미지에 큰 영향을 끼치는 자리에 자연스레 세워지게 된다. 이처럼 교회가 대형화되고 기독교계의 이미지에도 영향을 미치는 위치에 놓이게 되면 그만큼 사탄의 표적이 될 확률이 높다. 과녁이 너무 커서 실수로 방아쇠가 당겨진 유탄에도 치명적인 손상을 입을 확률이 높아진다. 이단들은 물론 불신자들 가운데서도 악의적으로 교회에 해를 끼치려는 이들의 표적이 될 확률이 작은 교회들에 비하여 훨씬 더 높아진다. 가지 많은 나무에 바람 잘 날이 없듯이, 허물 많은 사람들이 많이 모이는 대형교회에 크고 작은 허점들이 드러나지 않을 수 없을 것이다. 대형교회의 허점들은 그 교회의 담장을 넘어서 전체 기독교계까지 좋지 않은 영향을 끼치게 된다. 사탄의 집중 포화를 받는 대형교회들의 불미스러운 일들이 파편처럼 튀어서 기독교계 안의 다른 교회들은 억울하게 피해를 입을 수도 있다.

"다중 조직으로 운영되어야 하는 대형교회들"

특히 대형교회는 그 많은 신자들을 담임목사 혼자서 섬길 수 없기에 많은 사역자들을 부 교역자로 세우고 교회를 겹겹이 조직화해야만 한다. 문제는 모여든 신자들의 신앙 상태를 담임목사가 제대로 다 파악할 수 없다는 점이다. 그럴 경우 부 교역자나 또 교회의 중직을 맡은 일꾼들 중에서 신앙에 대해 제대로 검증받지 못한 사람들이 교회의 중요한 자리에 세워질 수 있다는 것이다. 뿐만 아니라 하나님의 교회를 해치기 위한 이단들이나 혹 사심을 가진 자들이 가장을 하고 들어와도 그들을 완전히 가려낼 방법이 없다. 그래서 믿음이 제대로 검증되지 않은 이들이 교회의 중요한 조직체계 안에 자리를 잡는 것을 사전에 다 가려낼 수 없다는 약점이 생긴다. 이처럼 신앙이 제대로 검증되지 않은 이들이 겹겹이 조직화된 교회 내에 자리를 잡게 될 때 여러 가지 불미스러운 일들이 생겨날 수밖에 없는 구조적인 문제를 안고 있는 것이다.

이 시대의 기독교계에 닥친 위기 중 많은 부분이 모든 교회들의 롤 모델처럼 여겨지던 대형교회들에서 빚어졌다는 점을 감안하면 앞서 언급한 우려들이 현실화되고 있음을 부인할 수 없다. 하나님의 나라가 교회들로 인하여 더 든든히 세워져 가야 하는데 일부 대형교회들의 불미스러운 일들로 인하여 전체 기독교계가 더 크게 비난과 해를 입는 현상들이 일어나고 있는 것이다. 이처럼 크게 부흥된 대형교회들이나 또한 기독교 연합회 등 한국교회에서 차지하는 비중이 높은 기관들이 한국교회를 좋은 방향으로 대변하지 못하고 있다는 것은 작금의 현실이다.

> "사회의 보편적 정서를 훨씬 뛰어넘는 퇴직금, 담임목사의 전횡, 부적절한 막말, 총회장 자리에 오르기 위하여 주고 받는 뇌물 등등"

결코 일어나지 말아야 할 일들이 기독교계 안에서 꼬리를 물고 일어나 온 세상에 드러나고 말았다. 그것도 기독교계를 대변하는 위치에 있는 이들에게서 일어난 것이다. 그들의 불법적인 행동들은 곧 기독교계의 불법처럼 세상에 알려지게 되었으며, 그들에게 돌아가는 질타는 더 크게 증폭되어 기독교계 전체에 쏟아지게 되었다.

"저게 하나님의 나라를 가르치는 기독교의 모습이며, 저렇게 세속적 욕심에 눈먼 사람들이 천국을 소유했다는 사람들의 모습이란 말인가?" 하는 질타의 목소리로 들려오고 있다.

어떤 교회나 사역자들이 세상적으로 비난을 받을 만한 일이 드러났을 때 세상 사람들은 온 기독교계를 싸잡아 비난하고 성토한다. 그런 교회들을 보니 전체 교회들이 다 그렇게 보인다는 것이다. 그들이 그렇게 보는 데는 나름대로 이유가 있다. 그들 나름대로의 안목으로 기독교계를 보는 분별력을 가지고 있기 때문이다.

오늘날 일반인들도 잘 아는 '하인리히 법칙'이라는 것이 있다. 이 법칙은 미국의 손해 보험회사에 근무하는 '윌리암 하인리히' 라는 사람이 세운 법칙인데, 1, 29, 300이라는 숫자의 연관성으로 대형 재난 사고나 사건을 분석하는 법칙이다. 즉 대형사건이 한 건 발생했다면 그보다 작은 사건이 29번 정도 먼저 있었고, 그보다 앞서 300번 정도의 동일한 사건의 조짐이 있은 후에 결국 대형 사건이 일어난다는 것이다. 이것은 윌리암 하인리히가 보험회사에 근무하면서 많은 사건 사고들의 자료를 정밀분석을 하고 추적을 하여 산출한 데이터이기 때문에 절대적인 자료는 아니지만 상당히 설득력이 있는 분석이기도 하다.

그런 관점에서 세상 사람들은 교회나 목사들에 대한 평가를 할 수도 있다. 교회와 사역자들의 어이없는 추문이 세상에 알려질 때마다 이럴 것이다. '아이고! 저거 말고도 얼마나 더 많은 교회와 목사들이 그럴까?' 이런 생각을 얼마든지 할 수 있다는 것이다. 특히 세상 사람들이 알도록 추문을 일으킨 교회가 기독교계의 대표적인 대형교회들과 유명한 목사들일 경우에는 그들의 부끄러움은 곧 기독교 전체의 부끄러움으로 보이는 것이다. 이 시대 교회와 사역자들의 '롤모델' 같은 위치에 있던 교회와 사역자들의 타락은 기독교 안팎으로 많은 부정적 영향을 끼쳤다. 세상 사람들은 기독교에 대하여 등을 돌리기 시작하였으며, 기존 신자들 가운데서도 많은 이들이 교회에서 발길을 돌리는 계기가 되었다. 밖으로는 복음의 차단이요, 안으로는 신자들의 대량 이탈의 원인으로 작용하게 되었다.

"이 와중에도 톡톡히 재미를 보는 놈이 있다."

바로 끊임없이 하나님의 나라를 무너지게 하려는 공중의 권세를 잡은 자 곧 사탄이다. 교회가 타락되고 사역자들의 마음속에 세속적인 욕심이 생긴 것은 결코 우연이 아니다. 자력으로는 하나님의 교회를 무너지게 할 수 없었던 사탄이 교회 사역자들과 구성원들의 마음속에 욕심을 넣어주고, 그 욕심에 반응을 보이는 사역자들을 지렛대의 받침으로 삼은 것이다. 그리하여 사탄은 힘들이지 않고 손쉽게 하나님의 나라를 무너지게 하고 있는 것이다. 하나님의 나라가 하나님의 이름으로 일컫는 교회들로 인하여 무너지는 어이없는 현상들이 이 시대의 기독교계 안에 빈번히 일어나고 있다.

일찍이 예수께서 귀신을 쫓아내실 때 당시 사람들이 귀신의 왕 바알세불을 힘입어 귀신을 쫓아낸다고 수군거리자 예수님은 "사탄이 어찌 사탄을 쫓아내겠느냐 그리 하고서야 어찌 제 나라가 서겠느냐" 하시며 질책하셨다. 사탄도 자기 나라를 해롭게 할 일은 결코 하지 않는다는 말씀이다. 하물며 이 시대의 많은 교회들과 사역자들로 인하여 하나님의 나라가 해를 입고 있다는 것은 상상조차 할 수 없는 일이지만 현실은 분명히 그렇게 되고 있다.

대형교회로 부흥을 시키고, 한국교회에서 비중이 있는 사역자가 되어서 전체 기독교계에 좋지 않은 영향을 끼칠 바에는, 차라리 부흥되지 않은 작은 교회와 이름 없는 일꾼으로 조용히 일하는 것이 그 자신이나 한국교회를 위해서 더 좋을 것이다. 눈에 보이는 덩치가 커지면 커질수록 사탄이 공격하기에 더 용이한 표적물이 된다는 것을 명심을 하자. 큰 사역을 하지 말자는 것이 아니라 큰 사역을 하려면 그만큼 더 조심해서 하자는 의미이다.

### "사탄이 들고 있는 지렛대에 받침이 되어주는 교회들과 사역자들"

이것은 바로 하나님의 나라를 무너지게 하려고 지렛대를 들고 있는 사탄에게 교회와 사역자들이 자신의 몸을 지렛대 밑에 들이밀어 줌으로 인하여 나타나는 현상이다. 사탄으로 하여금 하나님의 교회를 무너지게 하는 일에 이 시대의 교회들과 사역자들이 나서서 도우미가 되어주고 있는 것이다. 부인하고 싶지만, 냉정하게 현실을 살펴보면 이 시대의 많은 교회들과 사역자들이 하나님의 나라를 무너지게 하려는 사탄의 계획을 도와주는 역할을 분명히 하고 있다. 얼핏 보기에는 못난 사람들의 실수로 빚어진 우연한 일 같지만 여기에는 치밀하게 계산된 사탄의 '정조준'이 있다. 평소에 하나님의 나라보다도 자신의 안위를 더 살피는 세속화된 사역자들이 은밀히 짜놓은 사탄의 계략에 걸려든 것이다. 그런 자들은 표면적으로는 하나님의 일을 크게 하는 것 같지만 전체 하나님의 나라의 측면에서 보면 하나님의 나라를 크게 위축시키고 무너지게 하는 결과를 초래한다.

믿음의 선진들은 자신들을 한 알의 밀알처럼 희생시켜서

하나님의 나라를 일으켜 이 땅 끝에 있는 우리나라에까지 하나님의 나라가 들어서게 하였다. 그러나 마음속에 사탄이 넣어준 욕심을 뿌리치지 못한 자들은 하나님의 나라를 허무는 역할을 하고 있다. 자신의 몸과 교회마저도 사탄이 들고 있는 지렛대 밑에 들이밀어 하나님의 나라를 흔들고 있는 사탄의 도우미가 되는 형국이 되어 버렸다. 그 원인의 거의 대부분은 사역자들의 부적절한 처신과 그릇되게 운영되는 교회들의 비리라고 하겠다. 이렇게 전체 기독교계를 어둡게 하고 허무는 역할을 하게 되어 이 시대 기독교계를 위기에 처하게 한 것이다.

"혹시 아군의 복장으로 위장한 적군은 아니었을까?"

나라와 나라가 전쟁을 치를 때 상대방에게 아주 작은 방법으로도 매우 치명적인 해를 입히는 경우가 있는데, 이는 바로 아군의 복장으로 위장한 적군이다. 지금 전 세계가 일명 IS 자살폭탄 테러 집단의 무차별 공격으로 공포에 떨고 있다. 따지고 보면 자살폭탄 테러 단체들이 소지한 무기나 군사력은 강대국들에 비하면 조잡하고 볼품이 없다. 그럼에도 그들의 테러 공격에 무방비 상태로 당하는 이유는 그들이 평상시에는 전혀 표시를 드러내지 않는 보통 사람들의 모습을 가졌기 때문이다. 정통 기독교계 안에 소속되어 있어서 표면적으로는 성직자의 신분으로 사역하기 때문에 그들을 의심하는 이들이 거의 없다.

"거짓 선지자들을 삼가라 양의 옷을 입고 너희에게 나아오나 속에는 노략질하는 이리라"(마 7:15)

예수께서 겉으로는 드러나지 않지만 속에 욕심을 감추고 일하는 자들을 향해, '양의 옷을 입은 이리 같은 자들' 이라는 가차 없는 표현으로 말씀하셨다. 교회는 끊임없이 교리적인 이단들과 실행적인 이단들로 인하여 해를 입어 왔다. 하지만 교회가 입은 가장 치명적인 피해는 바로 실행적인 이단들에 의한 것임을 성경과 교회사와 이 시대의 기독교계 상황을 통해서 분명하게 알 수 있다. 누구든지 깨어있지 않으면 자신도 모르게 하나님의 나라를 해치는 사탄의 도구로 이용될 수 있다. 이에 베드로 사도는 다음과 같이 권면하고 있다.

"근신하라 깨어라 너희 대적 마귀가 우는 사자 같이 두루 다니며 삼킬 자를 찾나니 너희는 믿음을 굳건하게 하여 그를 대적하라"(벧전 5:8-9)

하나님의 나라는 외부의 물리적인 고난과 박해에는 잘 견뎌왔다. 그러나 표면적으로는 하나님의 나라에 속했던 이들이 내면적으로 타락하여 무너지면서 하나님의 나라는 큰 위기에 직면해 있다. 밖으로는 차단되고, 안으로는 스스로 지탱하지 못하여 무너지고 빠져 나가는 이중 삼중의 위기를 맞고 있는 것이다. 기독교계가 이런 위기의 상황에 이르기까지 쓰임 받은 교회들이나 사역자들은 사탄에 의하여 치밀하게 계획되고 미리 짜인 각본에 자신들도 모르게 걸려들어 하나님의 나라에 걸림돌 역할을 하고 있는 것이다.

### 6) 부적절한 처신으로 기독교계에 치명적인 해를 입히는 자들

최근 사역자들에게 일어났던 추악한 일들과 그로 인한 영향이 일파만파로 하나님의 나라에 심각한 해가 되고 있음을 모르는 이들이 없다. 이에 대하여 누구보다도 더 잘 알고 있을 기독교계의 책임 있는 이들은 도대체 무엇을 하고 있었는지 안타까운 생각을 하게 된다. 자신들의 사욕으로 치명적인 해를 끼친 자들이 여전히 기독교계 안에서 활개를 치고 다니고 있다. 물론 하나님이 세우신 사역자들이나 진실한 그리스도인들 중에서도 깨달음의 한계와 순간적인 판단 착오와 일시적으로 사탄의 속임수에 빠져 잠깐 동안의 넘어짐은 있을 수 있다.

"진실한 사역자들도 잠시의 실수와 넘어짐은 있다."

마음속에 성령의 은혜가 머물고 있는 이들은 반드시 자신이 잘못하고 있음에 대하여 성령과 말씀과 그 누군가로부터 지적과 책망을 받게 될 때에 자신의 잘못에 대하여 인정을 하고, 철저히 하나님과 사람들 앞에서 회개하게 된다. 그러나 이른바 '실행적' 이단에 속한 자들은 분명히 드러나게 자신의 그릇된 일로 인하여 온 세상으로부터 기독교계가 싸잡혀 비난을 받게 되었는데도 그다지 대수롭지 않게 여긴다. 그런 자들을 누구 하나 나서서 성경을 근거로 하여 제대로 된 책망조차 하지 못하는 것이 현 기독교계의 민낯이다. 온 교회를 세상의 웃음꺼리로 만든 악한 일들을 저지른 자들에 대하여 책망조차 제대로 하지 못하는 기독교계를 어느 누가 하나님이 함께 하시는 공동체로 인정을 하겠는가?. 세상 사람들이 기독교에서 완전히 마음을 돌리고 있는 이유가 바로 이 부분 때문이다. 부끄러운 일을 행한 자들을 향해 제대로 된 책망이나 지도조차 하지 못하는 기독교계를 세상 사람들은 악한 일을 행한 자들과 완전히 한 통속으로 보고 있는 것이다.

말하기도 두렵고 가슴이 아프지만, 최근의 기독교계에 나타난 많은 부끄러운 모습들은 기독교계가 가장 경계해온 사이비 종교계의 모습 바로 그것과 다르지 않음을 보여준다. 좀 늦기는 했지만 지금이라도 기독교계는 준엄한 하나님의 말씀 위에 바로 세워져야 한다. 그리하여 이 시대의 사역자들이 하나 멀쩡하게 남지 못하고 모두 치리를 받는다 하더라도 교회에서 하나님의 정의만큼은 바로 세워져야 한다. 비록 상수리나무가 베어질지라도 그루터기라도 남으면 그루터기에서 다시 새싹이 올라와 새 나무로 자라게 될 것이다.

### 7) 성경적인 부흥과 아름다운 사역의 사례

이미 교회를 섬기거나 개척하려는 계획 중에 있는 사역자들은 거의 대부분 한결같은 바람들을 가지고 있을 것이다. 자신이 사역하는 교회가 앞으로 신자들이 많이 모이는 큰 교회로 부흥 되었으면 하는 소망이 바로 그것이다. 사역자들의 이런 바람은 분명 좋은 것이다. 땅 끝까지 이르러 복음의 증인이 되라는 주님의 말씀을 고려할 때, 교회에 한 사람의 신자라도 더 모이는 것은 사역자들의 소원이기에 앞서 주님의 간절한 소원이기도 할 것이다. 그러므로 교회에 신자들의 수가 더 많이 증가하는 것은 하나님의 입장에서 보더라도 분명히 좋은 일임에 틀림이 없다. 그러나 단지 교회들의 외적인 수치의 증가를 교회 부흥의 척도로 삼는 것은 하나님께서 원하시는 바가 아닐 수 있음을 염두에 두어야 한다. 교회 안에 신자들이 많이 모이는 외적인 부흥에는 여러 변수들이 작용할 수 있기 때문이다.

### "성경적인 부흥의 의미"

성경 사전에 '부흥' 이라는 단어로 검색을 하면, 하박국 3장 2절 단 한 군데 나온다. 부흥의 의미까지 포함을 한다면 성경의 더 많은 부분에서 이에 대한 기록을 찾을 수도 있을 것이다. 그러나 성경에서 제시하는 부흥은 그 어디에도 단지 외적인 수치의 증가에 큰 가치를 부여하고 있지 않다. 하박국 선지자가 간절히 사모한 부흥은 외적인 수치의 증가가 전혀 아니었다.

"여호와여 내가 주께 대한 소문을 듣고 놀랐나이다 여호와여 주는 주의 일을 이 수년 내에 부흥하게 하옵소서 이 수년 내에 나타내시옵소서 진노 중에라도 긍휼을 잊지 마옵소서"(합 3:2)

하박국 선지자가 이런 기도를 드린 이유를 먼저 알아야 하박국 선지자가 갈망한 부흥의 내용이 무엇이었는지 바로 알 수 있다. 하박국 1장 3절부터 2장19절까지의 내용은 당시 유다 사람들이 저지르고 있던 악한 죄악상에 대하여 매우 구체적으로 다루고 있다. 특히 1장 7절에는 하나님이 범죄한 유다 사람들을 징치하시기 위하여 갈대아 사람들을 일으키는 내용이 기록되어 있다. 하박국 선지자가 이처럼 참담한 당시 유다의 상황과 그 유다에 곧 퍼부으실 하나님의 진노(유다 사람들의 바벨론 포로)를 내다보면서 드린 기도가 바로 '부흥'에 대한 갈망이었다. 하박국은 하나님의 영광이 하늘을 덮고 찬송이 온 세계에 가득하게 넘치는 그런 세상이 도래하기를 꿈꾸며 부흥을 갈망한 것이다. 이런 내용이 3장까지 계속 이어진다. 죄로 인하여 하나님의 징벌을 받을 수밖에 없었던 유다가 온전히 치유되어 온 세상에 하나님의 영광이 넘치고 찬양을 드리는 그런 부흥을 갈망했던 것이다.

"성경적인 부흥은 하나님의 백성들이 죄와 악으로부터 치유됨을 의미한다."

교회 부흥의 핵심은 모인 신자들이 세상의 빛과 소금의 사명을 잘 감당할 수 있는 믿음의 성도들로 채워지는 것이다. 이것이 전제만 될 수 있다면 신자들이 많으면 많을수록 하나님께 영광을 더 돌려 드릴 수 있을 것이다. 그러나 신자들이 세상의 빛과 소금의 사명을 제대로 감당하지 못할 때에는 많이 모일수록 하나님의 나라에 더 크게 해를 끼치게 될 것이다. 이 시대의 기독교계 안에는 크게 부흥이 되었다는 대형교회들의 비리가 세상에 알려져서 기독교계 전체에는 교회의 크기만큼 더 큰 걸림돌 역할을 하는 교회들이 적지 않다.

외적 성장 위주의 부흥보다도 하나님 나라의 관점에서 부흥을 도모하고 그 나라의 일꾼으로서 자신을 바로 세우려고 애쓰는 교회와 사역자에 대한 사례를 살펴본다.

### "거구의 몸으로 프라이드를 타던 H 목사"

1980년대 초 H 목사는 강남 반포지역에 교회를 개척하여 1990년대쯤에는 주일 출석 교인이 근 2천 명이 되어가고 있었다. 서울 강남의 반포동에서 교인이 2천 명이 되가는데도 그 목사는 자가용이 없었다. 그 교회의 한 장로가 "제가 차를 한 대 사 드리지요." 하니 H 목사는 펄펄뛰면서 "큰일 날 일입니다. 말도 꺼내지 마세요." 하자, 장로는 의아해서 "아니, 목사님, 서울 반포에서 교인이 2천 명이나 모이는 교회의 담임목사님이 자가용 있다고 왜 큰일 나는 겁니까?"라고 되묻자, H 목사는 "아직 우리 교회 교인들 중에는 자가용 없는 이가 많은데, 혹시라도 그들이 시험에 들게 되면 안 됩니다."라고 대답했다고 한다.

그로부터 몇 년 뒤 그 교회 신자들 중에 자가용이 없는 이가 거의 없을 무렵에, 한 장로가 "이제 목사님께 차가 꼭 있어야 합니다. 제가 목사님 업무용으로 소나타 승용차를 사 드리겠습니다." 하자 "장로님, 아직 우리 교인 중에는 가난한 이들이 많은데, 목사가 좋은 차를 타면 시험이 들 수 있어요. 그러나 장로님 마음이 정 그러시면 '프라이드'로 합시다. 프라이드 정도면 시험들 신자들이 없을 것입니다."

그리하여 강남에서 주일날 2천여 명 모이는 교회의 목사가 뒤가 잘룩한 프라이드 자가용을 타게 되었다. 거구의 H 목사가 교회 앞마당에서 뒤가 잘록한 프라이드 뒷좌석에서 겨우 내리던 모습은 수십 년이 지난 지금도 눈에 선하다. 얼마 뒤 그 목사는 갑자기 그 교회를 사임하고 강남의 또 다른 지역으로 교회를 개척하러 가셨다. 갑자기 사임하신 이유는 날마다 교인들의 이름을 부르며 기도해 왔는데 신자들이 2천 명 가까이 되니까 교인들의 이름을 다 기억할 수도 없을 뿐만 아니라, 그들의 상황이나 기도제목도 제대로 알 수 없으니 구체적으로 기도할 수 없었기 때문이라고 한다. H 목사는 자신의 생각에 '내가 이러다 삯군 목자 되는 것 아닌가.' 덜컥 겁이 나서 그 교회를 사임하고 새로 교회를 시작하게 되었다며, 당시의 처한 상황을 밝히시던 것을 필자가 직접 들은 적이 있다.

그 교회의 또 한 가지 특이했던 점은 담임목사로부터 모든 부교역자들의 사례비가 동일했다는 점이다. 단 업무 범위에 따라서 활동비가 좀 더 추가된다든지, 부양하는 가족들의 상황을 고려하여 약간 차등적으로 책정되어졌다는 것이다. 이에 대하여 당시 필자와 아내를 그 교회로 인도하셨던 권사님께 직접 들은 적이 있었다.

그 큰 체격에 작은 프라이드는 많이 불편하였겠지만 혹시 가난한 신자들이 마음의 상처가 될 가능성을 염려하여 본인의 불편을 감수하였던 것 같다. 자신의 처신으로 인하여 한 생명이라도 시험을 받을 수 있는 여지를 미연에 차단하려는 세심한 배려였을 것이다. 혹시라도 시험들 수 있는 연약한 신자들을 배려하여 불편을 감수하며 삶의 모본을 보이려는 목사로서의 바람직한 자세로 여겨진다. 또 한 사람씩 신자들의 이름을 부르며 기도하다 이름을 다 부를 수 없을 정도로 신자들이 많아지자 하나님 앞에서 책망을 들을까봐 두려운 생각이 들어, 그 교회를 사임하고 또 새로이 교회를 시작했던 H 목사는 수십 년이 지난 지금까지도 필자의 마음속에 잔잔한 감동으로 남아있다. 뿐만 아니라 담임목사의 고액 사례비로 세인들과 뜻있는 신자들로부터 따가운 눈총을 받으면서도 아랑곳없는 파렴치한 성직자들이 많은 이 시대의 기독교계에 본받을 점이 많은 분으로 여겨진다. H 목사는 하나님의 일꾼으로서 지극히 당연한 처신을 한 것이겠지만 그의 사역적 자세는 지금까지도 기독교계에 귀한 본이 되고 있다.

"내 교회의 부흥보다 하나님 나라의 부흥을 꿈꾸는 교회"

필자가 여러 해 전에 용인에 있는 한 교회에 다닐 때 알게 된 일이다. 오래전 일이기 때문에 지금은 상황이 바뀌었을 수도 있을 것이다. 서울 모처에 있는 K 교회는 몇 년 전에 이미 주일날 예배에 참석하는 성도들의 수가 천 명을 넘는 교회였다. 그런데 신기하게도 그 교회는 독립된 건물이 아닌 셋방살이를 하고 있었다고 전해진다. 성도들이 헌금을 하지 않아서 일까? 그것도 아닌 것 같다. 교회에 모이는 신자들의 수가 천 명이 넘을 정도면 담임목사가 마음만 먹으면 얼마든지 독립된 교회당 건물을 세우든지 매입할 수 있는 여력이 되기 때문이다.

그런데 왜 천 명이 넘는 성도들이 모이는 교회가 그때까지 셋방살이를 하고 있었을까? 그 이유는 C 목사의 목회 철학에 있었다. C 목사는 교회를 개척할 때부터 좀 특이한 계획을 가지고 출발했는데, 주일마다 성도들이 낸 헌금은 비상금 100만원만 남기고는 반드시 다음 주일이 되기 전에 헌금을 사용처에 다 집행을 한다는 것이었다. 아마 그 교회 중직자들 및 집사들은 매주 헌금이 반드시 집행되어야 할 소중한 곳(대부분 구제대상자)을 찾기 위하여 사방팔방으로 열심히 뛰어야 했을 것이다.

그 교회의 또 다른 특징이 있는데 (평소 친분이나 인적 관계가 없는 이라도) 교회를 개척하려는 신실한 일꾼이 있으면 그가 사역할 수 있도록 교회 개척 자금을 지원하는 일이었다. 필자가 용인에서 잠시 다녔던 교회도 K 교회의 개척 지원금(1억)을 받아서 개척하였던 교회였다. 이렇게 세워진 교회만 해도 필자가 그 교회에 다니던 5년 전을 기준으로 거의 10여 교회 이상이나 되었다고 한다. 또한 해외선교와 지역사회 봉사활동에도 열심을 내고 있는 교회로 알려졌다. 그러다보니 본 교회는 천 명이 넘는 교회이면서도 여전히 셋방살이 신세를 면치 못하고 있었던 것이다. 오래전의 일이기 때문에 지금의 상황은 달라졌을 수도 있을 것이다. 그 목사의 마음속에 들어가 보지는 않았지만 분명히 그분의 중심을 읽을 수 있는 대목이 있다. 나 혼자 열심히 일하는 것도 좋지만 다른 이들을 세워서 일할 수 있도록 해주는 것은 더 소중하고 아름답다는 신조를 분명히 가지고 있었을 것이다.

한번은 그 교회에 이런 일이 있었다고 한다.

교회가 너무나 아름다운 사역을 하는데 큰 감동을 받은 집사 부부가 자기 집을 팔아서 교회에 헌금하기로 작정을 하였는데, 그 후 남편이 그만 교통사고로 갑자기 돌아가고 말았다. 홀로 남은 여 집사는 남편을 잃은 슬픔 속에서도 남편 살아 있을 때 작정한 대로 교회에 헌금을 하였다고 한다. 그런데 교회의 재정 담당자들이 평소에 있을 수 없는 큰돈이 무명으로 헌금 된 것을 보고 담임목사에게 알렸고, 담임목사가 전 교인들을 상대로 자세히 살펴본 결과 얼마 전 남편이 교통사고로 돌아간 여 집사가 아파트 매매 대금으로 헌금한 사실을 알게 되었다. 담임목사와 교회 재정 집행부가 상의하여 교회에 헌금한 돈을 그 여 집사에게 곧 되돌려 드리려고 하였으나 여 집사는 한사코 돈을 돌려받지 않으려 사양하였다.

그러자 교회에서는"예, 집사님 말씀이 맞아요. 집사님은 교회에 헌금을 하셨어요. 그리고 교회에서는 남편을 잃은 집사님께 교회의 헌금을 구제금으로 사용하는 것이 옳다고 생각되어 교회의 재정을 적절한 곳에 집행하는 것일 뿐입니다."라고 위로하며 그 여 집사에게 구제비로 드렸다고 한다. 남편을 잃은 여 집사는 평소의 신앙대로 헌금을 하였고, 교회는 교회대로 주일날 헌금 된 것을 가장 가치 있는 곳에 집행을 했으니, 서로의 입장을 세우며 신앙대로 아름답게 진행된 것이다.

이런 교회야말로 일부 교회들의 선명하지 못한 재정 집행과 성직자들의 일탈 행위 및 헌금 문제로 세인들의 비난을 받는 우리 시대에 별처럼 빛나는 아름다운 교회와 사역자들이 아닐까 생각한다. 이런 아름다운 교회와 사역자들은 듣고 보는 이들에게 무한한 감동을 끼쳐서, 배우게 하고 그 아름다움을 확산시키는 진정한 하나님 나라의 확장에 기여를 하고 있다고 확신한다.

### "개척 지원금으로 선교사 파송을 했던 개척교회"

필자가 잠시 머물렀던 교회에서 있었던 일이다. 큰 교단의 신학교 교수로 재직하다가 교회를 개척한 목사가 있었다. 개척교회를 돕기 위하여 서울의 어떤 교회에서 개척 지원금으로 자립할 때까지 월 백 만원씩 지원을 해 왔다. 그때 개척교회 목사의 마음에 하나님이 이 교회를 도우시면 개척 지원금 없이도 교회는 자립할 것이라는 확신이 들었단다. 그래서 성도들도 거의 없던 개척교회가 개척 지원금으로 회교권에 선교사를 파송하였다고 한다. 그로 인하여 그 교회는 몇 년간 경제적으로 어려움도 있었지만, 어려움 대신에 회교권에 이루어지는 선교를 생각하며 꿋꿋이 인내를 하였다고 한다.

이런 믿음의 시련이 다 충족되었기 때문일까? 우연한 기회에 교회가 부흥되는 전기를 맞아서 성도들이 수십 명으로 불어났다. 이제 교회가 힘을 모아서 교회당 건축 등 교회를 안정감 있게 세워가는 일을 할만도 한데 그 교회의 담임목사는 그럴 생각은 하지 않고 선교사를 파송하기에 여념이 없었다. 필자가 그 교회를 떠날 무렵에는 주일 출석 성도들의 수가 70~80명 정도였는데, 회교권, 아시아권, 아프리카 등지에 선교사를 파송하고, 협력 선교사도 여러 명 지원하는 등 선교에 전념을 하면서 동시에 지역 구제 사업에도 열심을 다했다고 한다. 그 교회가 부흥되는 이유는 지역 사회에 대한 구제 소식이 알려 지면서 스스로 찾아온 이들로 인하여 아름답게 부흥이 되었던 것이다.

예수님의 이름이 생각만 해도 한없이 좋고 은혜가 되듯이, 하나님의 참된 교회는 생각만 해도 은혜가 되고 마음까지 맑아진다. 하나님이 사랑하시는 사역자들도 마찬가지다. 어둡고 캄캄한 세상에서 하나님이 세우신 참된 사역자들은 그들이 살아나가는 삶의 한 조각을 보고 듣는 것만으로도 사람들에게 빛이 되고 따라서 하고 싶도록 진한 감동을 얻게 되는 것이다.

이 밖에도 빛과 소금의 역할을 잘 감당하고 있는 선한 목사님들이 많이 있지만 지면 관계로 생략한다.

## 3. 한국 기독교계에 만연한 문제점에 대한 해결책

지금까지 이 시대의 기독교계에 만연한 그릇된 관행과 일부 사역자들의 사사로운 처신으로 인하여 기독교계의 전반에 부정적인 영향을 끼치고 있음에 대하여 장황하게 다루었다. 최대한 복음 전파의 대상인 세상 사람들의 시각에 서서 이 시대의 기독교계를 바라보려는 시도를 하려고 노력했다. 그러나 기독교계를 바라보는 세상 사람들의 시각이 다 옳은 것이 아님은 우리가 잘 알고 있는 바이다. 그래서 성경말씀의 원리와 지금도 살아계신 하나님의 관점을 동시에 살피며, 이러한 제안을 하게 되었음을 분명히 밝히고자 한다.

> "주님께서 이 시대의 기독교계를 어떻게 보실 것인지를 표준 삼아서 교회 개혁의 기준과 잘못을 저지른 자들에 대해 적절한 대응이 있어야 할 것이다."

이스라엘 역사를 돌아보면 하나님의 백성들이 타락했을 때 이방인들의 손에 넘기시고 그들의 손을 통하여 하나님의 뜻을 이루시는 경우가 종종 있었다. 무너진 성전을 바벨론 왕 고레스를 통하여 재건하게 하셨던 것도 그 사례 중의 하나이다. 앞에서도 언급한 바가 있지만, 세상에 있는 교회들이 모두 하나님이 다스리시는 곳이라고 볼 수 없듯이, 세상 사람들이라고 하나님의 선하신 영향력이 전혀 미치지 않는다고 볼 수도 없는 것이다. 세상 사람들이 이 시대의 기독교계를 향하여 지적하는 것 가운데는 하나님의 선하신 영향력이 이방인들의 마음 가운데 빛으로 작용하여서 기독교계의 그릇됨을 지적할 수도 있음을 염두에 두어야 한다. 하나님의 일꾼인 다윗에게 저주하는 시므이를 보고 다윗이 이렇게 말했음을 우리는 잘 알고 있다.

"여호와께서 그에게 명령하신 것이니 그가 저주하게 버려두라"(삼하 16:11하)

더 나아가서 이 시대의 기독교계는 스스로의 모순에 빠지지 않기 위해서라도 잘못된 방향으로 가는 기독교계와 교회들과 우리 자신들을 개혁해야 한다. 우리들이 세상 나라들을 향하여 기도할 때마다 이렇게 간구하지 않았는가?

"하나님의 공의와 정의가 하수같이 흐르게 하옵소서."

세상을 향하여 그 기도를 드리기 전에 먼저 우리 기독교계에 하나님의 공의와 정의가 하수같이 흐르게 하여야 한다. 기독교계에 하나님의 공의와 정의가 하수같이 흘러넘치게 될 때 그 흐름이 세상 곳곳에 미치지 않겠는가? 깨달음의 한계로 인한 연약함으로 하나님의 나라나 본의 아니게 주변에 해를 끼친 이들은 철저히 회개함으로 사람들과 하나님께 사함을 받아야 할 것이다. 그러나 자신의 사심으로 인해 하나님의 나라에 해가 됨을 알고도 고치지 않는 이들은 하나님의 말씀에 근거하여 엄정하게 다스려야 한다. 성경은 그리스도인들이나 특히 그릇된 교회 사역자들에 대하여 어떻게 처리해야 하는지 분명한 방향을 제시하고 있다.

"이제 내가 너희에게 쓴 것은 만일 어떤 형제라 일컫는 자가 음행하거나 탐욕을 부리거나 우상 숭배를 하거나 모욕하거나 술 취하거나 속여 빼앗거든 사귀지도 말고 그런 자와는 함께 먹지도 말라 함이라 밖에 있는 사람들을 판단하는 것이야 내게 무슨 상관이 있으리요마는 교회 안에 있는 사람들이야 너희가 판단하지 아니하랴 밖에 있는 사람들은 하나님이 심판하시려니와 이 악한 사람은 너희 중에서 내쫓으라"(고전 5:11-13)

그리스도인이라는 이들이 음행 죄를 짓거나 물욕을 가지거나 입버릇이 좋지 않은 경우, 분명히 성도들의 교회에서 분리시키라고 경고하고 있는 것이다. 그 이유는 명백하다. 악한 일을 한 사람들이 그대로 교회 안에 있게 되면 세상 사람들이 보기에 교회가 어떻게 보일 것이며, 기존 신자들 역시 죄에 대한 경각심이 느슨해질 수 있기 때문이다. 성경은 단호히 그런 자들을 교회에서 분리시킬 것을 명하고 있다. 세상 사람들도 사회의 질서를 어긴 정치인들에게서 갈비탕 한 그릇씩 대접받은 촌로들에게 수십 만 원씩의 벌금을 물리고, 취중 실언을 한 정치인도 그냥 넘어가지 않고 있다. 술도 먹지 않은 성직자들이 낯 뜨거운 발언과 욕심과 도박으로 온 교회의 욕을 보이고 복음의 길마저 가로막게 하고도 뻔뻔한 자들을 그대로 방치하는 것은 어떤 이유 때문인가? 혹시 그들과 같은 동업자이기 때문에 그런 것은 아닌지 교회 안팎에서 따가운 시선으로 바라보고 있다.

모든 사람들에게 먼저 긍휼이라는 잣대를 적용하시는 주님이시지만 가차 없이 공의의 잣대를 적용하신 적도 있었다. 바로 하나님의 집인 성전에서 사적인 이익을 도모하던 자들에게 무섭게 진노하셨던 것이다(마 21:12-13 참조). 연약하여 실수를 저지르고 회개를 하는 이들에게는 최대한 관용을 베풀어야 한다. 하지만 자신들의 욕심을 채우기 위하여 하나님의 교회와 아름다운 성직마저 이용하는 자들은 성경에 근거하여 '실행적' 이단이라는 기준을 적용하고 엄하게 다스려야 할 것이다. 그리하여 하나님의 나라인 기독교계가 더 이상은 스스로의 부적절한 처신 문제로 인하여 진리의 거룩한 싸움에 지장을 초래하게 해서는 안 될 것이다.

이 시대의 한국교회에 올리는 호소문이 한국교회 전반의 흐름과는 많은 간격이 있는 주장처럼 보일지 모른다. 그러나 성경 말씀을 기준하여 이 시대의 기독교계 흐름과 필자가 진술한 내용들을 자세히 견주어 살펴주실 것을 부탁드린다. 그리고 만일 이 문제로 기도하실 감동이 생기고, 위에 언급된 내용과 지금도 살아 계신 예수님의 입장을 동시에 헤아려 보신다면 필자가 이러한 글을 쓰게 된 이유를 좀 더 이해하게 되리라 믿는다.

"예수님께서 여러분이 섬기시는 교회의 담임목사님이시라

면 어떻게 목회를 하셨을 지를 늘 염두에 두고 아름다운 사역을 하시기를……."

# 2부

# 예수 그리스도의 교회

## 1. 아시아의 일곱 교회 모습

교회에 대한 논제를 다루기 전에 먼저 계시록에 나오는 아시아의 일곱 교회들과 그 교회들을 향하여 주님께서 어떤 말씀들을 하셨는지 살펴보자. 요한계시록은 세상 끝 날에 있을 묵시적인 내용들을 주로 다루고 있다. 그런데 이 계시록의 내용을 아시아의 일곱 교회에 보내라는 말씀으로 시작하여 계시록이 펼쳐진다(계 1:11 참조). 계시록 2~3장에 나오는 아시아의 일곱 교회들은 사도 요한이 계시 받을 당시에 실제적으로 있었던 교회들임은 분명하다. 그러면서 또한 아시아의 일곱 교회들은 세상 끝 날까지 이 세상에 세워질 모든 교회들을 상징하는 것으로 보아야 한다.

아시아 일곱 교회들의 모습과 그 교회들을 향하신 주님의 말씀들을 살펴봄으로써 한국교회는 주님께로부터 어떤 평가를 받을 것인지, 또 한국교회가 무엇을 해야 할 것인지에 대해서 깨닫는 바가 있어야 할 것이다.

### ■ 에베소 교회(계 2:1-7 참조)

에베소 교회는 그다지 잘못한 점들이 없었지만 주님께 처음 사랑을 잃어버렸다는 책망을 받았다. 주님은 그 교회에 대하여 처음 행위를 가질 것을 촉구 하시며, 회개하지 않을시 촛대를 그 자리에서 옮기겠다고 하셨다. 촛대를 옮기겠다는 말씀은 주님께서 더 이상 교회로서 인정하지 않으시겠다는 말씀이다. 큰 비리나 잘못을 저지른 교회도 아니고, 단지 처음 사랑을 잃어버린 것만으로도 회개하지 않을 경우 주님은 그런 교회를 인정하지 않으시겠다는 단호한 말씀이다. 그 교회에 주신 권면의 말씀은 이길 것을 촉구하고, 이기는 자에게는 생명나무의 열매를 먹게 하실 것을 약속하셨다. 에베소 교회를 향해 하신 이기라는 말씀은 처음 사랑을 회복하라는 것을 의미하며, 그래야만 영생의 복을 주시겠다는 말씀이다.

### ■ 서머나 교회(계 2:8-11 참조)

서머나 교회는 환란과 박해 속에서 큰 어려움 속에서도 꿋꿋이 믿음을 지키는 교회로 말씀하고 있다. 서머나 교회에 대한 주님의 말씀은 앞으로 더 큰 환란이 닥치겠지만 죽도록 충성하라고 하시고, 그리하면 생명의 관을 주실 것을 약속하셨다.

### ■ 버가모 교회(계 2:12-17 참조)

버가모 교회는 사탄의 권좌 근처에 있는 교회였다. 이는 세속적인 경계선을 넘어가 있는 교회를 의미하는 것이 분명하다. 그 교회에는 두어 가지 책망할 것이 있었는데, 그것은 발람의 교훈과 니골라 당의 교훈을 지키는 자들이 있었던 모양이다. 발람은 삯군 목자의 대표적인 사람이며, 니골라 당의 교훈은 주님의 교훈과 전혀 다른 잘못된 것이다. 주님은 그 교회를 향하여 회개하지 아니하면 주님이 그 교회를 상대로 싸우실 것을 말씀하셨다. 교회를 통하여 사적인 욕심을 채우려는 이들을 향하여 주님은 친히 그들과 싸우시겠다는 의미이다.

### ■ 두아디라 교회(계 2:18-29 참조)

두아디라 교회는 주님께 칭찬을 받을 만한 부분이 많은 교회였다. 그러나 자칭 선지자라 하는 이세벨을 용납하는 큰 과오가 있었다. 이세벨은 두로 왕 엣 바알의 딸로서 이스라엘의 왕인 아합의 아내이자 이스라엘의 왕비가 되었다. 그녀는 아합의 왕비가 되어서 하나님을 섬기던 이스라엘로 하여금 온통 바알과 아세라 우상을 섬기게 하였다. 두아디라 교회를 향하신 주님의 책망은 기독교의 절대적인 진리를 버리고 세상의 잡다한 종교들과 종교 통합을 시도하는 이들에게 해당되는 말씀일 것이다.

주님은 그들이 회개하지 않을 것을 미리 아시고 침상에 던지고 그 자녀들을 죽이시겠다는 무서운 심판을 예고하셨다. 침상에 던지신다 함은 질병으로 드러눕게 되는 것을 의미하는 듯하다. 이 말씀이 주는 교훈은 이것이다. 하나님의 교회는 오직 순수한 기독교 진리를 통하여 세상 종교와 그 무엇이 섞이지 않은 순수한 신앙을 지키라는 것을 분명하게 나타내고 있다.

■ 사데 교회(계 3:1-6 참조)

사데 교회는 사람들이 보기에는 살아 움직이는 교회 같으나 하나님이 보시기에는 생명력이 죽은 교회로 묘사하고 있다. 교회는 세상의 빛과 소금의 역할을 하도록 명령 받았다. 살아있는 교회는 자연히 교회가 지닌 생명의 힘을 통하여 빛과 소금의 역할을 감당하게 된다. 아무리 큰 교회요 많은 이들이 모인 교회라 하더라도 세상의 소금과 빛의 역할을 하지 못하는 교회는 주님이 보시기에 이미 죽은 것이나 다름이 없다. 이런 교회들이 속히 회개하지 않을 시에는 주님께서 도둑같이 임하셔서 심판하실 것을 말씀하셨다.

■ 빌라델비아 교회(계 3:7-13 참조)

서머나 교회와 함께 빌라델비아 교회는 주님께 책망을 받지 않은 귀한 교회이다. 이 교회의 특징은 작은 능력을 가지고도 말씀을 순종하고 믿음을 지킨 교회임을 밝히고 있다(8절). 눈에 보이는 대단한 규모를 가진 것이 아니고, 지극히 작지만 당면한 어려움들을 믿음으로 이긴 신앙의 교회였다. 교회는 크기가 아닌 세상의 불의에 무릎을 꿇지 않고 믿음의 정절을 지키는 것임을 가르치고 있다.

■ 라오디게아 교회(계 3:14-22 참조)

라오디게아 교회는 사람들이 알기에는 부요하여 아무 부족함이 없는 교회였던 것 같다. 그러나 하나님이 보시기에 그 교회는 벌거벗은 수치가 있었으며, 눈이 멀어 있었다고 하였는데, 특히 차지도 아니하고 뜨겁지도 않은 교회였다. 이 교회의 부요함이란 이 세상에 속한 어떤 것들의 부요함이었던 것 같다. 어마어마하게 화려한 교회당을 짓고 대기업 임원을 능가하는 사례비를 받는 대형교회의 사역자들이 가끔 부끄러운 모습으로 세인들의 눈총을 받는 경우가 종종 있다. 그들이 가진 가시적인 것들은 부요한데, 그들의 영혼은 한없이 빈핍해 있었음을 미루어 짐작할 수 있을 것이다. 또한 그들이 영생을 볼 줄 아는 안목이 열려 있었던들 세상의 것들을 취하려고 하나님의 나라를 욕되게 하지는 않았을 것이다. 주님은 그런 교회를 향하여 뜨겁거나 차든지 할 것을 촉구 하시고 고지지 않을 경우 주님의 입에서 토하여 버리실 것을 말씀하셨다. 이 역시 더 이상은 교회로 인정하지 않으시겠다는 경고의 말씀이다.

아시아 일곱 교회와 그 교회를 향하신 주님의 뜻이 무엇인지에 대하여 간략하게 살펴보았다. 확실하게 드러나는 것은 주님의 피로 값 주고 사신 교회들에 대하여 주님은 흠도 점도 없는 교회로 세우기를 원하신다는 점이다. 그리고 주님의 뜻대로 순종하지 않는 교회들에 대하여는 가차 없이 촛대를 옮기시기도 하고, 주님의 입에서 토하여 내치시기도 하신다는 점을 분명히 가르치고 있다. 교회에 대한 이런 바람을 가지신 주님의 입장을 헤아리며, 교회에 대하여 다음 장에서 더 자세히 살펴보고자 한다.

## 2. 교회는 어떤 곳인가?

약간 규모가 있는 교회당 머릿돌에는 다음과 같은 성구가 많이 쓰여 있다.

> "이 집은 살아 계신 하나님의 교회요 진리의 기둥과 터니라" (딤전 3:15)

이 성구는 짧은 내용이지만, 교회가 어떤 곳인가에 대하여 알게 해 줄 뿐 아니라 교회가 어떻게 운영되어야 할 것에 대해서도 강하게 시사하는 말씀이다. 교회가 어떤 곳인지에 대하여 물으면 대답하지 못할 신자들이 거의 없을 정도로, 그리스도인들에게는 일반적인 상식이라고 할 수 있다. 그러나 교회가 무엇인지에 대하여 아는 것과 아는 것에 대한 바른 적용은 전혀 별개의 문제이다. 교회당 한편에 놓인 머릿돌이나 간판을 쳐다보면 분명히 교회가 맞다. 그러나 그 교회들이 운영되는 면과 안에서 일어나는 일들을 살펴보면 교회에 대하여 가리키는 성경 말씀과 도무지 맞닿을 수 없는 넓은 간극이 있는 것 같다. 왜냐하면 교회에 대하여 바로 아는 이들이 섬기는 곳에서는 도무지 일어날 수 없는 좋지 않은 일들이 교회 안에서 일어나고 있기 때문이다.

성경에서 제시하는 바른 교회와 이 시대의 많은 교회들 사이에는 메워지기 어려운 간극이 분명히 존재한다. 성경에서 제시하는 교회의 본질과 이 시대의 교회들 사이에 어떤 괴리감이 있는지 살펴보자.

### 1) 에클레시아

하나님은 택하신 사람들을 구원하시기 위하여 이 세상에 교회를 세우시고 먼저 믿는 성도들을 통하여 세상 사람들을 교회로 불러 모으신다. 세상에 속해있던 사람들이 하나님의 부르심을 받아서 모인 사람들의 모임을 교회(에클레시아)라고 부른다. 부르심을 받은 이들이란 막연히 전도자의 손에 이끌려서 피동적으로 따라온 사람들까지 모두 포함하는 것은 아니다. 물론 피동적으로 교회에 나왔을지라도 시간이 지나면서 성령의 감동을 통하여 개인적인 신앙고백을 하는 단계까지 이르는 이들은 부르심을 받은 이들의 범주에 속한다. 그러나 똑같이 교회에 나왔지만 교회에 적응을 하지 못하여 떨어져 나갈 사람들도 많다. 또 끝까지 교회 안에 있으면서도 바른 신앙에 이르지 못하는 이들도 얼마든지 있다.

문제는 그런 이들이 스스로는 자신이 바른 신앙을 가진 것으로 착각할 수 있다는 점이다. 그런 사람들 중에는 시간이 지나면서 교회 안에서 중직을 맡을 수도 있고 신학을 졸업하여 목사가 될 수도 있으며 기독교계의 중요한 위치에 설 수도 있다. 그들은 하나님과의 바른 교제나 성령의 이끄심에 불순종 하는 사람들이지만 그 여부를 사람들이 판단하기는 그리 쉽지 않다. 장차 교회 내에서 그들의 활동을 통해서 점차 드러날 것이다. 그럼에도 그들이 교회 안에서 평신도나 성직자 역할을 감당할 수 있는 이유는 사람들의 본성에 내재되어 있는 종교심의 역할 때문이다. 그런 사람들은 성령이 아닌 인간의 자아와 종교심으로 활동을 하지만 외형상으로는 성령으로 하는 것과 거의 같은 모습으로 다른 사람들에게 비쳐진다. 어떤 면에는 그런 이들이 더 세련되고 계획적이며 인간들의 정서에 맞도록 교회 조직이나 교회 전체를 매끄럽게 이끌어나가는 것처럼 보일 수도 있다.

그러나 그들에게는 하나님과의 바른 교제나 성령의 은혜가 없기 때문에 치명적인 약점이 있다. 성령으로 인하여 자아 통제가 되지 않는다. 그렇기 때문에 세속적인 유혹이나 스스로의 욕심에 쉽게 허물어지는 치명적인 단점이 있다. 이런 사람들이 교회나 기독교계에서 성도들과 함께 활동하기 때문에 교회들이 하나님의 교회답지 않게 불미스러운 일들이 많은 일어나게 된다. 기독교에 가장 치명적인 해를 끼치는 사람들은 언제나 기독교계 바깥쪽보다도 안에 있던 교인들 가운데서 많이 일어났다. 최근에 온 세상을 어지럽히는 이단들도 대부분 처음에는 교회 안에 있던 자들이다. 그러므로 부르심을 입은 자들이란 교회에 모인 모든 사람들을 일컫는 것이 아니라, 오직 성령의 감동 감화를 통하여 진실한 신앙고백을 하는 신자들을 일컫는 것이다.

부르심을 입은 자들에 대하여 성경에서는 또 다른 표현으로 성도라 칭하였는데, 이는 구별된 자들이라는 뜻이다. 그리스도인들에 대하여 구별되었다는 의미로 성도라 칭하는 이유는 세상 사람들과 확연히 다르다는 것을 나타내기 위함이다. 이 세상은 공중의 권세 잡은 자 사탄이 주장을 하고 있으며, 세상에 속한 모든 세상 사람들은 공중의 권세를 잡은 자 곧 사탄에게 속하여 있다. 그러나 그 영역은 지리적 개념으로 어디부터 어디까지라고 단정하여 말할 수는 없다. 하나님의 선하신 영향력이 미치는 곳은 하나님의 나라요, 사탄의 악한 영향이 미치는 곳은 사탄이 다스리는 영역에 속한다고 볼 수 있다.

"하나님의 나라는 사람의 눈으로 식별할 수 없다"(눅 17:20-21 참조)

사람들은 십자가가 세워져 있고 교회당 간판이 걸려 있는 곳을 하나님 나라의 한 부분으로 생각할 것이다. 그러나 주님은 하나님의 나라에 대하여 사람들의 눈으로 볼 수 있게 임하는 것이 아니라고 하셨다. 사람들의 마음속에 임한다고 하신 이유는 마음속에 예수님을 모셔 들이고 주님의 다스리심에 순종하는 자들을 의미하기 때문이다. 예수님을 모시고 순종하는 자들과 순종하지 않는 자들을 어찌 사람의 눈이나 카메라로 잡아낼 수 있겠는가? 교회 바깥인 세상 가운데도 얼마든지 하나님의 나라가 임할 수 있다. 또 이와 반대로 하나님의 나라라고 하는 교회 안에도 사탄이 치고 들어와 하나님의 영역과 전선에 그들의 전선을 형성하고 있을 수도 있다.

믿음의 성도들이 세상에서 빛과 소금이 되어서 끼치는 선한 영향력은 곧 세상에 하나님 나라의 영역을 구축하는 것에 해당한다. 이와 반대로 사탄에게 사로잡힌 어떤 자들의 악한 영향력이 세상이나 교회 안에 미칠 때는 그곳은 사탄의 영향력이 미치는 것으로 볼 수 있다. 그래서 예수님이 하나님의 나라는 여기 있다 저기 있다 할 수 없다고 하신 것이다. 세상에 있든지 기독교계 안에 있든지 예수님의 다스리심이 임한 곳이라야 하나님의 나라이다. 하나님이 부르신 성도들은 사탄에게 속하였던 사람들을 불러내어 예수 그리스도의 피로 씻어서 거룩하게 구별하여 하나님 나라의 백성이 된 사람들을 의미한다.

### 2) 교회의 머리 되신 예수 그리스도의 몸

예수 그리스도가 교회의 머리되심에 대하여 모르는 신자들은 거의 없을 것이다. 그러나 문제는 예수 그리스도께서 교회의 머리되심이 단지 추상적인 표현이 아니라는 점이다. 어느 교회의 목사가 축도 할 때마다 교회의 머리되신 예수 그리스도를 불렀다고 해서 그 교회가 예수님의 몸 된 교회라고 단정지을 수는 없다. 예수님께서 실제적으로 그 교회의 머리 위치에 있는지의 여부가 가장 중요한 관건이다. 예수님이 머리가 아니고 사람이 좌지우지 하는 그런 교회는 교회의 머리 되신 예수 그리스도의 몸을 이룬 진정한 교회는 되지 못한다. 이 시대의 기독교계가 안고 있는 치명적인 문제점들이 바로 이런 부분이다. 이 시대의 많은 신자들에게 교회의 머리되신 예수 그리스도, 주님, 천국, 지옥 등의 중요한 성경의 내용들은 대부분 추상적인 개념 정도로 자각되고 있는 듯하다.

> "믿음은 바라는 것들의 실상이요 보이지 않는 것들의 증거니"(히 11:1)

그러나 인간의 머리만으로는 하나님과 하나님의 모든 것들에 대하여 추상적 개념 이상의 자각을 할 수 없다. 허물과 죄로 죽은 인간의 자아는 영적으로 죽은 상태이기 때문에, 하나님의 엄중한 말씀들도 막연한 추상적인 개념에 머물게 된다. 그러다보니 신자들마저도 하나님의 눈을 사람들의 눈보다 덜 무서워하는 듯한 일들을 가끔 저지르게 되는 것이다. 돌이 지나지 않은 아기가 엄마가 먹는 청양 고추를 보고 자기도 달라고 하는데, 엄마가 아무리 안 된다 해도 떼를 쓰면 할 수 없이 먹여본다. 그 맛에 자지러지고 말 것이다. 아기는 청양 고추의 매운맛을 먹어보기 전에는 그 매운맛을 액면대로 알 수 없다.

인간의 자아는 허물과 죄로 죽은 것이기에 하나님과 관련된 모든 일에 대하여 그저 막연하게 추상적이고 먼 느낌으로밖에 다가오지 않는 것이다. 그러다보니 자신의 입으로 신앙고백을 해 놓고도 정작 신앙고백과 전혀 딴 길을 걷는 일이

가능해지는 것이다. 예수 그리스도께서 실제적으로 이 시대 교회들의 머리가 되셔서 다스리셨다면 이 시대 대부분의 교회들과는 사뭇 다른 교회들이 되었을 것이다. 신앙고백의 중요한 부분들이 기독교 신자들에게 추상적인 개념 정도로 머무는 이유는 그들의 심령 속에 성령의 강한 부딪침이 없기 때문이다. 예수 그리스도께서 실제로 교회의 머리에 계셔서 다스리시지 않는 교회는 진정한 의미의 교회가 아니다. 사람들이 임의로 교회 간판만 부착하여 놓았을 가능성이 많은 것이다. 신자들이 많고 적음을 떠나서 교회의 머리되신 예수 그리스도의 뜻대로 운영되는 교회라야 진정한 의미의 교회라고 할 수 있다.

### 3) 성령이 운행하시는 교회

세상에 속해 있던 사람이 하나님께서 인정하시는 반듯한 신앙인으로 성숙되기까지의 전 과정은 성령께서 개입하셨기 때문에 가능한 일이다(고전 12:3 참조). 그러나 몸으로는 교회를 다니면서도 성령의 인도하심에 순종하지 않는 신자들은 여전히 세상에 속한 사람이며, 하나님은 그런 신자를 성도로 인정하시지 않는다. 나중에 성령의 사역에 대한 부분에서 자세히 다루겠지만, 성령의 비추심에 따라서 순종을 하고 마음을 청결케 하고 성령을 모셔 들인 성도들이라야 성령의 전이며, 또한 하나님이 인정하시는 성도들이요 그런 신자들의 모임이 바로 교회이다.

"이 사람들은 분열을 일으키는 자며 육에 속한 자며 성령이 없는 자니라"(유 1:19)

예수님의 친동생 유다는 이단들의 대표적인 특성을 성령이 없는 자들이며, 육에 속한 자들이라고 규정하고 있다. 한 개인이 신앙에 첫발을 들여놓는 것도 그 배경에는 반드시 성령의 역사가 있었기에 가능한 일이다. 성령은 사람들의 마음속에 역사하여 신앙을 유발시키고 유지시키는 원동력 그 자체이다. 이와 마찬가지로 성도들의 모임인 교회도 오직 성령으로 세워지고 성령으로 운행되는 곳이라야 진정한 의미의 교회라고 할 수 있다. 물론 이것은 교회의 구성원들인 성도들과 사역자의 신앙적인 상태와 밀접한 관계가 있다. 교회는 특히 사역자의 신앙적 상태 여부에 따라서 완전히 달라질 수도 있다. 사역자가 성령께 순종하는 교회는 이 세상에 하나님의 나라를 임하게 하시려는 하나님의 뜻을 이루는 거룩한 교회로 쓰임을 받는다.

그러나 사역자가 인간적인 욕심에 이끌린 가운데 활동을 하게 되면, 하나님의 교회마저도 사람의 욕심을 충족시키는 세속적인 기관으로 전락하게 된다. 교회는 외형적 수치에 가치를 지나치게 부여하지 말아야 한다. 자신들이 사역하고 있는 교회가 예수께서 머리에 계시며, 성령의 뜻에 의하여 운행되는 곳인가의 여부를 가장 소중한 가치로 여겨야 한다. 작지만 교회의 머리되신 주님께 온전히 순종하는 교회는 결코 작은 교회가 아니다. 그 교회는 홀로 떨어져 있는 작은 교회가 아니요 온 세상에 오직 하나뿐인 예수 그리스도의 몸을 이루고 있는 지체의 한 부분이기 때문이다. 일찍이 예수께서 "내가 세우는 교회는 음부의 권세가 결코 이기지 못하리라" 하셨다. 하나님의 교회는 결코 사탄에게 넘어져 세속화 되거나 무릎을 꿇을 수 없는 강력한 교회로 세상에 세워진다는 말씀이다. 성령으로 세워지고 성령으로 운행되는 교회는 음부의 권세가 이기지 못한다는 주님의 말씀처럼, 세상을 이기고 사탄의 권세를 이기는 교회가 될 것이다.

## 3. 역사 속의 교회는 명암이 공존한다.

그러나 역사 위에서 교회가 걸어온 길을 자세히 살펴보면, 주님이 말씀하신 교회와 역사를 거쳐 온 교회의 모습은 서로 일치할 수 없는 큰 간극이 있음을 발견하게 된다. 예수께서 일찍이 말씀하신 대로 때로는 교회가 교회다움을 지켜낸 적도 있었다. 시대의 잘못된 흐름이나 세속과 불의에 맞서 무릎을 꿇지 아니하고 담대히 맞서기도 하였다. 그러나 많은 경우 교회가 타락된 세속의 흐름에 합류하여 세상과 함께 떠내려갈 때가 더 많았다.

사도들로 말미암아 세워졌던 초대교회들은 매우 짧은 시기에 유럽 각지로 들불처럼 번져 나갔다. 초기 기독교의 영향력으로 인하여 세계 역사의 흐름을 완전히 바꾸어 놓는 원동력의 역할을 감당하였다. 그러나 그 교회들이 서 있던 곳이나 영향력이 미치던 곳들은 얼마의 세월이 지난 후 그 곳에서 흔적 없이 사라졌다. 반 기독교적 성향이 강한 이슬람교를 신봉하는 지역들이 되어 버렸다. 이 외에도 교회가 세상에 세워진 후 오늘에 이르기까지 승리의 개가를 부르는 영광스러운 모습보다는 세속화되고 타락되어 비틀거리는 때가 더 많았다. 이처럼 교회가 남긴 흔적은 명암이 공존하는 두 형태의 발자취를 역사 위에 남겼다. 밝음보다는 오히려 빛을 잃어 캄캄한 어둠에 사로잡혀서 비틀거릴 때가 훨씬 더 많았던 것이 역사의 진실이다.

이처럼 교회가 분명하게 남긴 어두운 역사의 흔적과 "내가 이 반석 위에 교회를 세우리니 음부의 권세가 이기지 못하리라" 하신 주님의 말씀을 어떻게 일치시켜야 하는 것일까? 바울 서신에 등장하는 모든 교회들도 대부분 불완전하고 형편없는 모습으로 성경에 기록되어 있다. 고린도교회의 신자들은 사역자들에 대한 견해가 서로 달라서 분쟁을 일으켰다. 음행 죄를 저지른 자가 버젓이 교회 안에 있었고, 교회 안의 어떤 문제로 세상 법정에 가서 싸우는 신자들까지 있었다(고전 6:1-7 참조). 이 외에도 여러 가지 부끄러운 일들이 사도들이 세웠던 초대교회 안에서도 빈발하였다. 이런 면에서 초대교회나 오늘날의 교회들이나 그 모습이 그다지 다를 바가 없다. 사도들이 사역했던 초대교회들도 이처럼 불완전했는데, 성경에서 가리키고 있는 완전한 교회는 도대체 언제 어디에 있었느냐 하는 의문점이 남게 된다. 이 부분을 바로 아는 것이야말로 이 세상에서 교회를 하나님의 교회답게 세우는 소중한 영적 진리가 될 것으로 확신한다.

### 1) '성장통' 을 겪는 교회

유아기를 지나 한창 성장하는 청소년기에 접어들면 사춘기라는 '성장통' 을 겪게 된다. 육체적으로 남녀 호르몬의 왕성한 활동으로 인하여, 신체가 발달하면서 무릎의 관절통을 겪기도 하고 이유도 모를 반항심이 생기는 등 여러 형태의 부작용을 겪게 된다. 하나님의 교회가 도무지 하나님의 교회 같지 않게 보이는 이유 중에는 교회가 성장하면서 겪는 '성장통' 으로 인한 영향도 포함되어 있을 것이다. 교회의 특성상 세상으로부터 불러냄을 받은 불완전한 사람들이 모이는 곳이다 보니 항상 불완전 할 수밖에 없는 가능성이 내재되어 있다. 복음을 듣고 교회의 구성원이 된 신자들은 믿음의 성장 과정 중에 있으므로 교회가 불완전하게 보이는 것은 어쩌면 지극히 정상적인 모습일 수도 있다. 하늘을 나는 비행기가 땅에서 단번에 하늘 높이 날아오르지 못하고 긴 활주로에서 한참 달려가야 하는 과정을 거쳐야 하는 것처럼, 복음을 들은 신자들이 교회 안에서 믿음의 성장 과정 중에 생기는 약간의 마찰과 소요들은 하나님이 함께하시는 교회 안에서 얼마든지 일어날 수 있는 '성장통' 으로 보아야 한다. 뿐만 아니라 믿음이 장성한 성도라 하더라도 육체와 인간의 이성을 가졌다는 점을 감안할 때 성령의 인도하심에 즉각적인 순종으로 이어지지 않을 수도 있다. 하나님은 성도들이라 할지라도 강압적으로 이끄시지 않기 때문이다. 또한 성령으로 밝히 비추어 주셔서 성도 편에서 충분히 깨달아지고 아멘을 할 수 있기까지 약간의 시간적인 공백은 있을 수 있다는 점이다.

바울은 사도이지만 하나님의 뜻을 항상 즉각적으로 깨달을 수 있었던 것은 아니었다. 하나님의 뜻은 바울의 육체의 가시를 고치지 않고 사역하게 하는 것이었다. 그러나 바울은 하나님의 뜻을 알지 못하여 자신의 가시를 고쳐 주시기를 세 번씩이나 간절히 기도를 드렸다(고후 12:9 참조). 또 바울은 아시아로 복음을 전하기 위해 애를 썼지만 성령은 바울의 아시아 전도를 원치 않으셨다(행 16:7 참조). 이처럼 인간의 육체와 지적인 능력의 한계로 인하여 성령의 인도를 따름에 있어서 약간의 차이가 있음을 감안해야 할 것이다. 하나님과 신자들 사이뿐만 아니고 진실한 사역자들 사이에서도 서로의 깨달음과 관점 차이로 약간의 마찰도 있을 수 있다. 그러나 사심이 없고 성령의 인도를 받는 성도들은 사람과의 관계에 있어서도 파국적인 경지에까지 이르지는 않는다. 상대를 포용하는 마음과 자신의 깨달음 역시 절대 완벽한 것으로 고집하지 않기에 신앙의 본질적인 면이 훼손되지 않는 한 접점을 찾을 수 있을 것이다.

자비로우신 하나님은 육신을 가진 인간들의 한계를 잘 아시기에 인간들을 무리하게 다그치시지는 않는다. 성령의 인도에 따르기 위해서 크고 작은 오류가 성도들에게서도 얼마든지 생길 수 있다. 하나님은 이런 약점들을 아시기에 성도들의 실수와 허물마저도 모든 것이 합력하여 선을 이루시는 경륜을 이루어 가신다(롬 8:28 참조). 성도들은 자기편에서 성령의 인도를 깨달아 아멘이 되기까지 약간의 관점의 차이에서 빚어지는 오류를 믿음으로 극복하고, 자신을 향하신 하나님의 뜻을 알고 자신을 온전히 순복시키게 될 것이다. 하나님의 교회는 성장통 외에도 이런 이유로 인하여 약간의 주춤거림은 있을 수 있다는 점을 반드시 감안해야 한다.

"비행기가 하늘을 높이 날기 위해 활주로에서 내달리는 과정을 보고 누가 탓하겠는가?"

사도행전 6장에서 초대교회가 조직도 채 갖추어지지 않은 상태에서 갑자기 부흥되자, 신자들 사이에 소요가 일어난 것도 교회가 성장하면서 겪는 성장통이었다. 교회가 겪는 성장의 진통은 대부분 어린 신자들로 인하여 빚어지는 것이므로 약간의 '에피소드' 정도로 끝난다. 그러나 교회사를 자세히 살펴보면, 교회가 성장하는 과정에서 어쩔 수 없이 겪는 성장의 진통으로 보기에는 지나치게 어두운 부분들이 많다. 루터의 종교개혁이 시작되기 전까지 긴 세월동안 기독교가 타락하여 정치 권력화하고 세속화 되어버린 암울한 시기가 있었다. 기독교 개혁 이후 오늘날에 이르기까지 교회 역사에 있어서도 성장하면서 겪는 문제라고 보기에는 지나칠 정도로 부끄러운 일들이 많았다. 이 시대의 교회들이 겪는 위기도 교회 성장의 진통으로 보기에는 너무 무리가 많다. 처음 믿는 어린 신자들로 말미암은 것이 아니라 기독교계 지도자들의 어떤 문제로 말미암은 것이기 때문이다.

### 2) 구조적인 결함으로 무너지는 교회

2016년 2월 6일 대만에서 리히터 규모 6.4의 지진이 발생하여 116명의 사망자와 수백 명의 부상자 등 많은 인명피해가 있었고, 많은 집과 빌딩이 무너지는 등 막대한 재산 피해가 발생하였다. 리히터 규모 진도 6.4의 지진은 약한 지진이라고는 볼 수 없지만, 그렇다고 역대 급이라 할 정도로 치명적인 파괴력을 지닌 초대형 급 지진에는 미치지 못한다. 지진 규모에 비하여 상대적으로 피해가 컸던 원인은 무너진 빌딩들의 잔해 속에서 적나라하게 드러났다.

건물의 하중을 받치는 기둥과 중요한 구조물들이 철근과 단단한 콘크리트로 꽉 채워져 있어야 하는데, 맥없이 무너져 내린 기둥과 건물의 하중을 받치는 중요한 구조물 안에 폐식용유 통과 잡다한 쓰레기들이 시멘트와 함께 뒤섞여 있었던 것이었다. 겉으로 보기에 멀쩡한 빌딩이었으나 건물의 하중을 지탱하는 중요 부분이 정상적인 건축 재료로 시공되지 않고 잡다한 쓰레기들을 뒤섞어 마구 지었던 것이다. 적절하지 않은 재료로 지은 빌딩은 결국 리히터규모 6.4 정도의 지진을 견디지 못하고 맥없이 무너져 내려 많은 인명과 재산 피해를 내게 된 것이었다. 그 빌딩을 세우기 전에 작성했던 설계도에는 빌딩의 중요 구조물에 식용유 통이나 쓰레기들이 들어가도록 설계하지는 않았을 것이다. 시공 과정에서 건축업자들이 자신의 이익을 증대시키기 위하여 원가를 줄이려고 대충 건성으로 지었던 것이다.

"어이없이 무너지는 교회와 그리스도인들"

이 시대의 교회들과 그리스도인들이 별로 장애물 같지도 않은 일들을 견디지 못하고 형편없이 무너지는 모습을 자주 볼 수 있다. 목사에게 가짜 박사 학위가 왜 필요하며, 총회장이 되기 위하여 뇌물이 왜 필요했던 것일까? 얼핏 보기에는 이 시대의 기독교계가 이처럼 누추한 일들이 세상에 알려지면서 지금 위기가 닥친 것처럼 보이나 사실은 그보다 훨씬 이전부터 진행된 일이다. 신자들이 세속적인 것에 유혹을 받아서 그런 것들이 마음속에 자리를 잡기 시작한 그때부터 무너짐은 이미 진행되었던 것이다.

신자들이 세속적인 헛된 것들을 마음에 품고 그것을 좇았다는 것은 단번에 두 가지 이상의 신앙적인 오류와 잘못된 출발을 한 것이다. 성도들에 대한 하나님의 기쁘신 뜻을 따르지 아니하고 자신의 욕심을 좇았으니 이는 집을 설계도대로 짓지 않은 것에 해당된다. 하나님이 성도들을 향하여 창세전에 세우신 설계도대로 신앙을 세워가지 않은 것이다. 사적인 욕심을 채우기 위하여 불법적이고 인간적인 방법들을 사용했으니 재료마저도 규격 미달의 것으로 믿음을 쌓아올린 것이다.

이 시대의 교회들과 사역자들이 간간이 황금 시간대의 TV 뉴스에 등장을 한다. 대체로 좋은 일보다는 대부분 부끄러운 일 때문이다. 하나님의 일꾼이라는 그 아름다운 직분을 가진 이들이 부끄러운 모습으로 TV화면에 등장을 할 때마다 원수들은 박수를 치고 있다. 이 시대의 기독교계 안에서 빈발하는 이런 현상들은 분명 교회와 사역자들이 제 자리에 서 있지 못하고 무너짐으로 인하여 일어나는 현상들이다. 모래 위에 세운 집은 비바람을 견디지 못하고 무너져 내린다는 성경 말씀이 이 시대의 많은 교회들과 사역자들로 인하여 이루어지고 있는 것이다.

"하나님의 설계대로 짓지 않은 집"

에베소서에는 하나님의 택하심을 입은 성도들에 대한 하나님의 설계도가 기록되어 있다.

"그 기쁘신 뜻대로 우리를 예정하사"(엡 1:5)

하나님이 성도들을 그 기쁘신 뜻대로 예정하셨다는 말씀은 그리스도인들에 대한 하나님의 설계도와도 같은 것이다. 하나님이 성도들을 미리 예정하셨다는 그 의미를 오해하는 경향이 신자들 가운데 꽤 많다. 하나님이 미리 예정하셨으니 신자들이 자신의 신앙적 성숙이나 심지어 구원에 있어서도 인간 편에서 참여할 여지가 없다고 생각하여, 그릇된 신앙관에 빠져드는 이들이 많은 것이다. 또 어떤 신자들은 자신의 부족한 신앙과 상관없이 자신의 거듭남에 대하여 이미 과거 완료

형으로 기정사실화 하고, 굳게 믿어 버리는 경우도 적지 않다. 그런 이들은 가끔은 신자답지 않게 넘어지는 자신의 불완전한 신앙에 대하여 그다지 심각하게 생각하지 않는다. 자신은 하나님의 택한 백성으로서 이미 거듭났기 때문에 현재 다소 부족하더라도 과거에 얻은 구원에 영향을 미칠 수 없다고 생각한다.

이런 유형의 믿음을 가진 신자들은 죄, 혹은 세속적인 유혹에 자신을 쉽게 내주는 경향을 보이게 된다. 성도들에 대한 하나님의 예정을 자신의 구원과 직접 연결을 하게 되면 위에 언급된 두 유형의 모순된 믿음에 빠지기 쉽다. 바울은 하나님의 예정하심에 대하여 성경 여러 부분에서 언급하였지만 그 예정론을 자신의 구원과 직접 연결시키지는 않았다.

> "내가 내 몸을 쳐 복종하게 함은 내가 남에게 전파한 후에 자신이 도리어 버림을 당할까 두려워함이로다"(고전 9:27)

하나님의 위대한 경륜 안에서 부르심을 받은 자로서 하나님의 뜻을 이루어 드리는 소명에 초점을 두고 있다(행 20:24 참조). 자신을 부르신 거룩한 소명을 이루기 위하여 육체를 쳐가며 하나님의 기뻐하신 뜻을 이루기 위해 몸부림치며 살았던 것이다.

> "살든지 죽든지 내 몸에서 그리스도가 존귀하게 되게 하려 하나니"(빌 1:20)

바른 믿음을 가진 그리스도인들은 하나님의 뜻을 이루어 드리며 살고 있느냐에 더 비중을 두는 삶을 추구한다. 하나님의 기뻐하신 뜻에 대하여는 안중에도 없는 이들이 유독 자신의 구원에 집착하게 되지만, 하나님의 기뻐하신 뜻을 소중히 여기는 성도들은 자신의 삶과 구원마저도 온전히 하나님께 의뢰한다. 물론 일찍이 예수께서 말씀하신 것처럼 성도들에게 있어서 거듭남이란 빼놓을 수 없는 중요한 부분이다. 그러나 예수님이 말씀하신 거듭남의 의미가 무엇을 말씀하는 것이며, 이 부분이 다른 성경에서 어떻게 다루어지고 있느냐를 살펴야 할 것이다. 예수님은 요한복음 3장에서 거듭남에 대하여 바람으로 비유를 하셨다.

> "바람이 임의로 불매 네가 그 소리는 들어도 어디서 와서 어디로 가는지 알지 못하나니 성령으로 난 사람도 다 그러하니라"(요 3:8)

주님은 거듭남에 대하여 눈으로는 그 형체를 확인할 수 없는 바람이라는 것으로 특별히 '의미'를 부여하셨다. 바람은 눈으로는 그 형태를 확인할 수 없지만 영향력을 통해서 사람들에게 그 존재가 확인되는 것이다. 어떤 사람들의(자신이든 남이든) 거듭남에 대하여 단언하기에는 사람들이 가진 인식 능력과 안목이 너무 불완전하고 오류가 많다. 그러나 거듭난 사람의 여부를 가장 잘 나타내는 부분은 바로 남에게 끼치는 영향력을 통해서 드러나게 되는 것이다. 아무리 자신들의 거듭남에 대하여 확신을 하여도 거듭난 성도로서의 열매가 보이지 않으면 그 거듭남이란 착각된 것에 불과한 것이다. 이것은 마치 가랑잎도 움직이지 않았는데 태풍이 불었다고 하는 것처럼 억지 주장에 해당한다. 가랑잎도 움직이지 않았는데 태풍이 불었다고 하는 것은 억지 주장이듯이, 성령의 거듭난 사람으로서의 합당한 삶의 증거가 없는데 거듭났다고 하는 것은 성립할 수 없는 주장이다. 하나님의 택하심을 받은 성도들은 굳이 입으로 자신의 거듭남에 대하여 증거하지 않아도 그들의 삶을 통하여 증거될 것이다. 하나님의 뜻을 좇아서 소명의 삶을 살아가도록 마음속에 소원의 간절함을 품을 것이다.

바울은 한 번도 자신에 대하여 거듭남의 유무에 대한 고민이나 언급이 없었다. 그 대신에 하나님의 부르심을 받은 소명자로서의 삶을 통하여 거듭난 성도들이 어떻게 살아야 하는지에 대하여 모본을 보였다. 바람이 임의로 불매 그 형체를 분간하기 어렵지만 영향력으로 바람의 존재를 짐작하듯이, 바울은 스스로 거듭남에 대하여 말하지 않았으나 삶으로 그의 거듭났음을 증언했던 것이다. 이처럼 하나님의 기뻐하신 뜻 가운데 예정함을 입은 그리스도인들은 자신을 부르신 하나님의 기뻐하신 뜻을 이루어 드리는 거룩한 목적의 삶을 살아가게 된다.

하나님은 한 사람도 소명 없는 사람을 부르시지 않으셨다. 창세전에 기뻐하신 뜻을 이루려는 소명을 모든 택한 백성들에게 주시는 것이다. 단지 세상에 태어나 밥 먹고 자라면서 나이가 들어 결혼하여 아이 낳고 살다가 때가 되어 늙어서 죽는 것이 전부인 그런 삶이 그리스도인들의 바람직한 소명은 아닐 것이다. 하나님이 창세전에 성도들에 대하여 기쁘신 뜻대로 예정을 하셨다는 말씀은 성도들이 자신의 삶 속에서 하나님의 기뻐하신 뜻을 이루는 소명적 삶을 살도록 예정하셨다는 말씀이다. 이런 소명의식이 있는 성도들은 자신이 구원을 받았느냐 거듭났느냐 보다도 자신을 부르신 소명을 어떻게 감당하느냐에 삶의 목적과 의미를 마음에 두고 살아가게 된다(빌 2:13).

모든 그리스도인들은 신앙고백을 하고 세례를 받을 때 세례 집례자로부터 이런 질문을 받는다.

> "사람의 제일 되는 목적이 하나님의 영광을 위한 것임을 믿습니까?"

소요리문답 제1문이며 고린도전서 10장 31절의 말씀이다. 이 물음에 "예"라고 대답을 할 때 입으로만 건성으로 하였다면 모르겠거니와, 성령의 감동으로 진실한 신앙고백을 한 성도들은 그 고백을 일생의 좌표로 삼고 살아간다. 그런 고백을 해 놓고도 고백과 상관없는 자세로 살아가는 이들은 일찍이 예수께서 말씀하신 대로 문으로 들어오지 않은 강도요 도둑들이다. 하나님과 교회 앞에서 드린 신앙고백을 대충 건성으로 하였기 때문에 자신이 한 신앙고백과 상관없는 삶을 살아가게 되는 것이다. 성도들은 하나님이 창세전에 성도들에 대하여 세우신 기쁘신 뜻을 자신을 향해 지목하여 주시는 말씀으로 받아들인다. 복 있는 사람은 여호와의 율법을 주야로 묵상하는 것처럼, 항상 하나님의 뜻을 마음의 소원처럼 품고 살아가게 된다.

창세전에 세우신 하나님의 계획이 순종하는 성도들의 삶을 통하여 나타나기까지 어떤 과정을 거치게 되는 것일까? 거의 영원에 가까운 긴 세월의 간극을 극복하고 잠시 살아가는 성도들의 삶속에서 이루어진다는 것은 매우 놀라운 일이다. 창세전에 세우신 하나님의 뜻을 이루어드리는 삶이야말로 절묘함을 넘어 거의 신비에 가까운 일이다.

지구에서 350킬로미터 상공에는 우주 정거장이 있는데 시속 27,000킬로가 넘는 무서운 속도로 지구 궤도를 돌고 있다. 그 우주 정거장 안에는 몇 사람이 항상 거주를 하면서 우주에 대한 연구를 하고 있다. 그런데 그 사람들의 생활필수품은 지구에서 또 다른 로켓을 발사해서 자주 보내 주어야 하고 사람들도 교체를 하여야 한다. 문제는 공기가 하나도 없는 우주 공간에서 총알의 열 배가 넘는 무서운 속도로 우주를 나는 로켓 안으로 또 다른 로켓이 어떻게 생활필수품과 사람을 교체할 수 있느냐는 것이다. 절묘한 타이밍과 조절 능력으로 두 로켓이 근접을 하였을 때 우주 정거장과 로켓이 완전히 하나로 합쳐진다. 두 로켓이 시속 27,000킬로미터의 속도로 우주 공간에서 합쳐지는 그 순간이 바로 "로켓의 우주 랑데부"이다.

그때 완전히 밀폐된 해치를 열고 생활필수품과 사람을 교체하는 것이다. 여전히 우주 공간에서 시속 27,000킬로미터의 속도로 날아가면서 이루어지는 일이다. 인간들이 연구하여 개발한 기술이지만 대단한 경지의 기술이 아닐 수 없다. 넓고 넓은 우주 공간에서 총알의 몇 배나 되는 가공할 속도로 날아가는 우주에서 두 로켓이 하나가 되는 것이야말로 거의 신비에 가까운 놀라운 만남이 분명하다.

그러나 이보다 더 절묘하고 놀라운 만남이 있다. 거의 영원의 시간대인 창세전에 품으신 하나님의 계획이 믿음의 성도들을 통하여 이 세상에 실현되는 순간이 바로 그것이다.

"창세전에 세우신 뜻이 기도하는 성도들의 심령과 랑데뷰를 하는 것"

그러면 택하신 성도들을 위하여 세우신 하나님의 기뻐하시는 뜻이 어떤 과정을 통하여 거의 영원의 시간을 뛰어넘어서 이 세상에서 실현되는 것일까? 하나님은 사람들을 지으실 때 마치 꼭두각시처럼 꼼짝없이 하나님의 의도대로 따라할 수밖에 없는 존재로는 지으시지 않았다. 비록 성도라 할지라도 마음속에는 온갖 잡념과 때로는 사탄이 들락날락 거리기도 한다. 인간적인 욕심도 때로는 마음 한쪽에 얼마든지 자리를 잡을 수 있는 것이 사람의 마음이다.

그러나 하나님의 사랑을 입은 성도들은 자신의 소중한 마음을 헛된 욕심이나 잡념에 완전히 다 내어 맡기지는 않는다. 특히 영적인 분별력이 있기 때문에 감쪽같이 침투해 들어오는 사탄의 속삭임에 어이없이 속아 넘어가지 않는다. 성경말씀을 깊이 묵상하며 항상 깨어서 하나님의 뜻을 구하는 기도의 삶을 살게 된다. 그런 성도들은 가끔 마치 살아계신 하나님께로부터 직접 듣는 것처럼 분명하게 자신에 대한 하나님의 기뻐하신 뜻을 깨닫게 된다. 이런 은혜를 받은 성도들은 말씀에 대한 순종이 부담스럽지 않고 마음속의 소원처럼 간절해진다.

> "너희 안에서 행하시는 이는 하나님이시니 자기의 기쁘신 뜻을 위하여 너희에게 소원을 두고 행하게 하시나니"(빌 2:13)

성도들은 하나님의 뜻을 순종하는 것을 마음의 소원처럼 품는 특이한 은혜를 받는데, 이는 하나님이 성도들의 마음속에 역사하시므로 생기는 신비한 현상이다. 성도들이라고 해서 하나님의 말씀에 불순종하려는 타락한 육체의 본성에서 완전히 자유로운 것은 아니다. 그러나 성도들이 육체의 본성에 붙잡히지 않는 이유는 그들의 마음속에 간절한 소원과 그 소원을 이루게 하시는 성령의 은혜가 함께 있기 때문이다. 하나님은 그리스도인들의 마음속에 소원을 넣어 주신다. 소원을 품은 사람들은 그 소원을 이루기 위하여 수동적인 자세를 취하지 않는다. 많은 값을 지불하더라도 소원을 이루기까지는 포기할 수 없다. 마음속의 소원은 많은 시간이 지나도 잊히지 않는다. 더욱 소원에 대한 간절함이 더해진다. 특히 사탄이 주장하는 이 세상에서 하나님의 기뻐하시는 뜻을 이루어 드리는 삶이 결코 평탄하지는 않다.

그러나 하나님의 뜻을 이룸이 마음속의 소원처럼 되어있는 성도들은 세상의 흐름에 맞서서 역류를 해야 하는 어려움을 극복하고라도 기어이 마음의 소원을 이루려 한다. 복음이 이 땅 끝에 있는 우리나라에까지 이르게 된 것도 하나님의 뜻을 품은 믿음의 선진들의 마음속에 품은 소원이 있있기 때문에 가능했던 것이다. 물론 이런 성도들이라 하더라도 마음속에 때로는 육체적인 욕망에 의하여 잠깐 흔들릴 때도 있다. 그렇지만 세상이 유혹하는 그 어떤 것들도 마음속에 품은 소원의 가치에 비하면 배설물에 불과함을 늘 새롭게 각인을 받게 된다.

회귀성 어류인 연어는 맑은 하천 상류에서 부화되어 먼 바다로 나갔다가 몇 년 지나서 성어가 되면 다시 알에서 부화된 하천으로 돌아오게 된다. 돌아오는 과정에는 수많은 난관과 죽음의 위험과 폭포 같은 거센 물결의 저항이 있지만 죽음이 자신을 앗아가기 전까지는 결코 포기하지 않는다. 고향으로 돌아가야 한다는 소원이 연어의 DNA 속에 각인되어 있기 때문이다.

성도들의 마음속에 심어진 하나님의 소원은 마음속이라기보다는 영혼의 DNA에 각인된 것이기에 죽음이 가로막혀도 뛰어넘을 수 있으며 세상이 감당치 못하는 힘을 지닌 것이다. 이처럼 마음속에 지워지지 않는 하나님의 소원을 품은 성도들은 성령의 도우심으로 자신의 사사로운 욕심이나 사탄의 유혹에 걸려 쉽게 넘어지지 않는다. 그런 성도들의 마음속에 품은 소원은 기어이 하나님이 창세전에 예정하신 그 기쁘신 뜻을 이루어 드리는 삶을 살아내게 된다. 이것이 택하심을 입은 성도들의 소명이다.

높고 넓은 우주 공간에서 로켓과 로켓이 절묘하게 조우를 하듯이, 창세전에 세우신 하나님의 기뻐하시는 뜻을 순종하기 위하여 기도하며 내딛으려는 성도들의 발걸음을 통하여 거의 영원의 시간적인 간극을 뛰어넘어 드디어 이 세상에서 결실을 보게 되는 것이다.

### "반석 위에 세움"

하나님의 기뻐하심을 입은 성도들은 신앙의 토대를 무너질 모래 위에 세우지 않는다. 마태복음 7장 24절 이하에 보면 말씀을 듣고 행하는 자는 반석 위에 신앙의 기초를 세우는 것으로 되어있다. 말씀을 듣고 행하는 것이 어떤 이유로 신앙을 반석 위에 세우는 것이 되는 것일까?

말씀을 지켜 행한다는 것은 평상시나 어려운 난관을 불문하고 항상 말씀을 순종하는 신앙을 가리킨다. 이런 부분을 율법적인 신앙으로 오해할 필요는 없다. 구약시대의 신자들은 자신들의 율법 지킴이 구원을 이룰 줄로 잘못 생각하기도 했다. 결과적으로 지킨 사람은 한 사람도 없었지만, 그들은 율법을 지키려고 애썼다. 그러나 신약시대의 성도들이 하나님의 말씀을 순종하려는 것은 구약시대의 신자들이 율법을 지키려는 것과는 전혀 다른 동기에서 출발한다. 성령의 이끄심을 따라서 하나님의 백성으로서의 지극히 당연한 삶의 자세이기 때문에 말씀을 순종하려는 것이다. 구약시대의 신자들이 쫓겨서 율법을 지키려 하였다면, 신약시대의 성도들은 당연한 삶의 지표이기에 자발적으로 순종하고자 하는 것이다.

"천국 백성이 세상에서 누려야 할 소중한 권리와 혜택이라고나 할까?"

성경에 이처럼 말씀을 지켜 행하는 성도들의 신앙이 반석위에 세워졌다는 말씀은 무엇을 의미하는가? 하나님은 당신을 믿고 말씀을 순종하는 성도들을 외면하지 않으신다. "필요할 때마다 내가 여기 있노라" 말씀해 주신다. 이스라엘 백성들이 그냥 애굽에 눌러 있었다면 결코 십계라는 영화는 제작되지 못했을 것이다. '만나' 라는 단어도 인간들이 사용하는 사전에 등재되지 못했을 것이다. 그러나 하나님의 뜻을 따라서 나온 그들에게 하나님은 필요할 때마다 "내가 여기 있노라" 말씀해 주시므로 인하여 십계 영화도, 만나라는 단어도 생겨난 것이다.

하나님의 말씀을 순종하는 성도들은 순종하는 이에게 역사하시는 하나님의 임재를 생생히 체험하게 된다. 순종하는 성도들은 하나님의 영광과 능력과 신실하심을 더욱 실감하게 되는 것이다. 순종을 통하여 하나님의 임재를 더 가까이 체험한 성도들은 비가 내리고 창수가 터지고 바람이 부는 것 같은 전면적인 환란을 만났을 때도 결코 넘어지지 않는다. 가진 자는 더 가지게 되는 것처럼 하나님의 말씀을 순종하고 그때마다 함께해주신 하나님의 신실하심을 경험한 성도들은 더 큰 시험 앞에서는 더 큰 순종으로 믿음 위에 굳게 서게 된다. 하나님은 때로 믿음의 성도들이 드리는 간절한 기도에 침묵을 지키실 때도 있다. 그러나 순종하는 성도들은 그럴 때에도 시험에 들지 않는다. 이미 순종하는 믿음을 통해서 하나님의 선하심과 측량할 수 없는 높으심을 체험했기 때문이다. 자신의 뜻은 이루어지지 않아도 지극히 높으신 하나님은 자신이 기도한 것보다도 더 소중한 것으로 베풀어 주시는 신실하신 분이심을 신뢰하기에 여전히 믿음으로 순종을 하는 것이다.

"그리하지 '아니하실지라도'의 믿음이 있기 때문이다."

창세전에 하나님의 기쁘신 뜻 가운데 예정함을 입은 성도들은 삶에서 순종함으로 하나님의 기쁘신 뜻을 세상에서 이루어 드리며 살아가게 된다. 이런 믿음은 말씀의 순종이라는 반석 위에 세워졌기에 오히려 난관을 통하여 더욱 입증될 따름이다.

그러나 평상시에 하나님의 말씀을 순종하지 못하는 이들은 입으로는 신앙고백을 하지만 순종이 없었기에 하나님이 바로 옆에서 도우시는 체험을 거의 하지 못한다. 그러다보니 작은 어려움만 있어도 늘 해오던 습관대로 우선 불순종이라는 쉬운 방법을 사용한다. 그런 이들에게 큰 시험이나 유혹이 다가오면 빈껍데기의 신앙조차도 남지 않을 정도로 처참하게 무너지고 만다.

### 3) 가만히 들어온 자들로 인하여 교회가 어두워진다.

예수님은 분명히 음부의 권세가 교회를 이기지 못한다고 말씀하셨다. 물질과 세속 역사의 흐름에 무릎을 꿇은 교회들과 이 시대의 교회들을 볼 때에 하나님의 교회도 세속화되고 타락되어 아주 망할 수 있는 것인가 하는 의문을 갖게 된다. 예수님이 말씀하신 음부의 권세가 교회를 이기지 못한다고 하신 부분과 도무지 일치할 수 없는 현상들이 역사와 이 시대의 교회들에서 나타나고 있다. 왜 성경에 기록된 말씀과 눈앞에 보이는 교회들은 전혀 다른 모습을 보이고 있는 것인가? 아마 세상에 무릎을 꿇는 교회들은 어딘가 교회의 본질적인 부분에 중대한 문제가 있었을 것이다. 정확한 말씀의 반석 위에 성령의 감동으로 세워지고 운행되는 교회는 결코 변질되거나 타락될 수 없다는 것이 성경에서 말하는 교회이다.

그렇다면 성경에 기록된 교회와 눈에 보이는 교회들이 전혀 다르게 나타나는 이유를 자세히 살펴보자. 이 세상에 세워지는 모든 교회에는 하나님이 세우신 진실한 사역자들도 있지만, 거짓 사역자들이 표면적으로는 같은 기독교계 안에서 함께 활동할 수 있다는 점을 앞서서 진술한 바 있다. 이런 흐름은 아벨과 가인으로부터 시작하여 세상 끝 날까지 이 교회들 안에 있을 것이다. 이런 점을 잘 아시는 예수 그리스도는 다음과 같이 말씀하셨다.

"거짓 선지자들을 삼가라 양의 옷을 입고 너희에게 나아오나

속에는 노략질하는 이리라"(마 7:15)

양의 옷을 입고 신자들에게 접근을 했다는 것은 교리적으로는 별 문제가 없지만 마음속에 성령의 은혜가 아닌 사심을 품고 일하는 것을 의미한다. 이런 자들이 기독교계 안에서 성직자의 신분으로 활동하면서 사적인 욕심을 채우는 행동들을 하게 되니, 신자들이나 세상 사람들이 보기에 교회들이 썩어 보이는 것이다. 그런 교회들을 바라보는 사람들은 하나님의 교회가 왜 저 모양인가 하며 전체 하나님의 나라에 대하여 비난을 하게 된다. 그런 자들 때문에 모든 교회들과 애꿎은 사역자들까지 피해를 입는 것이다.

"여럿이 그들의 호색하는 것을 따르리니 이로 말미암아 진리의 도가 비방을 받을 것이요"(벧후 2:2)

베드로 사도는 그런 자들 때문에 하나님의 복음마저 비방을 받게 될 것을 경고하고 있다. 이런 일들이 기독교계 안에서 일어날 수 있는 이유는 기존 기독교계 안에서 사심을 품고 일하는 사역자들에게 사탄이 은밀히 역사하기 때문이다.

"사람들이 잘 때에 그 원수가 와서 곡식 가운데 가라지를 덧뿌리고 갔더니"(마 13:25)

원수는 사람들의 마음속에 수시로 드나들며 하나님의 나라를 해칠 수 있는 나쁜 생각들을 꼭 자신의 생각처럼 떠오르게 한다. 성령의 감동으로 하나님 나라의 영광스러움을 맛보지 못한 사람들은 세속적인 욕망을 뿌리치지 못하고 마음속에 자리 잡은 욕심을 구체화하려고 한다. 그것도 하나님의 교회와 성직자와 신자들마저 이용하면서까지 말이다.

> "사심을 품고 교회에서 사역하는 자들은 사탄의 종노릇하는 일꾼이다."

교회는 예수 그리스도의 피로 세워졌고, 믿음의 선진들의 피로 지켜온 하나님의 나라요 하나님의 집이다. 지금의 시대는 순교가 일어나기 어렵지만(일부국가 제외) 정신적인 순교는 존재한다. 자신을 한 알의 밀알처럼 희생을 시켜서라도 하나님의 교회를 섬기려는 희생적인 마음의 자세를 가진 사역자들은, 지극히 작은 부분에서도 교회를 이용하여 개인적인 욕심을 채우려는 생각을 결코 품을 수 없을 것이다. 먼저 신앙양심이 허락하지 않고 또한 성령님이 절대로 허락하지 않으실 것이기 때문이다.

> "내가 달려갈 길과 주 예수께 받은 사명 곧 하나님의 은혜의 복음을 증언하는 일을 마치려 함에는 나의 생명조차 조금도 귀한 것으로 여기지 아니하노라"(행 20:24)

위의 고백은 전도자 바울의 고백일 뿐만 아니라, 모든 교회를 섬기는 사역자들의 공통된 고백이어야 할 것이다. 그러나 유구한 기독교 역사가 흘러오는 동안 자신을 한 알의 밀알처럼 희생을 시켜서 교회를 섬기는 사역자들은 극히 적었다는 사실을 잊지 말아야 한다. 이처럼 그릇된 사역자들이 많았기 때문에 하나님의 교회와 바른 사역자들은 그릇된 사역자들의 잘못까지 뒤집어쓰고 항상 피해를 당해왔다. 이런 이유로 성경은 사적인 이익을 염두에 두고 활동하는 이들에 대해서는 거의 예외 없이 아주 단호하게 준엄한 책망과 함께 심판적인 표현을 그대로 사용하고 있다. '삯꾼, 양의 옷을 입은 노략질하는 이리, 거짓 선지자, 개' 등등 에둘러 완곡한 표현을 사용하지 않고 하나님의 나라를 해치는 사탄의 사자들로 분명하게 표현하고 있다.

성경에 이처럼 교회의 사역자들이 사적인 욕심을 가지는 것에 대하여 수없이 기록이 되었다면 당연히 교회의 사역자들은 그 근처에 얼씬도 하지 말았어야 했을 것이다. 남들 보기에 오해로라도 자신들이 그 부분에 가까이 접근한 것처럼 보이지 않도록 했어야 마땅한 일이었다. 옛말에 "오얏 밭에서는 갓끈도 고쳐 매지 말라"는 속담은 바로 이런 경우를 두고 한 말일 것이다.

사도 바울은 고린도전서 9장 15절에서 차라리 죽을지언정 물질 문제로 신자들에게 오해받을 일은 하지 않겠다는 결연한 각오의 말을 하고 있다. 성령의 감동으로 이런 말씀들을 받아들인 사람이라면 그 말씀이 영혼에 깊이 각인되어서 꿈

속에라도 그 근처에 얼씬하려 들지 않았을 것이다.

"사람의 마음속을 넘나드는 존재"

기독교계 안에서 표면적으로 하나님의 일을 하면서도 개인적 사심을 품은 자들은 감쪽같이 속고 있는 것이 있다. 그것은 바로 인간에게 끝없이 세속적인 욕심을 부추기는 사탄의 전략에 자신들이 쓰임을 받고 있다는 점이다. 교회 안에 빛과 어둠이 공존하는 이유는 성령에 이끌림을 받는 성도들과 사탄에 의하여 조종되는 자들이 함께 있기 때문에 나타나는 현상이다. 세속 된 사역자들의 마음속에 사탄이 욕심을 넣어줄 때 사탄이 내다보는 것은 단지 그 사역자와 그 교회의 무너짐만이 최종 목적이 아니다. 그 사역자와 그 교회의 무너짐을 통하여 온 기독교계에 미칠 파장까지 미리 내다보면서 속으로 쾌재를 부르며 넣어주는 것이다. 욕심의 당사자는 영안이 어두워 그것을 전혀 알 수 없는 것이다.

## 4. 교회를 바라보는 하나님의 관점과 사람의 시각 차이

"아는 만큼 보인다."

이 말은 사람들 사이에서 자주 회자되는 말이다. 교회의 어떠함에 대한 지식도 각자 깨달아 아는 지식의 범위에 따라서 천차만별이다. 사람들이 하나님의 교회에 대하여 안다고 하는 것은, 교회에 대한 성경기록과 역사적인 자료와 눈으로 보고 귀로 듣는 것을 각자의 지식으로 소화해서 아는 정도라고 할 수 있다. 그러므로 각 사람이 가진 교회에 대한 지식과 시각도 깨달음에 따라서 달라질 수밖에 없는 것이다. 특히 하나님께서 교회를 바라보시는 시각과 사람들이 보는 시각은 상상할 수 없을 만큼 큰 차이가 날 것이다.

그러나 하나님의 깊은 것이라도 통달하는 성령의 은혜가 있는 그리스도인들은 하나님이 보시는 관점에서 교회의 어떠함을 볼 수 있는 안목이 열리게 될 것이다(고전 2:10 참조). 사역자들은 자신의 시각은 물론 하나님의 관점에서 보이는 교회가 어떤 것인지에 대하여 살피려는 최선의 노력을 다해야 한다. 교회와 신앙의 어떠함에 대하여 최종적으로 판결하실 분은 하나님이시기 때문이다. 그리하여 최대한 하나님이 보시기에 합당한 교회는 어떤 모습인지를 헤아려 하나님이 기뻐하시는 방향으로 교회를 섬겨야 한다.

### 1) 카메라 렌즈에 잡히는 교회

과거 일제가 우리나라를 강점하였을 때 당시 조선의 거의 모든 기독교계는 신사참배가 하나님 앞에 죄가 아니라고 하며 총회 차원에서 앞장서서 참배하였다. 일본 천황에게 동방요배를 하고 귀신들의 사당인 신사에 굴욕적인 참배를 한 것이다. 주기철, 손양원, 한상동 목사 등 겨우 몇 분의 목사들과 전도사, 장로들이 죽도록 고문을 당하거나 순교를 하면서도 끝까지 신사참배를 거부하였다. 사람들의 시각에서는 당시 조선의 모든 교회들이 귀신에게 무릎을 꿇고 신사참배를 한 것처럼 보였다. 하지만 그것은 사람들의 시각이었을 뿐이다. 신사참배를 했던 곳들은 간판은 교회로 되어 있었으나 이미 성령이 떠나버린 곳이었기에 귀신들의 신전에 머리를 숙여서 절을 할 수 있었던 것이다. 그리하여 그 교회들에는 신앙을 버린 사람들만이 우글거리고 있었을 뿐이다. 이 시대의 기독교계 안에도 개인적인 욕심을 위하여 일하는 사역자나 성령의 인도를 따르는 신실한 사역자나 사람의 눈과 카메라 렌즈에는 큰 차이 없이 똑같이 비친다. "다 같이 하나님의 교회요 하나님의 일을 하는 사람들처럼."

그러나 하나님은 사람의 눈이나 카메라 렌즈가 미처 잡아내지 못하는 은밀한 부분을 세밀하게 보시는 불꽃같은 눈을 가지신 분이시다. 그러므로 성령의 인도함을 받지 않고 자기 욕심을 좇아서 움직이는 자들이 있는 교회는 간판과 상관없이 하나님의 시각에는 교회로 보이지 않을 수도 있음을 명심해야 한다. 오히려 인간적인 욕심을 채우기 위하여 하나님의 교회를 사칭하는 악한 사람들의 장소로 보실 가능성이 더 높다. 예수님이 마태복음 21장에 성전에서 상을 둘러엎으시며 진노하심도 바로 그런 이유에서다. 예수님의 분을 내심은 하나님의 일을 한다는 핑계로 개인적인 이득을 취하던 당시의 종교가들에 대한 진노다.

"보라 사탄의 회당 곧 자칭 유대인이라 하나 그렇지 아니하고……"(계 3:9)

계시록에 언급된 자칭 유대인이라 하는 자들은 스스로 신실한 믿음을 가졌다는 유대 계통의 그리스도인들을 의미한다. 자신들은 신실한 믿음을 가졌다고 생각했지만 주님께서 보셨을 때 사탄의 회당이었던 것이다. 이처럼 사람들이 교회에 대하여 보는 시각과 은밀함을 보시는 주님의 교회에 대한 시각은 전혀 다르다. 하나님의 시각에는 이 시대의 기독교계가 어떤 모습으로 보일 것인지에 대하여 깊이 생각을 해본 적이 있다.

세상 사람들이 보기에도 교회 같지 않은 교회들이 많다는 것이 이 시대의 기독교계의 현실이다. 그러나 그런 교회들은 사람들의 시각과 카메라 렌즈에만 교회로 보였을 수도 있다. 하나님의 관점에서는 하나님의 뜻은 아랑곳없고 인간들의 욕심에 이끌려 운영되는 그런 곳들이 전혀 교회로 보이지 않을 수 있음을 알아야 한다. 성령의 뜻대로 운영되지 않고 인간들의 계획과 욕심으로만 운영되는 모든 곳들은 성경적으로 보더라도 교회가 아니다. 그런 교회는 하나님의 교회를 사칭하고 있는 단지 간판만의 교회임을 바로 알아야 할 것이다.

### 2) 카메라 렌즈에 잡히지 않는 교회

"그러나 확신한다. 이 시대의 기독교계 안에도 하나님의 관점에 진정한 교회로 보이는 교회와 사역자들이 분명히 있다."

세상의 흐름에 휩쓸리지 않고 말씀 위에 굳게 서서 성령께 순종하는 교회와 사역자들은 어느 시대든지 분명히 있다. 단지 그런 교회와 사역자들과 성도들이 극히 적었을 뿐이다. 엘리야가 갈멜산에서 큰 승리를 거두고 난 뒤에 이세벨의 협박 때문에 급속도로 신앙적 침체기에 빠졌다. 엘리야가 그렇게 쉽게 나약해졌던 이유는 홀로 남았다는 신앙적인 고독감 때문이었다. 성도들은 어떤 경우에도 교회를 벗어나 홀로 떨어지면 안 되는 이유가 여기에 있다. 하나님은 성도들에게 베푸실 은혜 중 많은 부분을 성도들과의 교제를 통하여 공급되도록 계획하셨다. 엘리야는 믿음을 지킨 사람이 오직 자기 혼자 남아 있는 줄 알고는 쉽게 낙심했던 것이다. 그러나 그것은 엘리야의 착각에 불과했다. 엘리야처럼 바알에게 무릎을 꿇지 않은 성도들을 하나님은 칠천 명이나 남겨 두셨던 것이다. 그 성도들이 하나님의 눈에는 보이지만 엘리야의 눈에는 보이지 않았을 뿐이다. 그 수가 적기는 하겠지만 어느 시대든지 하나님께서 기뻐하시는 성도들은 있게 마련이다.

> "생명으로 인도하는 문은 좁고 협착하여 찾는 자가 적음이라"(마 7:14)

교인의 숫자와 교회의 크기는 하나님의 나라에 있어서 절대적인 기준이 되지 못한다. 땅에 떨어져 썩을 수 있는 한 알의 밀알은 땅속에 묻힐 수 없는 한 가마니의 밀보다도 더 귀하다. 땅에 떨어진 한 알의 밀알은 시간만 충분히 주어진다면 온 천지를 밀밭으로 가득히 채울 수도 있다. 그러나 그냥 가마니에 담겨있는 밀들은 몇 년이 지나면 썩어버리거나 벌레들이 먹어버릴 것이다. 땅속에 묻힌 한 알의 밀알처럼 어두운 세상에서 빛과 소금의 역할을 다하는 그런 사역자들과 성도들이 섬기는 교회야말로 하나님의 눈에 진정한 교회로 보일 것이다. 그런 교회와 성도들이 찬란한 세마포를 입은 어린 양의 신부인 정결한 교회요, 성경에서 말하는 진정한 교회다. 하나님의 일을 하면서 인간적인 사심을 차리지 않고 조심스럽게 성령께 순종을 하는 그런 사역자들과 교회들은 하나님의 시야에 빛나는 존재이다.

그러므로 이 시대에도 사람의 눈이나 카메라나 적외선 탐지기로도 잡아낼 수 없는 신비하고 진정한 하나님의 교회는 분명히 있다. 앞서서 진술하였지만 하나님에 의하여 다스려지는 교회라야 하나님이 보시기에 진정한 교회이다.

일찍이 예수께서 누가복음 17장 20-21절에서 "하나님의 나라는 볼 수 있게 임하는 것이 아니요 또 여기 있다 저기 있다고도 못하리니 하나님의 나라는 너희 안에 있느니라" 하신 이유도 인간의 육안으로 파악할 수 없는 하나님 나라의 신비를 말씀하신 것이다. 예수께서 하나님의 나라가 너희 마음속에 있느니라 말씀하신 이유는 하나님의 다스리심을 받는 성도들의 심령을 의미하신 것이 분명하다. 마음속에 하나님의 다스리심을 받는 사역자들이 세상 사람들에게 비난 받을 정도로 형편없이 교회를 운영하지는 않을 것은 두말할 필요가 없을 것이다.

이런 면을 염두에 두고 세상에서 비난을 받는 이 시대의 많은 교회들을 볼 때에 아무리 좋은 쪽으로 생각하려 해도 하나님이 기뻐하시는 교회들이 그다지 많지는 않을 것 같다. 빨리 회개하지 않으면 주님의 입에서 토하여 내시겠다던 라오디게아 교회와 닮아도 너무 많이 닮은 것이 아닌가 하는 생각을 떨칠 수 없다. 세상을 이기고 음부의 권세를 이기는 교회라야 하나님의 진정한 교회이며, 모든 교회들은 이런 목표를 두고 거룩한 싸움을 해야 한다. 이런 교회들이 교단적으로 따로 뚝 떨어져 있지는 않을 것이다. 세상에 세워진 모든 교회는 어디에 있든지 사탄이 침투하여 가라지를 뿌려놓기 때문이다. 그러므로 이런 교회는 같은 교단 같은 교회 안에 함께 공존해 있을 수 있다. 기독교계 안에 항상 명암이 공존하는 이유는 하나님의 뜻을 순종하는 성도들과 사적인 욕심을 채우는 자들이 한 교단 한 교회 안에 같이 있기 때문이다.

"한 사람은 성령께 순종을, 한 사람은 인간의 욕심을 따르면서"

이 시대의 기독교계가 이처럼 세상 사람들이 보기에도 추하게 보이는 이유는 사탄이 심어준 사심을 품고 기독교계에서 활동하는 자들 때문이다. 그들의 어두운 그림자에 가려서 온 교회들과 그리스도인들이 함께 어둡게 보이는 피해를 당하고 있을 뿐이다. 사람들은 이 둘이 함께 섞여있는 기독교 전체를 보고 판단하기에 교회가 교회답지 않다고 말하는 것이다. 그러나 하나님은 성령의 인도에 순종하는 성도들과 사역자들의 영향이 미치는 곳까지만 교회로 보신다. 그러므로 하나님이 인정하시는 교회는 어느 시대나 항상 어둠이 조금도 없었다. 사람들은 가시적인 울타리의 경계를 근거로 교회를 보는 반면에, 하나님은 성령께 순종하여 하나님의 다스리심을 받는 신자들의 모임만을 교회로 인정하시기 때문에 하나님이 인정하시는 교회와 사람들이 아는 교회는 전혀 다른 범위와 모습을 지니고 있는 것이다.

바울은 교회들을 세우면서 자신이 세웠던 교회들 안에서 일어나는 많은 부끄러운 일들을 보았다. 교회에 모인 신자들로 말미암아 빚어지는 많은 모순들을 겪은 바울은 교회에 대하여 다음과 같이 말한다.

> "이는 이제 교회로 말미암아 하늘에 있는 통치자들과 권세들에게 하나님의 각종 지혜를 알게 하려 하심이니"(엡 3:10)

세상에 세워지는 교회를 보고 하늘의 권세들(하늘의 천사들을 지칭하는 듯하다)이 하나님의 지혜를 비로소 알게 된다는 말이다. 바울이 세운 교회에서 일어나는 여러 가지 부끄러운 일들은 이 시대의 기독교계에서 일어나는 일들과 그다지 큰 차이가 없다. 누가 봐도 시험을 받을만한 일들이 이미 그때도 교회 안에서 일어났다. 서로 분쟁하고, 고소하고, 당을 짓고, 음행죄가 일어나는 등 이 시대의 교회들과 거의 차이가 없다. 그 교회를 보면 사람들이 보기에도 탄식이 나올 정도이다.

그런데 바울은 에베소서에서, 하늘의 권세들이 이 세상에 세워지는 교회를 보면서 하나님의 지혜를 알게 되었다고 말하고 있다(엡 3:10참조). 이는 바울이나 하늘의 천사들이 교회를 바라보는 시각은 보통 사람들이 보는 것과는 전혀 달랐음을 알 수 있는 대목이다. 비록 바울 자신이 세운 교회 안에서 여러 불미스러운 일들이 일어났지만 하나님의 시각이나 바울의 시각에는 엄정하게 구분하여 볼 수 있는 안목이 있었던 것이다. 성령의 인도를 받지 않는 자들이 교회 내에서 일으킨 불미스러운 일들에 대해서는 교회를 해치는 불순 세력으로 보았으며, 그들을 구성원으로 인정하기는커녕 상대도 하지 말고 분리시켜야 할 사람들로 규정을 하고 있는 것이다(고전 5:9-11 참조). 하나님과 사도들의 시각에 비친 진정한 교회는 사탄의 방해 속에서도 성령의 도우심을 받아 꿋꿋이 서서 믿음을 지키고 음부의 권세를 이기는 찬란한 빛이 있는 교회였다.

"성령이 이끄시는 교회와 사역자들에게 어찌 어둠이 있겠는가? 육체를 가진 성도들의 마음속에서 깨달아지고 아멘이 되어 성령께 순종되기까지 약간의 성장통과 그로 인한 소소한 에피소드 외에는 어둠이 없다."

### 3) 하나님이 기뻐하시는 교회와 사역자

1907년 평양 대부흥이 일어난 후, 사람들은 평양을 동방의 예루살렘이라 부르기도 하였다. 수많은 교회들과 신학교들이 있었고, 주일이면 교회로 가는 성도들이 길을 메웠다. 그 많은 교회들과 목사들이 하나님의 나라에 크게 쓰임을 받고 있다는 사실을 의심하는 이들은 아무도 없었을 것이다. 그러나 하나님은 그들 전부를 사용하지 않으셨다. 일제 강점시의 많은 교회들과 목사들과 신자들은 귀신을 섬기는 신사에 절을 하였고 전쟁 범죄자인 일왕을 신처럼 받들어 동방요배를 하였다. 동방의 예루살렘이라던 평양의 그 많은 교회들과 사역자들의 대부분은 후세 그리스도인들에게까지 치욕을 남겨주었다. 그러나 그 와중에도 진리의 바른 믿음을 지키기 위하여 한 알의 밀알처럼 자신을 희생시킨 분들이 있었다. 주기철 목사님 등 소수의 사역자들과 성도들만이 자신들의 생명을 바쳐서 믿음을 지켰다.

하나님은 불의에 무릎을 꿇은 많은 사람들을 쓰시지 않고 믿음을 지킨 극소수의 성도들을 높이 들어 쓰셨다. 그들을 통하여 음부의 권세에 무릎을 꿇지 않는 교회의 승리를 이어 가셨으며, 후세 성도들에게 참 믿음의 길을 가리키는 척도가 되게 하셨다. 하나님은 크고 많음과 상관없이 당신의 사랑하시는 교회와 성도들을 통하여 음부의 권세를 이기게 하시고 공중의 권세를 잡은 자 사탄이 주장하는 이 세상에 하나님의 나라를 펼쳐 가신다.

### "그리스도인들의 비대칭 무기"

세상의 나라들은 대립하고 있는 나라에 비하여 월등한 경제력과 물리적인 군사력의 우위를 점하기 위하여 끊임없이 신무기들을 개발하는 데 혈안이 되어있다. 특히 요즈음 매스컴에서 '비대칭 무기' 라는 단어가 자주 등장하고 있다. 이는 대립한 상대방 나라와의 무기적 균형을 깨어지게 하는 특별한 무기를 어느 한쪽 나라가 가진 것을 의미한다. 주로 한쪽 나라에는 없는 핵무기를 다른 한쪽 나라가 가졌을 때 일컫는 말이다.

공중의 권세 잡은 사탄이 주장하는 세상과 기독교 사이에는 서로 대립할 수밖에 없는 전장이 형성되어 있다. 교회와 세상은 많은 부분에 있어서 서로의 가치관이 완전히 다른 부분이 있기에 사이좋게 마냥 함께 갈 수만은 없다. 예수께서 내가 세상에 불을 던지러 왔노라 하신 이유도 이런 이유 때문일 것이다. 일반적으로 세상 나라들은 서로 대립하고 있는 나라들로부터 자국의 국권보호와 안녕을 지켜내기 위해서 군사적으로나 경제적인 면에서 상대 국가들보다 더욱 강력한 물리적 억제력을 갖추는 것을 최선의 선택으로 여겨 왔다. 북한이 전 세계에서도 가장 극빈국 중의 하나에 속하지만 주변 나라들로부터의 반대를 무릅쓰고 핵무기와 미사일 개발에 힘을 쏟는 것도 이런 이유 때문일 것이다. 자신들이 제대로 된 핵무기와 운반 수단만 가지게 된다면 세계열강들로부터 자국의 국권을 지킬 수 있으리라 생각하기 때문일 것이다. 북한뿐 아니라 거의 대부분의 세상 나라들은 강한 것만 살아남는다는 무자비한 정글의 법칙을 유일한 생존 전략으로 삼고 있다.

세상은 이처럼 기독교에 대해서도 끊임없이 물리적인 우위에 있는 힘을 이용하여 압제하고 핍박하여 왔다. 세상이 기독교에 대하여 핍박과 압제라는 방편을 사용함에 있어서 예수 그리스도의 교회는 어떤 무기로 세상을 상대하여 왔는가? 그리스도의 교회도 역시 이 세상에 없는 비대칭 무기로 무장하여 세상을 상대로 싸워왔다. 강해야 살아남는다는 정글의 법칙이 통하는 살벌한 이 세상에서 하나님의 교회가 세상을 상대로 사용해 왔던 비대칭 무기는 어떤 것인가? 세상과 싸우는 그리스도인들이 가진 비대칭 무기는 바른 믿음 안에서 진리를 순종하는 성도들의 온전한 사랑과 희생을 통하여 주변에 은근하게 끼치는 감화력이었다. 세상에서는 진정한 사랑의 실천인 자기희생을 찾기 어렵다.

주기철, 손양원 목사님은 돌아가신 지 이미 60~70년이 지났다. 이 시대를 살아가는 사람들은 그분의 얼굴을 직접 본 적도 없고 육성도 들어보지 못한 이들이 거의 대부분이다. 그럼에도 불구하고 그분들이 끼치는 감화력은 거의 70년이 넘어가는 지금까지도 여전히 온 세상과 많은 사람들에게 놀라운 영향력을 끼치고 있다. 그분들이 살아 계실 때보다도 더 큰 감화력으로 말이다. 폭발한 후 수십 년이 지나도록 사그라지지 않고 계속 에너지를 분출해내는 폭탄이나 무기에 대해서 들어본 적이 없다. 세상의 모든 무기는 폭발 당시 급속하게 에너지 분출의 최고점을 찍은 후 극히 짧은 순간에 제로 상태가 된다. 에너지의 지속성이 없는 것이다. 절대적인 비대칭 무기라는 수소폭탄도 결코 예외는 아니다.

그러나 그리스도인들이 세상의 빛과 소금으로서 세상에 감화를 끼치게 되면, 그 감화력은 주변을 서서히 움직이기 시작한다. 감화력이 끼치는 에너지는 긴 세월의 흐름 속에서도 좀처럼 사그라지지 않고 더 확대되고 다른 사람들에게까지 옮겨 붙어서 온 세상과 사람들 사이에서 끊임없이 감화력이라는 거룩한 에너지를 분출한다. 감화력은 물리적인 에너지로는 도무지 해결하거나 무너뜨릴 수 없는 것들을 무너지게 하고 해결하는 신비한 힘을 가지고 있다. 주기철, 손양원 같은 목사님들은 오래전에 돌아가신 분들이지만 목이 터져라 외치는 수백 명의 살아있는 목사들보다도 그 영향력이 결코 작다고 볼 수 없다.

모든 사람들은 반드시 언젠가는 하나님 앞에 서게 될 것이다. 어쩌면 그 때 하나님은 앞에 선 사람에게 저곳을 보라고 하실 것 같다. 하나님이 가리키시는 곳에는 그 사람이 사는 동안 끼쳤던 영향력이 여전히 세상에서 사방으로 이리저리 확산되고 있음을 그때는 세세하게 볼 수도 있을 것이다. 어떤 이들은 믿고 순종하므로 그들이 이 세상에 없을 때에도 하나님 나라의 선한 영향력이 여전히 살아서 역사하고 있을 것이다. 이 사람 저 사람에게 옮겨 붙으며 점점 확산되는 뚜렷한 영향력으로 계속 번지고 있을 것이다. 그 영향력이 그가 하나님 앞에 있을 때에 어떤 사람이었음을 알게 하는 척도가 되어 줄 것이다. 그런가 하면 어떤 이들은 살아 있을 때 끼친 악한 영향력이 그가 죽은 후에도 이 사람 저 사람에게 옮겨 붙으며 확산되고 있음이 또한 목격될 수도 있을 것이다. 하나님이 별도로 심판하시지 않아도 그들이 살아서 끼쳤던 악한 영향력이 그가 어떤 사람이었음을 증명하는 블랙박스의 영상처럼 뚜렷한 증거자료가 될 것이다.

어떤 영향력이든 영원히 소멸되지 않는다. 하나는 악하게 하나는 선하게 계속 확대되어 영원까지 이를 것이다. 그 영향을 받은 사람들이 혹은 영원한 천국으로 혹은 영원한 지옥으로 갈수도 있다.

하나님 나라의 비대칭 무기는 세상을 밝은 빛으로 변화시키는 은은한 감화력이다. 언제부턴가 그리스도인들마저 세상 사람들의 가치관에 설복을 당하여 피도 눈물도 없는 잔인한 맹수들의 생존법칙인 정글의 법칙을 생존 전략으로 삼고 있는 것 같다. "더 가져야 한다, 더 커야 한다, 힘이 더 세어야 한다 등등."

한 알의 밀알처럼 지극히 작을지라도 진리를 순종하는 반듯함과 따뜻한 감화력은 비뚤어지고 차디찬 세상 사람들의 마음까지 따뜻하게 녹여 줄 수 있을 것이다. 그리스도인들이 이런 감화를 끼칠 수 있다면 바른 가치관이 상실되어 방황하던 많은 이들을 바로 세워주는 거룩한 출발점이 될 수도 있을 것이다. 세상은 창칼로 기독교를 위협했지만 예수 그리스도의 교회는 세상에 없는 비대칭 무기인 믿음과 희생과 사랑에서 뿜어져 나오는 감화력으로 온 세상을 정복하여 오늘에 이르렀다. 하나님이 사랑하시는 진정한 교회와 성도들이 가진 무기는 크기와 강함이 아니었다. 하나님의 말씀을 순종하는 자들만이 가질 수 있는 믿음과 희생과 사랑이라는 비대칭 무기를 사용하여 오늘까지 승리하여 온 것이다.

하나님은 세상 끝 날까지도 당신의 사랑하는 교회와 성도들에게 믿음과 희생과 사랑이라는 비대칭 무기를 통하여 세상을 이기게 하실 것이다. 감화력은 오직 하나님의 말씀과 성령께 순종하는 성도들의 반듯한 삶을 통하여 주변과 세상에 은근하게 퍼져나갈 것이다.

# 제3부

# 바른 믿음의 출발과 삶의 적용

1부와 2부에서 이 시대의 한국교회가 직면하고 있는 많은 문제점들에 대하여 다룬 내용들은, 바른 믿음을 가진 그리스도인들에게서는 도저히 일어날 수 없는 어두운 부분들이 많았다. 교회를 섬기는 사역자들이 정도를 벗어나고, 많은 교회들이 교회로서의 바른 정체성을 거의 상실할 정도로 심각한 위기에 빠지게 한 원인들이 반드시 있을 것이다. 3부에서는 이 시대 다수의 그리스도인들이 믿는 믿음에 어떤 문제점들이 있었기에 한국교회가 이런 지경에까지 이르게 되었는지에 대하여 자세히 살펴보자.

## 1. 유사 믿음

성경 66권은 하나님이 어떤 분이시며, 사람은 누구인가에 대하여 자세히 기록하고 있다. 인간은 시조인 아담으로 말미암아 범죄하였고, 그로 인하여 모든 사람들이 하나님과의 관계가 단절되었음을 알리는 내용도 성경에 기록되어 있다. 하나님과의 관계가 단절된 인간이 다시 그 관계를 회복할 수 있는 길도 제시하고 있다. 구원에 이르는 길은 오직 예수 그리스도의 십자가를 믿음으로만 얻게 된다는 사실을 성경은 자세하게 가르치고 있다.

이제는 하나님이 제시하신 그 유일하고 표준적인 구원의 믿음에 이르는가 하는 문제가 우리 앞에 놓여있는 것이다. 이런 면에서 하나님은 너무 섬세하신 분이심을 다시 한 번 실감하지 않을 수 없다. 성령으로 친히 인도하실 뿐만 아니라 성경에 모범적인 답안까지 보여 주시면서 어떤 믿음을 가져야 하는지에 대해서 친절히 가르쳐 주시고 계시기 때문이다. 그러나 이렇게 다양한 방법을 총동원하여 바른 길을 분명하게 제시하심에도 불구하고 바른 믿음을 가지는 이들은 항상 많지 못하다. 인간의 상태가 얼마나 심각하게 잘못되어 있는가를 실감할 수 있는 대목이다. 이처럼 분명하고 바른 믿음에 대한 '가이드라인'까지 제시해 주셨는데 왜 많은 사람들이 하나님께 대한 오해와 그릇된 믿음에 쉽게 빠지게 되는 것일까?

성경은 믿음에 대하여 그다지 어렵지 않게 가르치고 있다. 예수님은 어린아이를 세우시고 누구든지 이 어린아이와 같지 아니하면 천국에 들어가지 못하리라고 하셨다. 물론 그 가르침에는 다른 의미로 해석될 수 있는 부분도 있지만 어린아이들처럼 있는 그대로 순수하게 믿으라는 교훈이 분명히 들어 있다. 믿음의 길이 어렵다기보다는 쉬운 것도 어려운 방향으로 풀어가는 인간의 비뚤어진 기준 때문일 것이다.

### 1) 인간의 자아와 믿음의 상관관계

인간에게 있어서 자아와 이성(理性)은 참으로 소중한 역할을 한다. 이성이 있기에 동물과는 구별된 행동과 사고를 가질 수 있다. 그래서 흔히 흉악한 범죄자들을 일컬어 이성 없는 동물과 견주어 말하기도 한다. 이처럼 인간에게는 이성이 꼭 필요하지만, 그렇다고 인간의 이성적 판단이 모든 면에서 정확한 것은 아니다. 특히 인간이 가진 이성의 범위를 한참 뛰어넘는 어떤 문제에 부딪치면 심각한 오류를 일으킬 수도 있다.

이처럼 참으로 소중한 이성이 어떤 경우에 그릇된 방향으로 작용을 할 수 있는지에 대하여 살펴보자. 이는 성경적 믿음과 거의 비슷하여 아주 혼돈하기 쉬운 부분이 있다. 타락된 인간의 본성을 기준으로 성경을 이해하고 하나님을 믿으려는 인본적인 믿음이 바로 그것이다. 인본적인 믿음은 매사에 인간의 머리와 자아가 중심이 되어서 믿게 되는 믿음의 한 형태이다. 이런 움직임은 기독교 역사와 거의 맥을 같이 할 정도로 아주 오랜 역사를 가지고 있다.

기독교 역사를 자세히 살펴보면 창세기부터 계시록까지 하나님에 대한 믿음의 유형 가운데 분명한 두 흐름이 함께 흘러간다. 하나는 하나님께로 말미암은 신본주의적인 믿음이고, 하나는 인간으로 말미암은 인본주의적인 믿음의 흐름이다. 이런 흐름은 사도들이 사역하던 초대교회 때도 교회 안에서 큰 문제점으로 작용되었던 듯하다.

> "누가 철학과 헛된 속임수로 너희를 사로잡을까 주의하라 이것은 사람의 전통과 세상의 초등학문을 따름이요 그리스도를 따름이 아니니라"(골 2:8)

위의 말씀은 인간의 철학적 사고를 근거로 하여 기독교의 신앙을 이해하고 받아들이려는 자들에 대한 바울의 경계이다. 바울이 사역할 당시에 이미 똑똑하다는 그리스도인들 중에서 철학적 사상이 가미된 인본적인 신앙을 가진 이들이 많았던 모양이다. 사도들 당시의 어떤 그리스도인들이 인본주의적인 철학에 근거한 신앙을 가지게 된 데는 그 당시의 시대적인 특별함이 작용했던 듯하다.

역사에 그 이름을 올렸던 많은 나라들 중에서 세상 사람들에게 철학으로 가장 잘 알려진 나라에 대하여 묻는다면, 단연 고대의 그리스를 꼽는다. 이처럼 철학으로 세상 사람들에게 더 잘 알려진 고대 그리스 사람들은 철학에 대한 남다른 자부심을 가졌을 것이다. 사도들이 사역하던 시기의 유럽 지역은 정치, 군사적으로는 로마의 지배하에 있었으나 그 시대를 살아가던 사람들의 정신세계는 여전히 그리스 철학의 지배를 받고 있었다. 그러기에 인간의 이성과 자아를 최고의 가치로 여기는 그리스 철학에 대한 그들의 자부심은 대단하였음이 분명하다. 오죽 했으면 바울이 다음과 같은 말을 했을까?

"유대인은 표적을 구하고 헬라인은 지혜를 찾으나"(고전 1:22)

당시 식자라고 자부하고 있던 이들은 말이 통하는 사람들끼리 모여서 최고의 선은 무엇이며, 최고의 가치는 무엇이냐에 대해서 나름대로 심오한 논리를 펴가며 설전을 벌이기도 했을 것이다. 그리스의 철학자들과 그들을 추종하던 이들 중에는 인간의 이성이 만물을 분별하는 최고의 척도로 알고 있는 이들이 많았다. 그러나 그들이 잘 모르는 것이 있었다. 인간의 자아와 이성이라는 것은 아담과 하와가 선악과를 먹은 후부터 사탄에게 예속되어 있다는 사실에 대해서이다. 인간의 자아가 아무리 최고의 선을 추구하여도 죄와 사탄에게 사로잡힌 관계로 그 누구도 죄의 흔적이 묻지 않은 완벽한 선을 이끌어 낼 수 없다(사 59:4-9 참조).

"하나님의 의를 이루는 방향으로 가지 못하도록 인간의 자아가 죄에 의하여 단단히 '세팅' 되어 있다고나 할까?"

그렇다고 인간의 자아가 모든 면에서 완전히 무용지물인 것은 아니다. 인간의 일상생활에서는 물론 바른 신앙을 가지는 데에도 인간이 가진 자아의 협력이 없이는 뭐하나 제대로 이루어지는 것이 없다. 하나님의 말씀과 성령이 나아갈 바를 밝히 비추어도 이성과 자아가 정상적으로 움직이지 않으면 신앙은 한 발짝도 전진할 수 없으며, 제대로 된 회개도 할 수 없는 것이다. 마치 코드 뽑힌 전자 기기처럼 되어 버릴 것이다, 사람들이 전혀 비상식적인 사이비 종교의 유혹에 쉽게 빠져드는 이유도 건전한 이성과 바른 자아의 코드를 뽑아버리고 무방비 상태로 자신을 미혹의 교리에 노출시키기 때문이다. 어떤 면에서 이 시대의 기독교계 타락이 여기까지 이르게 된 것도 지나치게 자아를 앞세운 지도자들과 자아를 완전히 무장해제한 일반 신자들의 합작품일 가능성이 높다고 본다.

"하나님의 말씀을 너희에게 일러 주고 너희를 인도하던 자들을 생각하며 그들의 행실의 결말을 주의하여 보고 그들의 믿

음을 본받으라"(히 13:7)

성경은 신자들에게 교회 사역자들의 언행일치에 대하여 주의하여 살펴보라고 강조한다. 그리고 그 후에 그들이 전하는 믿음을 받을지 말지에 대하여 결정할 것을 권면하고 있다. 이 시대의 기독교계는 교회 운영 및 사역자들의 부끄러운 문제들이 곪아 터져서 온 세상에 다 알려지고 있다. 교회의 구성원들인 성도들은 교회와 사역자들이 그렇게 되기까지 도대체 무엇을 하고 있었을까? 전혀 상식 밖의 일들이 교회 안에서 벌어지고 있는데도 그것을 가까이에서 지켜보는 신자들의 이성적인 판단이 전혀 작동하지 않았던 모양이다.

저질 발언을 하여 전체 기독교를 온 세상에 비난받게 하고도 제대로 된 회개조차 하지 않는 목사를 여전히 하나님이 세우신 종이라며 따르는 이들이나, 비리를 저질러 세상 법정을 드나드는 목사를 친위대처럼 따르는 신자들의 이성은 사탄에게 결박되어진 모양이다. 사역자들뿐만 아니라 교회의 모든 구성원들은 교회가 잘못 운영된 것에 대하여 하나님께로부터 질책을 피하기는 어렵다. 이 세상에 세워진 교회는 어느 누구의 교회가 아니라 모든 성도들이 함께 섬겨야 할 예수 그리스도의 몸이며, 성도들은 그 지체들이기 때문이다.

성경에서 인본적인 신앙에 대하여 경계를 하는 이유는 이성과 자아를 완전히 버리라는 의미보다는 하나님의 말씀보다 더 앞세우지 말라는 것으로 보는 것이 옳을 것이다. 때에 따라서는 냉철한 이성을 사용하여 분별함으로 하나님께 순종해야 할 때도 있다. 하나님의 뜻이 인간의 이성을 뛰어넘는 방향으로 인도할 때는 하나님의 신실하심을 믿음으로 순종하게 된다. 성경은 결코 하나님이 인간의 자아를 완전히 억압하시는 분으로 나와 있지 않다. 오히려 인간의 마음 문을 두드려 노크를 하여 동의를 구하시는 분으로 아가서와 계시록 등에서 기록하고 있다. 인간의 이성을 깨워서 깨닫게 하시면서 마음의 문을 열고 하나님께로 더 가까이 오기를 원하시는 것이다.

### 2) 머리를 더 많이 써야 하는 시대

산업사회로 바뀐 지금의 시대를 살아가는 사람들은 과거 시대의 사람들보다 더 복잡하고 분주해진 삶을 살아가고 있다. 그러다보니 과거 시대의 사람들에 비하여 삶의 자세도 많이 바뀌었다. 과거 시대의 사람들은 그리 풍족하지는 않았지만 가슴으로 받아들이고 가슴에서 우러나오는 것으로 살아가는 여유가 있었다. 그러나 이 시대의 사람들은 과거 시대의 사람들에 비하여 업무량이 늘어나고 처리해야 할 일들이 많아졌기 때문에 가슴으로 받아들인 후 찬찬히 소화하여 깨달은 것으로 살아갈 만큼의 시간적, 정서적인 여유가 없어졌다. 그러다보니 사람들은 자연히 머리를 복잡하게 써야 할 일들이 많아졌고 빠르게 회전을 시켜야 하는 분주한 삶을 살아가게 되었다.

이 시대를 살아가는 사람들은 머리를 번개같이 회전을 시켜도 될까 말까 할 정도로 너무 복잡한 일들과 홍수처럼 밀려오는 많은 정보들을 소화해 내야 한다. 그러다보니 도저히 인간의 머리만으로는 다 처리할 수 없어서 인간 머리의 기능을 보조해 주는 계산기와 컴퓨터까지 개발하기에 이르렀다. 덕택에 이전 시대의 사람들에 비하여 비상할 정도로 두뇌의 기능이 강화되기는 하였다.

그런데 문제는 이처럼 머리를 과도하게 사용하면서 살아가다 보니 머리로 접근해서는 안 될 영역마저도 먼저 머리를 들이대는 경향이 생겼다는 점이다. 부모 자식과의 관계나 평생을 함께할 배우자를 선택하는 문제나 여타 많은 문제에 대해서도 가슴으로 받아들이기보다는 먼저 머리를 고속으로 회전시켜 계산하는 경향들이 이 시대의 사람들에게 많아진 것이다. "나에게 덕인가 손해인가를 헤아려 가면서."

가슴깊이 받아들여 정제되고 절제된 차분한 결정을 따르기보다는 매사에 머리를 급하게 회전시켜서 산출된 값을 근거로 하여 가부를 결정하는 경향이 많아진 것이다. 매사에 항상 머리를 먼저 회전시키며 살아가는 것이 습관화된 이 시대의 사람들은 신앙의 문제마저도 먼저 머리를 사용하는 일이 많아졌다. 신앙은 머리나 가슴이 아니고 영혼의 깊은 곳에 뿌리를 내려야 하는데, 불완전하고 잊기 쉬우며 얕은 인간의 머리에 먼저 자리를 잡을 가능성이 많아진 것이다. "마치 길가나 돌밭에 떨어진 씨앗처럼."

그렇다보니 이 시대의 그리스도인들 중에는 하나님의 말씀이 영혼의 중심을 강타하지 못하고 귓전만 살짝 스치는 듯한 가벼운 믿음의 소유자들이 많은 것이 아닐까?

### 3) 이성적 접근이 가능한 기독교

기독교는 역사적인 충분한 자료와 근거가 있어서 고고학적으로나 현상적으로 부정할 수 없는 많은 증거들이 풍부하다. 기독교는 인간의 이성이 요구하는 객관성을 충분히 가지고 있다. 물론 성경에는 인간의 이성으로 접근이 불가능한 부분이 있지만, 그런 부분은 인간에게 있는 종교적 감정의 작용으로 별 문제없이 넘어갈 수 있다. 그렇기 때문에 기독교가 인류와 역사에 끼친 영향과 성경의 기록을 통하여 인간의 머리로도 나름대로 기독교에 대하여 충분한 공감과 납득할만한 인식을 하게 된다. 인간의 이성이 받아들이기 어려운 부분은 인간의 품성에 내재된 종교 감정을 통하여 별 무리 없이 받아들여진다. 외형상 기독교의 신앙과 거의 유사한 종교적 형태가 사람들의 이성에 의해서도 생겨날 수 있는 것이다.

### 4) 착각을 일으키는 인간의 이성

이처럼 인간의 이성이 빚어내는 착각 현상은 다양한 분야에서도 일어날 수 있다. 임신을 간절히 원하는 여성들에게 가끔 '상상임신' 증세가 나타난다. 임신을 원하지만 오래 동안 임신이 되지 않는 여성이 지나치게 임신에 집착을 하다보면, 간혹 임신이 되지 않았음에도 불구하고 실제로 임신을 한 것 같은 증상이 나타난다는 것이다. 배도 약간 불러오고 입덧도 하는 등 전형적으로 임신이 된 것과 거의 같은 증상이 나타난다. 상상 임신을 한 여성은 진짜 임신을 한 여성처럼 한참동안 임신 증세가 나타나지만 결코 아기를 출산하지는 못한다. 마음으로 임신을 간절히 원하다보니 스스로 자기 최면에 걸려서 꼭 임신을 한 것처럼 이성이 마비되어 착각을 한 것이다.

기독교를 단지 이성적으로 이해를 하고 자아를 통하여 생긴 신념 위에 종교 감정까지 더해져서 생긴 믿음은 기독교의 믿음과 거의 흡사하지만 결코 올바른 기독교 믿음이 아니다. 사이비 종교에 심취한 자들은 열심과 확신이 대단하고, 또 자신들이 믿는 교리나 종교적 체계를 털끝만큼도 의심하지 않지만, 그들의 믿음이란 스스로의 착각에 빠진 이성적 오류와 종교적 감정으로 인해 사탄의 영에 의해 속고 있는 것이다.

### 5) 유사 믿음의 완벽한 위장

그들의 믿음은 단지 자신의 머리와 자아로 말미암은 인식의 틀에서 생겨난 관념 위에 종교적 교리를 자의적으로 해석하면서 형성된 종교 감정이 덧씌워졌을 뿐이다. 이들은 열심히 예배에 참여할 수도 있다. 뿐만 아니라 나름대로의 깨달음이 지시하는 방향에 따라서 희생적인 봉사와 활발한 종교적 열심을 가지고 기독교계에서 지도자 역할도 할 수 있다. 기독교의 역사성과 성경의 가르침들이 인간의 마음속에 인식되고 인간의 마음속에 내재된 종교 감정까지 결합되어 안팎으로 그리스도인들이 믿는 믿음과 거의 비슷한 종교적 형태가 갖추어지게 되었다.

이런 유형의 믿음을 가진 자들은 이성적으로 이해한 교리와 자아에서 생긴 신념과 종교 감정이 더해져서 자신의 구원과 거듭남에 대해서도 나름대로 확신을 가질 것이다. 자신의 구원에 대해서 죽는 순간까지도 기독교의 참 신앙이 아닌 짝퉁 믿음에 자신과 남이 감쪽같이 속아 넘어갈 수 있을 것이다. 주님 앞에 가서도 자신들의 신앙을 고집하는 사람들에 대하여 성경이 교훈하고 있음을 기억해야 할 것이다(마 7:22, 25:44 참조).

착한 사람들은 그나마 양심적인 범위 내에서 자신의 역량만큼 활동하겠지만 인간의 양심이 하나님의 의를 이룰 수 없음은 물론이다. 그러나 양심적이지 않은 이들이 기독교를 인간의 이성적 인식과 종교 감정으로 받아들여 유사 믿음을 가지게 되었을 때에는, 그의 모든 활동 영역은 그의 야망을 달성시키는 것들로 이용당하게 될 것이다. 일찍이 주님께서 말씀하신 것처럼 성령의 감동이 아닌 인간의 이성과 종교 감정(성령을 가장한 사탄의 역사)으로 믿는 이들은 그들의 행위로 분별하게 될 것이다.

> "그들의 열매로 그들을 알지니 가시나무에서 포도를, 또는 엉겅퀴에서 무화과를 따겠느냐"(마 7:16)

### 6) 자아적 믿음은 자아를 넘지 못한다

그러나 인간의 자아에서 비롯된 관념이나 신념적 믿음의 형태를 가진 이들은 결코 자신의 자아를 넘어서는 수준의 믿음에 이르지 못한다. 자신에게 큰 손해나 세속적인 이익이 달린 문제를 만나게 되면, 인간의 자아는 동요를 일으키기 시작한다. 평상시에 기독교의 신앙과 거의 흡사한 믿음을 가졌던 이들이 믿음을 시험하는 난관을 만나게 되면, 이성과 자아가 동요를 일으키고 자아로 말미암은 짝퉁 믿음은 더 이상 그 기능이 작동을 멈춘다. 인간의 머리에서 나온 신념은 인간의 머리가 허용하는 범위 안에서만 유효할 뿐 진정한 믿음의 영역에까지 이르지 못하는 것이다.

유사 믿음도 한참 동안은 바른 믿음을 가진 것처럼 하나님의 말씀과 평행선을 이루며 같이 갈 때도 있다. 예를 들자면 "네 이웃을 네 자신 같이 사랑하라" 하신 말씀은 대부분의 신자들이 따라 하기는 무척 벅차지만 마음으로는 공감한다. 그러나 인간의 자아가 절대 따라가지 못하는 길을 성경은 제시한다.

> "그가 우리를 위하여 목숨을 버리셨으니 우리가 이로써 사랑을 알고 우리도 형제들을 위하여 목숨을 버리는 것이 마땅하니라"(요일 3:16)

위와 같은 성경 말씀은 신자들에게 단지 추상적 개념으로 받아들이라고 주신 말씀이 아니다. 바른 믿음의 신자들은 반드시 위의 말씀처럼 이루어져야 하는 것이기에 "마땅하다"라는 단어를 사용한 것이다. 남을 사랑하라는 것까지 따라하기는 벅차지만, 거부반응까지 일어나지는 않는다. 인간의 이성으로 비추어 보아도 그것이 옳은 일이라는 생각이 들기 때문이다.

그러나 남을 위하여 내 목숨을 버리는 것이 마땅하다는 말씀은 외우기는 쉬울지 몰라도 대부분의 신자들에게는 거의 불가능에 가까운 일이다. 남을 위하여 멀쩡한 내 목숨을 바치라 하고선 그것을 지극히 당연한 일이라고 성경은 말한다. 이런 표현은 돈 몇 푼조차 손해 보기 싫어하는 인간의 정서에는 도무지 부합하지 않은 것이다. "신앙의 근거인 성경말씀과 넓은 간격이 있지만 좁힐 마음은 없는 것이다."

이처럼 그리스도인들 중에는 자신들이 진리로 받아들이는 성경 말씀과 자신과의 사이에서 일치하지 못하는 넓은 간극들을 가지고 있는 이들이 많다. 그러나 그 간극들을 더 좁히기 위한 처절한 몸부림도 없이 편안하게 신앙생활을 하는 이들이 그리스도인들 가운데 결코 적지 않다. 자동차를 구매하기 전에 사람들은 먼저 자신이 구매한 자동차의 성능을 확인한다. 최근 유럽의 한 자동차 회사가 운행 기준에 미달되는 자동차를 서류상 조작하여 판매하였다가 천문학적인 벌금과 손해배상을 물고 리콜까지 하게 되었다. 몇 년 정도 사용하기 위하여 구입한 자동차나 전자 기기는 반드시 그 제품의 표준 성능의 충족을 요구한다. 아주 미세한 부분이라도 보상을 요구하고 리콜을 해서라도 표준에 제시된 성능을 충족시키려 한다.

그리스도인들에게 있어서 바른 믿음은 영원히 거할 집이요 영생 그 자체이다. 이처럼 소중한 자신의 믿음이 성경말씀과 넓은 괴리감이 있음을 알게 된다면 인간이 받을 수 있는 가장 큰 충격으로 다가와야 당연한 일이다. 그러나 현실은 자신이 가진 자동차나 전자 기기들이 약간 표준에 미달되는 것만큼도 심각하게 다가오지 않는다. 따지고 보면 이 시대의 그리스도인들만 그랬던 것은 아니다.

> "우리가 이같이 큰 구원을 등한히 여기면 어찌 그 보응을 피하리요"(히 2:3)

애굽에서 탈출했던 이스라엘 백성들이 먼저 그랬고, 그 외에도 많은 이들이 앞서서 그러기는 하였다. 그러나 그런 사람들이 성경에 기록된 이유는 그런 믿음이야말로 구원에 이를 수 없는 그릇된 믿음임을 모든 시대의 그리스도인들에게 알리기 위함이다. 믿음의 근거인 성경 말씀의 중요한 부분들과 많은 부분에서 일치하지 못함에도 불구하고 이를 극복하려는 몸부림조차 없음은 무슨 이유일까? 바로 이것은 인간의 이성과 자아로 말미암은 짝퉁 믿음을 가졌기 때문에 일어나는 현상이다.

성령의 비추심이 있는 성도들은 자신의 믿음이 성경의 기준에 미치지 못하는 것을 알게 될 때 절대로 그냥 웃으며 넘어갈 수 없을 것이다(약 4:8-9 참조). 바울은 하나님께서 그리스도인들의 마음속에는 간절한 소원을 갖게 하신다고 강조하였다. 이 소원은 물질을 더 가짐도 아니요 명예를 더 가지기 위함도 아니다. 하나님 앞에서 흠도 점도 없는 자신으로 세우기 위하여 더욱 온전한 믿음에 이르려는 성도들의 거룩한 소원인 것이다. 바울도 이 소원을 이루기 위하여 날마다 자신의 몸을 치며 하나님의 말씀에 자신을 굴복시키기 원했던 것이다.

무슨 일이든 소홀해서 좋을 일이 없겠지만 특히 완벽을 기해야 하는 더 소중한 일은 분명히 있다. 예전에 자동차가 많지 않을 때 짐을 운반하는 수단으로 소의 힘을 이용하는 달구지가 많이 사용되었다. 소가 끄는 달구지는 워낙 저속으로 다녀서 그런지 몰라도 대부분 관리 상태가 그다지 좋지 않았던 것으로 기억된다. 여기저기 삐거덕 거리고 바퀴도 밸런스가 정확히 맞지 않아서 기우뚱 거리며 겨우 굴러간다. 그래도 달구지를 모는 사람은 그다지 심각하게 생각하지 않고 태연하게 몰고 다닌다. 그러다 가끔 바퀴가 빠지기도 한다. 그럴 경우 좀 힘든 일이 생기기는 하지만 달구지의 바퀴가 빠졌다고 그것 때문에 대 참사는 결코 일어나지 않는다. 그래서 좀 불완전하게 보여도 달구지는 삐거덕 거리며 다니는지 모르겠다.

그러나 우주를 향해서 쏘아 올리는 유인 우주선의 경우는 어떠한가? 수많은 사람들이 각자 맡은 분야에서 세밀하고 철저하게 관리를 해야 한다. 그러다 지극히 작은 부분이라도 미심쩍은 부분이 발견되면 로켓이 '카운트다운' 에 들어갔다가 도 발사를 중지시키고 만다. 유인 우주선 발사에 있어서 대충이란 절대 있을 수 없다. 적당히 했다가는 돌이킬 수 없는 대재앙이나 참사로 이어질 수 있기 때문이다. 그래서 로켓 발사는 조심에 조심을 거듭하여 완벽을 기하는 것이다. 로켓 발사에 있어서 책임을 맡은 수많은 과학자들이 각자의 위치에서 최선을 다했지만 미처 파악되지 않은 0.001%의 미진함의 결과로 인하여 로켓이 공중 폭발 한 적도 몇 번이나 있었다. 그리스도인들은 자신들이 믿는 믿음에 대하여 마치 우주선 발사에 임하여 고도의 신중함을 기하는 자세 그 이상으로 대처해야 한다. 그리스도인들의 믿음은 자신의 과거와 현재와 영원한 미래의 운명까지 결정하는 중요한 것이기에, 우주를 향하는 로켓발사보다도 더 소중히 다루어야 함은 당연하다.

"신앙적으로 분명한 문제점이 있음에도 세상을 향하여 그대로 발진시키는 이들이 있다면 문제가 많은 것이다. 영생으로 인도할 자신의 신앙을 삐거덕 거리는 달구지 취급을 하는 이들이 있을 것이다."

천하보다 더 귀한 자신의 영혼문제인 믿음에 대하여 적당히 하게 되는 이유가 바로 인간의 자아에서 비롯된 믿음이기 때문임을 알아야 한다. 어차피 인간의 이성이나 자아는 그 이상의 것에 대하여는 반응할 수 없는 한계가 있기에 자신의 신앙적인 모순이 있음에도 별로 심각하게 자각되지 않는 것이다. 그러나 그런 심령 속에 성령의 강력한 비췸이 있을 때는 자신의 믿음에 지극히 작은 모순도 그냥 넘어가지 못한다. 사도 바울이 "오호라 나는 곤고한 사람이로다" 하는 처절한 탄식을 했던 이유도 성령의 비췸에 자신의 자아가 낱낱이 비추어져서 형편없는 자신의 모습을 보게 되었기 때문이다. 이 세상에서 삐거덕 거리는 잡음을 내는 정도의 형편없는 믿음 위에 자신의 영원한 운명을 맡긴다는 것은 돈키호테보다도 더 무모한 자세이다. 어쩌면 이런 현상은 지극히 당연한 결과일 것이다. 어차피 인간의 이성으로는 엄중한 하나님의 말씀조차도 추상적인 개념 그 이상의 실제적인 능력을 경험할 수 없기 때문이다. 신자들이 은혜로운 성경 말씀을 줄줄 외우면서도 그 말씀과의 연관성을 가지지 못하는 것이 바로 이 때문이다.

믿음은 보지 못하는 것들의 증거요 바라는 것들의 실상이 되어야 하는데 그렇지 못하고 대부분 추상적인 개념에 머무는 것이다. 이처럼 인간의 자아가 어느 정도는 믿음과 같이 평행선을 그으며 가다가 딱 멈추는 지점이 있다. 자아를 훨씬 넘어서는 경우를 만나면 바른 믿음이 증명되어야 할 결정적인 지점에서 더 이상 믿음이 작동하지 않는 것이다.

모세를 따라서 광야에 나온 거의 대부분의 이스라엘 백성들이 바로 이런 유형의 믿음이었다. 이른바 "유사 믿음, 짝퉁 믿음"이었다. 그들도 자신들의 자아가 용납할 수 있는 곳까지는 모세를 잘 따랐다. 그러나 인간의 이성이 납득할 수 없는 상황에 다다르자 그들에게는 믿음의 빈껍데기조차 남아있지 않았다. 전혀 신앙이 없는 사람들처럼 "원망하고 불평하고 좌절하고 후회하고" 행동했던 것이다. 어려운 상황을 이겨내지 못하는 이스라엘 백성들과 같은 유형의 믿음은 이 시대의 그리스도인들이라는 이들 가운데에도 얼마든지 있다.

"유사 신앙을 가진 이들에게 특별히 예민한 부분이 있다."

성령이 아닌 인간의 자아로 말미암은 유사 신앙을 가진 사람들은 특히 발달되고 예민한 부분이 있다. 육적인 감각이 예민하다. 한번 세속적인 욕심이 마음속에 자리를 잡으면 그 욕심을 제어할 성령이 계시지 않기 때문에 그 욕심은 끝을 보기까지 멈추지 않는다. 하나님의 나라와 교회와 그 아름다운 성직마저도 세속적인 욕심과 바꾸기를 조금도 망설이지 않는다. 물론 인간의 자아와 근본 속성 안에는 하나님의 뜻대로 살아가기를 거부하는 옛 성품이, 사람에 따라서 차이가 있을 뿐 누구에게나 남아있다. 이런 것이 없다고 주장하는 이들은 남을 속이는 자들이다.

그러나 성령의 은혜가 있는 그리스도인들에게는 옛 육체의 소욕이 견제되어지고 다스려진다. 이런 믿음의 성도들은 인간의 자아가 용납할 수 없는 믿음의 영역을 거뜬히 통과한다. 엔진 성능은 '슈퍼카' 급인데 핸들과 브레이크 기능이 고장난 채로 꾸불꾸불한 길을 고속으로 달려가는 자동차를 상상해 본 적이 있는가? 그 자동차 앞에 있는 모든 장애물은 일단 충돌하는 외에 다른 도리가 없다. 제동장치와 피해갈 수 있는 조향장치가 작동하지 않기 때문이다.

아담의 타락된 피를 이어받은 모든 사람은 육체의 소욕이 있다. 사람에 따라서 정도의 차이는 있겠지만 세속에 대한 욕망은 그 누구에게나 있다. 아무리 겉으로 믿음이 있는 것처럼 보여도 마음속에 인간의 자아만 덩그렇게 남은 사람은 직분과 상관없이 육체의 소욕과 세속적인 욕망을 제어하지 못한다. 제어하기는커녕 자발적으로 육체의 세속적인 욕망을 향하여 '액셀러레이터'를 더 힘주어 밟는 이들도 많다. '귀소본능' 때문이다.

육체의 소욕과 인간의 자아는 둘이 아니고 본래 하나였다. 그러나 성령의 은혜로 말미암은 믿음을 가진 성도들은 육체의 소욕에 잠시 휘청거릴 수도 있다. 그러나 완전히 넘어질 수 없음은 마음속에 계신 성령께서 비추심과 도우심으로 함께 하시기에 통제 불능의 상태로까지 가지 않는 것이다. 특히 평소에 성령에 의하여 은혜 가운데 사는 성도들은 육체의 소욕과 세속적인 유혹이 심각한 유혹으로 작용하지 못한다. 세속적인 것들이 주는 유혹의 강도는 마음속에 있는 성령의 은혜와 정확히 반비례 한다. 이런 계산법으로 이 시대의 기독교계를 검증해보면 성직자들과 모든 그리스도인들의 마음속에 무엇을 품고 있는지를 거의 정확하게 알아낼 수 있다. 입으로 아무리 천당을 부르짖고 '예수 예수 귀한 예수' 찬송을 불러도 세속적인 것들에 정신을 차리지 못하는 이들의 마음속에는 천당도 예수님도 계신다고 보기 어렵다. 그들에게 하나님의 나라와 천하보다 더 귀하신 예수께서 계셨더라면 이 세상에 속한 것들을 가지려고 예수님의 이름을 그처럼 욕되게 하지는 않았을 것이다.

"내가 내 몸을 쳐 복종하게 함은 내가 남에게 전파한 후에 자신이 도리어 버림을 당할까 두려워함이로다"(고전 9:27)

### 7) 무엇을 어떻게 믿을 것인가?

그리스도인들이 하나님의 말씀을 통하여 죄 사함의 도리인 십자가의 도를 믿고 있는 사람들이라는 것은 재론의 여지가 없다. 바른 믿음을 이르기까지 까다롭거나 복잡할 이유가 없는 것이 바로 십자가의 도를 믿는 기독교이다. 그럼에도 불구하고 십자가의 도를 믿는 이 시대의 기독교계가 바른 신앙에 대한 수많은 반목과 이로 인하여 끊임없는 분열이 일어나는 것은 무슨 이유일까? "어떻게 믿을 것인가 하는 문제가 남아 있기 때문이다."

"하나님의 말씀을 근거로 믿는 기독교 신앙"

세상의 거의 모든 종교나 철학들은 사람들의 머리에서 나왔다. 아무리 뛰어난 경지의 깨달음이 종교의 창시자나 철학자의 머리에서 나왔다 하더라도 한정된 인간의 머리에서 나온 것이다. 그렇다보니 모든 시대를 아우를 수 있는 바른 교훈이나 절대 진리가 될 수는 없었다. 그래서 모든 사람에게 골고루 강요할 수 없는 분명한 한계가 있다. 타 종교를 폄하

하고 싶지는 않다. 하지만 결혼을 하지 않거나 했더라도 반드시 출가를 해야만 하는 종교들의 경우를 살펴보자. 그 종교의 규율은 어차피 모든 이들에게 고르게 적용하여 일반화 할 수 없는 분명한 한계점을 가지고 있는 것이다. 물론 그들 나름대로 그에 대한 그럴듯한 변명을 개발하여 그 종교를 유시하는 데는 별 무리가 없는 듯하다. 특히 사람들의 시선을 압도하는 우상과 웅장한 종교 시설들을 통하여 교리적인 불완전함을 극복하는 데 상당한 효과를 보는 듯하다.

그러나 하나님을 믿는 기독교 신앙은 기초와 골격과 살을 이루는 모든 부분은 하나님의 말씀으로 된 성경이 그 전부이다. 하나님께서 영원 전에 품으신 계획이 선지자들과 사도들을 통하여 성경으로 기록되어 모든 그리스도인들의 신앙을 형성시키고 성장시키며 유지시키는 교본이자 원동력이 되었다. 하나님은 영원부터 영원까지 모든 시대를 능히 아우르는 분이시기에 하나님의 말씀은 과거나 오늘이나 영원토록 조금도 부족함이 없다. 비록 오래전에 기록된 성경 말씀이지만 세상 끝 날까지 사람들을 깨우치고 진리로 인도하여 영생을 얻게 하기에 충분하다. 또 어떤 종교처럼 어느 누구에게만 해당되는 것이 아니라 모든 사람에게 골고루 적용되어 일반화할 수 있는 완전한 진리이다.

그러나 언제부터인가 기독교 신앙이 세상 가운데서 별로 힘을 쓰지 못하는 현상들이 두드러지기 시작하였다. 그렇게 된 이유가 많이 있겠지만, 핵심은 기독교 신앙의 근본이자 모든 것에 해당되는 하나님의 말씀을 절대적인 위치에 세우지 못함으로 인하여 비롯된 것만은 분명한 사실이다. 이 시대의 목회 현장에서 신자들에게 전달되는 메시지 안에는 인간의 이성과 자아를 자극하는 세상 철학과 귀를 즐겁게 하는 언어들이 많이 혼합되어 있다. 이처럼 순수한 하나님의 말씀만이 아니고 세상의 그 무엇과 섞여있는 설교를 영의 양식이라고 받아먹다보니, 믿음의 생명력이 있을 수 없음은 당연한 일이다.

무슨 근거로 그런 추측을 하느냐고 반문을 한다면 객관적인 자료를 제공할 수 있다. 하나님의 일꾼들을 배출하는 각 신학교들이 신학생들을 교육하기 위하여 세워놓은 '커리큘럼'이 어떻게 구성되어 있는지를 인터넷으로 검색해보면 금방 확인할 수 있을 것이다. 성경에서 초등 학문이라고 분명히 명시한 과목들은 잔뜩 집어넣고, 생명의 양식인 성경에 대한 가르침은 대부분 한쪽 구석에 약간 자리를 차지하고 있을 뿐이다. 사람들은 어쩔 수 없이 섭취한 것을 내놓게 되는 존재이고 보면, 그 신학생들이 장차 목회 현장에서 신자들에게 무엇을 내놓을 지는 자명해지는 것이다. 이 시대 기독교계에서 사회적인 물의를 일으킨 사역자들을 배출한 신학교들과 관계자들은 그것에 대해 책임져야 할 것이다.

몇 년 타고 다닐 자동차도 제작사의 설계상 결함이나 재질의 불량에 의한 문제점이 발생되면, 리콜을 해서라도 책임을 지려는 자세를 가진다. 하나님의 일꾼들을 바로 가르쳐서 목회 현장에 내보내야 할 신학교들이 신학생들을 모집할 때 사역자로서의 합당한 자질에 대한 검증과 적절한 교육을 거쳐서 내보내고 있는지에 대한 엄격한 감독과 성찰이 필요할 것이다.

"누구든지 다른 교훈을 하며 바른 말 곧 우리 주 예수 그리스도의 말씀과 경건에 관한 교훈을 따르지 아니하면 그는 교만하여"(딤전 6:3-4)

"성경의 모든 내용과 십자가의 도만 믿으면 바른 믿음인가?"

작금의 시대는 인쇄술이 발달하고 더 나아진 경제적인 부유함이 과거 시대에 비하면 비교할 수 없을 정도로 더 좋아졌다. 이로 말미암아 하나님의 말씀인 성경을 과거 시대의 신자들에 비하면 더 많이 알고 폭넓은 신앙 지식을 가질 수 있게 된 것도 사실이다. 우리나라에 복음이 처음 들어 올 때만 하더라도 대부분 '쪽 복음'이라 하여 성경의 한 부분만 인쇄된 성경책을 읽고 전하며 신앙생활을 했다. 당시의 상황을 고려하면 쪽 복음조차도 신자들이 마음대로 소지할 수 있기는 쉽지 않았다. 당시의 성도들이 성경 전체의 맥락이나 흐름에 대해서는 정확히 알고 믿었다고 보기에는 여러 가지 정황상 매우 어려웠으리라 짐작된다.

그러나 당시의 신자들은 몇 마디 들은 성경말씀을 어떻게 들어서 소화를 하였는지 이 시대의 그리스도인들이 따라갈 수 없는 믿음의 능력이 있었던 것으로 전해진다. 성경을 거의 꿰고 있는 이 시대의 그리스도인들은 제풀에 지쳐서 넘어지는데 당시의 신자들은 무슨 힘으로 그 모진 시험과 어려움들을 이겨 내었을까? 그들은 하나님께 대한 성경적인 지식이 지극히 제한되어 있었다. 그러나 그들은 그 제한된 말씀 속에서 가장 소중한 것을 붙들 수 있는 고 효율의 믿음을 가졌던 것으로 생각된다.

"고효율의 믿음과 저효율의 믿음이 있다."

얼마 전에 오일 가격이 그다지 비싸지 않을 때에 엔진이 크고 힘도 좋은 자동차를 선호하던 때가 있었다. 그러나 지금은 엔진의 힘은 그대로 유지하면서도 엔진의 크기를 많이 줄인 '다운사이징' 엔진을 장착한 차량이 대세이다. 이렇게 작은 엔진을 장착하고도 힘과 경제성을 동시에 얻으려는 사람들의 시대적 요청이라고 할 수 있는데, 영적인 세계에서는 이러한 요청이 없을까? 지금부터 삼천년 전 예루살렘에서 수천 킬로미터나 떨어진 '스바' 여왕(지금의 에디오피아일 것이다)이 지나가는 뜬소문 같은 소식을 들었다.

"하나님과 영생에 대한 희미한 소식을"

그 뜬소문 같은 소식에 '스바' 여왕은 많은 수행원들을 데리고 수천 리 길을 여행하여 그 소문의 진위를 바로 알기 원했다. 일국의 최고 통치자인 여왕이 국정 운영을 누군가에게 맡기고 그 먼 길을 떠나기로 결정한 데에는 그래야할 충분한 정도의 깨달음과 이유가 있었을 것이다. '스바'는 소문에 실려 희미하게 전해지는 하나님의 말씀에 관한 소문 한 조각을 섭취하여 자신의 운명과 나라와 수많은 영혼들(에디오피아는 기원전부터 유대 종교를 받아들이고 신약에 이르러 다시 복음을 받아들임)의 운명을 (영원한 멸망에서 영생으로) 바꾸는 사람이 되었다. 지나가는 소문에 실린 희미한 한 조각의 말씀을 잘 섭취하여 놀라운 영적 능력을 이끌어내는 '고효율'의 영성을 지녔던 것이다.

하나님의 말씀을 많이 알고 많이 섭취하는 것도 귀한 일이다. 그러나 그보다 더 소중한 일은 하나님의 말씀 중 한 말씀이라도 영혼의 간절함으로 깊이 받아들이는 것이다. 그러면 놀라운 변화와 영적 능력이 임할 것이다. 성경 안에는 많은 내용들이 있지만 그 내용들은 짧은 한 말씀 안에 다 압축되어 있을 만큼 소중한 부분들도 있다.

"하나님, 예수 그리스도의 십자가, 부활, 영생 등"

어떤 이들은 성경 한 구절이라도 잘 소화하여 최대한 믿음의 능력을 이끌어 내는 고효율의 영성을 겸비한 이들도 있을 것이다. 또 어떤 이들은 아무리 채워도 도무지 줄줄 새는 것을 따라잡지 못하는 깨어진 독 같은 비효율적인 영적 엔진의 소유자도 있을 것이다. 아마 그런 이들은 하나님을 향한 자세에 중대한 문제가 있을 것이다. 말씀의 능력이 영혼을 직접 강타하지 못하고 엇비슷하게 비켜 가면서 옷자락만 살짝 스치고 지나감 때문이 아닐까? 그런 신자들에게는 살아 계신 하나님의 불꽃같은 눈마저도 CCTV 카메라 렌즈만큼의 부담감도 느끼지 못할 것이다. 지금도 살아 계신 하나님께 대한 확신이 없는 이들이 성경 말씀과 그 안에 제시된 기독교 교리만 붙들고 있다면 그의 신앙이 과연 성립할 수 있는 것일까?

"지금도 살아계신 하나님께 대한 확실한 신앙이 없는 신자들에게 있어서 십자가에 대한 믿음은 단지 하나의 보험처럼 이용되고 있을 뿐이다."

믿음을 지탱하는 두 기둥이 있다. 한 기둥은 성경 말씀과 그 안에 기록된 중요한 기독교의 핵심 교리들을 바르게 믿는 것이다. 그리고 다른 한 기둥은 인간에게 성경 말씀을 통해 구원의 길을 제시하신 인격체이신 살아계신 하나님께 대한 확실한 믿음으로 바른 관계를 맺고 살아가는 믿음이 바로 그것이다. 신자들에게는 구원이라는 주제가 거의 전부인 것처럼 매우 중요하게 받아들여질 것이다.

그러므로 신자들은 예수를 믿고 구원받는 것에 대하여 하나님의 경륜 안에서 이해를 할 수 있는 성경적인 안목을 가져야 한다. 어떤 신자들이 예수를 믿고 구원받은 것도 그를 향하신 하나님의 크신 경륜 안에서는 이제 시작에 불과하다. 이제 막 시작된 하나님의 경륜 안에서 신자들이 이루어가야 할 많은 부분들은 무엇인가? 문자로 기록된 성경 말씀은 물론 지금도 살아계신 하나님의 뜻을 헤아리며 순종하며 이루어 나가는 것이다. 이런 신앙적인 안목과 태도를 가진 성도들이 하나님의 경륜 안에서 정상적인 구원의 여정을 걷고 있는 것이다. 사도들이나 믿음의 선진들이 그토록 몸부림을 치고 때로는 두려워하면서까지 자신을 하나님의 뜻에 복종시키려 했던 이유가 바로 이 때문이다. 이미 예수를 믿고 구원받은 그들이지만 자신을 향하신 하나님의 크신 경륜이 자신의 삶 전체를 통하여 이루어지는 것임을 알았다. 그리하여 그들은 뒤를 돌아보거나 현실에 안주하지 않고 끊임없이 하나님의 경륜 안에 있는 자신의 미래를 향해 뛰어갔던 것이다.

하나님의 성도들을 향하신 경륜이 무엇인지에 대하여는 에베소서 1장 5절에 기록된 "하나님의 기쁘신 뜻"임을 앞서서 여러 차례 강조하였다. 자신을 향하신 하나님의 경륜은 안중에도 없고 자신이 예수를 믿음으로 이미 구원받았다는 것에만 집착하여 자기중심적으로 살아간다면 그가 받았다는 구원은 하나님의 경륜 밖에 있는 것일 가능성이 많은 것이다.

출애굽한 이스라엘 백성들은 양의 피(십자가의 도를 믿은 것에 해당됨)를 문설주에 발라 장자를 죽이는 재앙은 면하였다. 그러나 그들이 광야로 나오면서 여러 가지 어려움을 만나자 그 어려움들을 그들 가운데 살아 계신 하나님을 믿는 믿음으로 해결하지 못하였다. 자신들을 향하신 하나님의 크신 경륜이 그들 안중에 없었기 때문이다. 뿐만 아니라 하나님이 정말 살아 계신가 하는 신앙적인 회의감마저 들어서 마치 하나님이 없는 불신앙의 사람들처럼, 원망하고, 불평하고, 좌절하다가 하나님의 진노를 샀던 것이다. 십계명과 율법을 받고 난 후에도 그들은 돌 판에 새겨진 문자에만 집착하였고, 그들 가운데 살아 계신 하나님을 온전히 신뢰하는 믿음은 소유하지 못했던 것이다. 고린도전서 10장에서는 그들을 대표적인 불신앙의 사람들로 언급하면서 모든 신자들이 그들과 같은 불신앙에 빠지지 않도록 경계를 하고 있다.

하나님의 말씀인 성경에 기록된 중요한 교리들을 바르게 믿으면서 이와 함께 지금도 살아 계신 하나님이 전폭적으로 믿어져야 이것이 바른 믿음이다. 우리나라 선교 초기의 그리스도인들은 성경을 많이 알지는 못했다. 하지만 한 말씀이라도 좌우에 날선 예리한 검의 말씀을 영혼 깊숙이 믿음으로 받아들였던 것이다. 그들은 전해들은 성경 말씀이 믿어졌을 뿐 아니라 그 말씀들을 주신 살아 계신 전지전능하신 하나님이 실제처럼 믿어졌으며 자신들이 그 앞에 살고 있음이 온전히 믿어졌던 것이다.

매우 조심스러운 말이지만 이 시대의 그리스도인들은 살아 계신 하나님에 대한 믿음이 거의 실종된 상태인 것 같다. 성경을 많이 알기는 하지만 영혼 깊숙이 받아들이지 못하므로 인하여 정작 필요할 때에 믿음의 능력이 나오지 않는 것이다. 앞서서 여러 번 언급 하였지만 인간의 이성과 자아는 살아계신 하나님에 대한 전폭적인 신앙에 이르지 못한다. 인간의 자아로 말미암은 믿음은 하나님만 추상적인 위치에 두는 정도로 믿을 뿐만 아니라, 십자가의 속죄마저도 추상적인 개념 정도로 막연하게 믿게 된다. 하나님의 말씀이 이성과 자아에 의하여 촘촘히 걸러져서 영혼의 깊은 곳을 강타하지 못하다보니 옷깃만 겨우 스치고 지나가는 바람처럼 십자가의 은혜도 쉽게 잊어버리는 것이다.

"지금도 살아 계신 하나님을 믿는 신실한 믿음 위에 자신을 세우라."

바른 신앙은 인간의 이성과 자아를 하나님의 말씀 앞에 완전히 내려놓고 어린아이처럼 순수하게 믿는 신앙이다. 그리스도인들의 믿음이 하나님께도 믿음으로 인정이 되려면, 하나님께서 보실 때 확실히 믿는 것 같은 분명한 증거가 있어야 한다. 하나님이 아브라함에게 독자 이삭을 바치라고 하신 이유도 하나님께 대한 아브라함의 믿음을 시험하시기 위함이었음을 우리는 잘 알고 있다. 지금도 살아 계신 하나님이 믿어지는 사람은 삶 속에서 살아계신 하나님으로 대섭해 드리는 삶을 살게 될 것이다. 하나님의 눈길을 의식하고 인도하심을 바라며 자기 뜻대로 살지 않고 범사에 하나님의 뜻을 구하며 살므로 하나님과의 양방향 교통이 이루어지는 것이다. 아브라함은 갈 바를 알지 못했지만 하나님의 지시를 받고 그냥 고향을 나왔다. 하나님의 존재에 대하여 의심이 들었다면 결코 순종하지 못했을 것이다. 우리나라 초기의 그리스도인들은 성경을 많이 알지는 못했지만 지금도 살아 계신 하나님이 실제처럼 믿어졌던 것이다.

믿음이라는 단어의 의미를 잘 아실 것이다. 믿음이라는 단어 안에는 이미 충성스러움과 신실함이 포함되어 있다. 기독교를 믿는 신자들의 믿음이 성립되기 위하여 기본으로 하나님께 대한 충성스러움과 신실함이 포함되어 있는 것이다. 믿음이라는 단어는 현미경으로 들여다봐도 불신이나 의심의 흔적이 자리를 잡지 않은 완전한 단어이다. 이처럼 믿음은 완전한 단어이지만 인간의 이성이나 의지로는 그 완전함을 구현하거나 흉내조차 낼 수 없다. 오직 성령께서 신자들의 마음을 사로잡아 믿게 하실 때 비로소 성경에서 제시하는바 하나님께 대한 충성스러움과 신실한 믿음을 가지게 될 것이다.

우리는 불완전하나 성경은 끊임없이 우리로 하여금 완전한 믿음을 주문하고 계신다. 하나님의 뜻대로 살고자 하는 마음의 소원을 품은 성도들은 육체의 정욕과 세속의 유혹을 거뜬히 물리친다. 신자들이 오랜 역사속의 인물들과 지구 반대편 사람들의 어떠함을 알기는 쉽지만, 정작 자신이 어떤 사람인지 제대로 알기는 그리 쉽지 않다. 쉬웠다면 교인이란 이름만 가졌어도 다 구원을 받았을 것이다.

신자들이 스스로의 믿음이 어떠함에 대하여 정확하게 분별할 수 있는 길은 없을까? 아직 세상에 살아있는 동안에 그리스도인들이 자신들의 믿음이 어떠함에 대하여 간단히 검증할 수 있는 방법을 소개하고자 한다.

"자신의 믿음을 계량하여 보라."

소량의 금은보석을 계량하는 아주 정밀한 저울이 있다. 파리 한 마리만 앉아도 눈금이 움직이는 예민한 저울이다. 그러나 그 저울은 단점이 있다. 무거운 물체를 계량할 수 없다는 점이다. 또 이와 반대로 화물을 가득 실은 대형 화물차도 계량을 할 수 있는 거대한 저울이 있다. 이 저울의 단점은 작은 물건의 무게를 정밀하게 계량을 할 수 없다는 점이다. 사람이 올라가 발을 굴러도 눈금이 움직일까 말까 할 정도이니 가벼운 것에는 반응을 보이지 않는다.

성령의 감동에 의하여 바른 믿음을 가진 성도들은 그 마음속에 예수 그리스도의 보배로우심과 하나님 나라의 무궁무진한 가치를 깨달은 사람들이다. 천국의 무한한 가치를 깨달았다는 것은 천국의 가치가 그의 마음속에서 깨달아진 만큼 계량되었다는 것을 의미한다. 성도의 마음속에 계량되어진 천국의 가치는 분명 이 세상의 모든 것들보다도 비교할 수 없이 더 값지고 중한 것임에 틀림없다. 이처럼 값지고 중하며 무궁무진한 천국의 가치가 마음속에서 계량되어진 성도들의 마음은 이 세상에서 가장 큰 것을 계량한 저울과도 같다.

예수 그리스도를 만나기 이전의 바울은 그에게 나름대로의 가치 있는 것들이 있었다. 그러나 보배로우신 예수 그리스도의 가치를 알고 난 뒤에는 전에 가치 있다고 여겨지던 모든 것들이 마치 배설물처럼 가치 없게 여겨졌다. 바울의 마음은 더 소중하고 큰 것을 담고 있었기 때문이다. 보배로운 가치를 마음에 담은 성도들의 마음속에는 그보다 더 작은 것들에 의해서는 마음의 동요가 일어나지 않는다. 대형 트럭을 계량하는 저울에 파리가 떼로 몰려 앉아도 미동도 하지 않듯이, 보배로우신 예수 그리스도를 마음에 모신 그리스도인들은 이 세상의 것들에 동요가 일어나지 않는 법이다. 작은 것에 의하여 동요가 크게 일어난다면 아직 믿음에는 큰 것이 담기지 않았기 때문이다.

보배로우신 예수 그리스도와 하나님의 나라를 소유한 그리스도인들 중에서도 이 세상 것들에 크게 마음이 흔들리는 이들이 있음을 간혹 본다. 그러나 이는 억지이다. 스스로의 입으로도 말하는 보잘 것 없는 이 세상의 것들에 동요를 일으키는 작은 마음의 저울에, 무한하고 중한 하나님의 나라가 계량되었다고 볼 수 없기 때문이다. 그런 이들의 마음은 이 세상에 속한 것들을 약간 얻어도 크게 움직이는 작은 저울일 뿐이다. 이 세상에 속한 작은 것들을 계량하기에도 벅찬 작은 마음의 저울에 영적이면서 무한한 하나님 나라의 가치를 공정하고 정확하게 계량하였다고 보기는 어려울 것이다.

"자신의 삶을 자서전에 담아 남에게 읽혔다고 가정하여 보라."

예수를 믿은 후 지금까지 살아온 자신의 삶의 실제를 그대로 꾸밈없이 옮겨서 한 권의 자서전을 만들고, 그 자서전을 다른 사람들이 읽었다고 가정해 보자. 그 자서전을 보는 이들이 어떤 평가를 내릴 것인가 하는 것이 아주 중요하다. 자신의 삶이 있는 그대로 기록된 자서전을 보는 이들이 "그렇지. 나도 이 사람처럼 하나님을 믿어야 해. 이분의 삶이야말로 모범적인 그리스도인들의 표본이야."라고 하며 은혜와 감동을 받고 본받으려 한다면, 그는 헛되게 예수를 믿지는 않은 것이다. 바른 믿음과 그 믿음에 걸맞은 삶을 살고 있는 성도임이 분명하다.

그러나 그의 자서전을 읽은 이들이 “어! 이 사람은 불신앙적인 사람의 표본이구만. 이러고도 자신을 하나님 믿는 신자로 알고 있었다니 정말 기가 막히네.”라고 하는 평가가 나온다면 적어도 그의 지금까지는 하나님을 아주 잘못 믿고 있었던 사람이 거의 확실하다. 하나님은 사람들의 눈으로 미처 보지 못하는 것도 다 아시며 세밀히 보시는 분이시다. 하물며 사람의 눈에 불신앙의 사람처럼 보이고서야 어찌 전체를 보시는 하나님께 그 믿음을 인정받을 수 있겠는가? 기독교가 행함으로 구원받는 종교는 아니지만 복음을 헛되이 믿지않고 성령의 감동으로 믿었다면 당연히 모든 이들에게 삶을 통하여서도 믿음을 증거하게 될 것이다.

“살아있는 믿음은 성장하는 증거가 있다.”

살아있는 모든 생명은 성장이라는 과정을 거치게 된다. 세상에서는 수명의 한계가 있기에 성장이 멈추게 되는 시점이 있다. 그러나 그리스도인들의 믿음은 그리스도의 장성한 분량(영원히 자라도 이르지 못하지만)에 이르도록 재촉하고 있다(엡 4:15 참조). 날마다 더 거룩해져야 하고, 열심이 더해져야 하며, 날마다 새 노래를 부르도록 영적 감수성과 은혜가 더욱 넘쳐야 한다.

많은 이들이 믿다가 신앙적인 권태기를 맞이하지만 이는

주님을 향한 믿음의 방향감각에 문제가 있기 때문일 것이다. 주님을 향한 방향에 문제가 없다면 반드시 처음 믿을 때보다 더 뜨겁고 열심히 더해지며 은혜가 넘치는 믿음의 성장이 가속화될 것이다. 비행기가 하늘을 날기 위하여 잠시 동안은 활주로를 달리는 과정을 거친다. 그러나 활주로 끝에 이르기 전에 이륙에 충분한 가속을 하여 땅을 박차고 하늘로 올라가야 한다. 오래 믿었으면서도 여전히 세상에 속한 일로 인하여 넘어지거나 시험에 드는 이들은 비행기로 치자면 날개를 이용하여 하늘로 날아오르지 못하고 계속 바퀴로만 굴러가는 기형적인 신앙의 모습에 불과한 것이다. 비행기가 활주로를 벗어나도록 하늘을 날아오르지 못하고 시내까지 진입하려 한다면 어찌 되겠는가. 만나는 것마다 거치고 충돌하는 수밖에 없을 것이다.

오래 믿은 이들이나 성직자들이라 하더라도 세속적인 욕망에 붙잡혀서 소란을 일으키는 이들이 바로 그런 사람들이다. 성령의 인도하심을 따라서 독수리의 날개 치며 올라감 같은 눈에 띄는 성장을 하는 그리스도인들이 바른 믿음의 성도라고 할 수 있다. 처음 믿을 때 약간 뜨겁다가 시간이 지나면서 식어지는 믿음은 방향이 잘못 되었을 가능성이 많은 것이다.

> "오직 여호와를 앙망하는 자는 새 힘을 얻으리니 독수리가 날개치며 올라감 같을 것이요 달음박질하여도 곤비하지 아니하겠고 걸어가도 피곤하지 아니하리로다"(사 40:31)

## 2. 성령에 대한 바른 이해와 믿음의 상관관계

앞에서 바른 신앙이 아닌 유사 신앙의 가능성과 위험성에 대하여 살펴보았다. 표면적으로는 그리스도인 같으나 성경에 제시된 바른 신앙을 가지지 못하는 이유는 거의 대부분 성령의 유무와 오해 때문에 일어나는 현상이다. 그리스도인들은 믿음의 주도권이 자신에게 있는 것으로 생각하기 쉽지만 전혀 그렇지 않다. 믿게 하시는 성령의 도우심이 없는 이들의 믿음이란 거의 대부분 관습적이고 종교 감정적인 현상이다. 또한 그런 믿음은 진정한 능력과 생명력이 없다.

### 1) 성령에 대한 이해 부족

이 시대의 그리스도인들 중에 성령에 대한 이해가 부족한 경향이 적지 않음을 본다. 성령이 성도들에게 오셔서 참으로 다양하고 소중한 사역을 이루어 가신다. 그런데 이 시대의 기독교계에서 성령운동을 한다는 이들을 살펴보면, 성령에 대한 많은 오류를 범하고 있음에 우려를 금할 수 없다. 성령의 역사를 마치 신자들에게 힘이나 공급하는 분의 역할로 지나치게 치우쳐 있음을 발견할 수 있기 때문이다. 물론 성령의 역사에는 기본적으로 에너지가 넘친다. 그러나 성령은 신자들에게 에너지를 공급하는 것보다도 더욱 요긴한 사역을 하시는 분임을 바로 알아야 한다. 이에 대하여는 이 시대의 성령 운동을 하는 분들 가운데 놓치고 있는 분들이 많은 것 같다.

"사탄도 자기를 광명의 천사로 가장하나니"(고후 11:14 참조)

먼저, 사역자들이 성령의 역사 말고도 성령을 가장한 사탄의 역사가 신자들 속에서 역사할 수 있음에 대해 경계하는 것을 놓치고 있는 경우를 많이 본다. 모든 영적인 현상들을 성령의 역사로만 아는 것은 악한 영을 성령으로 오해하고 받아들일 치명적인 위험에 빠질 수 있는 것이다.

성경에는 그릇된 영의 활동과 성령의 역사를 혼돈하여 감쪽같이 속아 넘어갈 수 있음을 교훈하는 내용이 많이 기록되어 있다 열왕기상 22장에 보면 이스라엘의 선지자 400명에 대한 내용이 나온다. 전쟁을 치루기 전에 하나님의 뜻이 어떠한지 선지자들에게 물어 보았다. 놀랍게도 선지자 400명이 똑같은 예언을 하였다. 선지자 중 한 사람인 '시드기야'는 쇠로 된 철 뿔까지 만들어 가지고 구체적으로 설명을 하며 예언했다(왕상 22:11). "여호와의 말씀이 이 뿔로 왕이 아람 사람들을 물리치리라 하셨나이다"

이렇게 400명이나 되는 선지자들이 한 목소리를 내며 구체적으로 말하는데 어느 누구라도 사탄의 영이 속이는 것이라고는 상상조차 할 수 없었을 것이다. 그때 오직 미가야 선지자 한 사람만이 전쟁을 하면 왕이 죽을 것이라 했던 것이다. 그때 시드기야는 미가야의 뺨을 치며 이렇게 말했다.

"여호와의 영이 나를 떠나 어디로 가서 네게 말씀하시더냐"
(왕상 22:24)

이 시대의 기독교 타락은 사탄의 역사를 성령의 역사로 잘못 받아들인 사역자들과 신자들로 인하여 나타나는 현상일 가능성이 매우 높다고 본다. 신자들이 열심히 기도하다가 방언, 예언, 환상 같은 신비적인 경험을 하면 거의 대부분 성령의 은사로 알고 일단 받아들이는 경우가 많다. 그러나 어떤 영적인 현상이 있을 때는 무조건 성령의 역사로 받아들이기보다는 성령에 대한 바른 지식으로 조심스럽게 먼저 분별해야 할 것을 성경은 분명히 가르치고 있다.

"사랑하는 자들아 영을 다 믿지 말고 오직 영들이 하나님께 속하였나 분별하라 많은 거짓 선지자가 세상에 나왔음이라"
(요일 4:1)

"성령 충만을 받았다면서 세속적인 유혹에는 먼저 넘어지는 어이없는 현상"

우리나라 기독교계에서 특별히 성령운동을 앞장서서 주장하던 목사들이 있었다. 그러나 어이없게도 성령운동을 주도하던 목사들이 교회 운영상의 문제나 천문학적인 전별금을 받고, 심지어 교회 재정으로 도박까지 한 사실이 세상에 알려지게 되었다. 성령을 떠나서 양심만 바로 선 사람이어도 그처럼 비상식적인 일들은 저지를 수 없었을 것이다. 세속적인 삶을 살아가거나 사적인 욕심으로 세상 사람들에게 비난받을 정도로 어수룩하게 살아가는 이들이 자신들에 대하여 성령 충만하다고 생각하는 것은 성령님께 대한 심각한 모독이다. 이런 이들 뿐만 아니라 이들과 비슷한 문제점들은 이 시대의 많은 교회들과 신자들에게서도 동일하게 나타나고 있다.

입으로 신앙고백은 물론 영적인 은사를 받았다고 하면서도 이 시대의 많은 그리스도인들은 세상의 빛과 소금이 되지 못하고 삶의 영역에서 성령 받은 성도들로서의 뚜렷한 열매가 왜 나타나지 못하는 것일까? 사도행전 2장 이전의 사도들의 믿음은 장마철의 날씨처럼 들쭉날쭉 했다. 믿음이 있는 것처럼 잘 나가다가 어떤 때는 형편없이 무너지는 불완전한 모습을 자주 보였다.

"자리다툼, 나서기 좋아함, 혈기, 배신, 원망, 미움 등"

그런데 문제는 사도들의 연약함을 자신에게 적용하여 자신의 부족함을 보편화시키는 신자들이 있다는 점이다 그런 신자들은 자신에게 닥친 신앙적인 위기에 별 저항도 없이 믿음을 굴복시키는 경향이 적지 않다. 사도들도 저렇게 부족하였는데 우리들이 좀 부족한 것은 당연하지 않느냐고 하며 자신들의 연약함을 스스로 일반화 시키려는 것이다. 사도들의 연약함을 견주어 자신의 부족함을 상쇄시키려는 이들은 속히 그 위험한 믿음의 착각에서 벗어나야 한다. 사도들이 그때 부족하고 못난 행동을 하였던 것은 그럴 수밖에 없는 시대적인 이유가 있었던 것이다. 사도들조차 믿음의 허점들을 많이 보인 것은 본격적인 교회 시대이자 성령 시대가 아직 이 세상에 도래 하지 않았기 때문이었다.

그러나 그 나약하기만 했던 사도들이 사도행전 2장에서 성령을 받은 후 갑자기 전혀 새로운 사람으로 변화되었다. 나약하기만 했던 제자들에게 오순절 성령이 충만히 임하시자, 그들은 주님을 온전히 신뢰하는 담대한 믿음의 거장들이 되었다. 사도들만 그랬던 것이 아니다. 성령을 받은 모든 신자들이 다 그와 같이 담대하고 능력 있는 성도들이 되었다.

초대교회 때에 성령을 받았던 거의 모든 성도들은 성령을 받은 후 세속적인 욕망에서 자유를 얻었으며, 상황에 따라 굴곡진 불완전한 모습을 더 이상 보이지 않았다.

어떤 이는 고린도 교회의 신자들의 교만하고 다투고 못난 모습들을 보고 성령을 받아도 여전히 못난 모습을 보일 수 있는 것으로 생각한다. 그러나 이것은 성경과 당시의 상황을 오해한 것이다. 사도들이 사역하던 당시의 교회 안에는 이미 거짓된 자들이 들어와서 교회를 어지럽히는 역할을 했기 때문이다. 그런 자들 때문에 사도들이 세웠던 교회들도 표면상 말썽 많은 것처럼 보였던 것이다.

바울 사도는 고린도 교회에서 세속적인 행위로 물의를 일으키는 자들을 향하여 사정없이 질타했다. 그리스도인이라는 자들이 여전히 세상을 사랑하고 돈을 사랑하는 세속적인 자들과 사귀고 있는 모습을 강한 어조로 경고하였다(고전 5:9-11).

바울의 이 경고를 이 시대의 교회 안에 그대로 적용을 한다면 교회 안에 몇 사람이나 남아 있을는지 염려스럽다. 확실한 것은 성령을 받은 성도들은 하나님께 대한 바른 믿음을 소유하게 된다는 점이다.

### 2) 비추어 주시는 성령의 역사

많은 교인들이 성령에 대하여 잘 모르고 있는 것 중의 하나는 성령이 비추어 주시는 역사에 대해서이다. 보통은 성령의 체험이 있게 되면 자신이 성령을 받은 것으로 알고, 또 자신이 거듭난 것으로 생각한다. 그러나 성령체험도 없이, 거듭나지도 않았는데 거듭난 것처럼 착각하며 신앙생활을 하는 교인들도 얼마든지 있을 수 있다. 비추시는 성령의 역사는 성도들을 더 깊은 은혜의 자리로 이끄시기 위한 성령의 역사이며, 성도들의 순종의 여부에 따라 그 결과는 많이 달라질 것이다. 바울이 자주 성령을 소멸하지 말라고 권면했던 이유를 기억해야 할 것이다. 이 역시 비추심의 성령의 역사로 순종을 하라는 권고의 말씀이다.

> "한 번 빛을 받고 하늘의 은사를 맛보고 성령에 참여한 바 되고 하나님의 선한 말씀과 내세의 능력을 맛보고도 타락한 자들은 다시 새롭게 하여 회개하게 할 수 없나니 이는 그들이 하나님의 아들을 다시 십자가에 못 박아 드러내 놓고 욕되게 함이라"(히 6:4-6)

한 사람의 자연인이 거듭난 그리스도인이 되기까지는 하나님만이 아시는 성령의 역사가 진행되는 것이다. 믿음이 없던 사람이 믿음의 사람이 되기까지 그 경로를 다 알 수 없을 만큼 하나님은 은밀한 계획 가운데 진행하신다. 어떤 사건이나 사람과의 만남이나 이 세상에 오가는 어떤 정보들을 통하여 심경에 어떤 변화를 일으키게 한다. 그리하여 차츰 하나님께 대한 믿음의 싹이 트기까지는 성령의 역사가 오랫동안 진행되어 왔을 것이다. 창세전에 그를 택하신 하나님이 한시라도 그에게서 눈을 떼신 적은 없으셨을 것이다.

이처럼 성령의 역사는 오직 하나님만이 아시는 역사이며 사람마다 천차만별이기에 딱히 구체화하여 제시할 수는 없다. 믿는 성도들이 나중에 스스로를 되돌아보면 살아오는 동안 하나님의 섬세한 손길이 미치지 않은 곳이 없었다는 것을 뒤늦게야 깨닫게 될 것이다.

"신자들이 인지할 수 있도록 분명하게 비추시는 성령의 역사"

이는 한마디로 말하면 성령의 역사는 바른 믿음을 갖게 하기 위하여 이끄시는 역사이며, 성도들로 하여금 하나님의 말씀을 순종하도록 인도하시는 역사이다. 신자들에게 성령께서 어떤 경로를 통하여 비추실지에 대하여는 딱히 이렇다 저렇다 단정을 지을 수는 없다. 하나님이 각 개인마다 부르시는 방법이 모두 다르기 때문이다. 말씀을 볼 때나 들을 때나 기도를 할 때에나 어떤 영적인 음성으로나 신비적인 체험으로 나타날 수도 있다. 성도들을 더 온전한 믿음으로 이끄시기 위한 성령님의 비추시는 역사는 하나님의 말씀을 읽거나 들을 때 어떤 깨달음으로 주시는 경우가 가장 많다. 그런데 성령의 은혜를 자신도 모르는 가운데 에누리를 하는 경향이 신자들 가운데도 있는 것이다. 사도행전 5장에 나오는 아나니아가 그 대표적인 사람이다.

> "그는 진리의 영이라 세상은 능히 그를 받지 못하나니"(요 14:17)

세상은 성령을 받지 못한다는 주님의 말씀은, 하나님을 전혀 모르는 세상 사람들을 포함하여 세속적인 교인들을 가리키는 말씀이다. 그것도 교회 바깥의 동떨어진 이방인들을 가리키는 게 아니다. 이방인들과 성령을 곧바로 연결하는 것은 논리적으로 성립되기 어렵다. 세상은 성령을 받지 못한다는 주님의 말씀은 성령께 순종하지 않는 신자들을 의미하는 것으로 보는 것이 타당하다. 사도 바울이 데살로니가전서 5장 19절에 말한 성령을 소멸하지 말라는 말씀과도 일맥상통하는 말씀이라고 볼 수 있다. 세속적으로 살아가는 신자들에게 성령님은 날마다 속히 회개하고 예수님께 더 가까이 가기를 재촉하시지만, 신자들 편에서 불순종하고 움직이지 않는 신자들을 의미한다.

"은연중 성령의 은혜를 조절하려는 경향이 있다."

마치 하나님께 대한 신앙의 근거가 자신에게 있는 줄로 착각하는 이들이 있다. 그리하여 성령께서 밝히 비추시며 어떤 길을 제시하실 때 순종하기를 기부하고 차후로 미루는 경향이 신자들에게 있기 때문이다. 나중에 때가 되면 순종하겠다는 신자들도 그런 부류의 사람이다. 신자들이 믿고 싶다고 해서 하나님을 믿을 수 없다. 신자들에게 임하신 성령께서 떠나시면 형체라도 겨우 남아있던 믿음이 빈껍데기조차 남지 않을 만큼 완전히 믿음을 상실할 수도 있다. 그런데도 언제든지 자신이 원하면 더 잘 믿을 수 있는 줄로 착각하는 이들이 의외로 많다.

필자가 20여 년 전 국내에서 중국인들을 대상으로 신교 활동을 할 때에 가르치던 중국인 형제자매들이 있었다. P라는 조선족 자매와 몇몇 중국인 형제들은 전국에서 크다는 교회에는 다 초청되어 간증을 하고 다닐 정도로 신앙이 뜨거웠다. 그들은 기도할 때마다 방언으로 기도했으며, 예언과 환상 등 신비적인 체험도 많고 뜨거웠다. 그로부터 10년 정도 지난 후 중국에 가서 그들을 만난 적이 있었는데, 한두 사람을 빼고는 신앙을 완전히 잊어버린 그야말로 세상 사람들이 되어 있었다. 그들이 나에게 하는 말이 더 충격적이었다.

"우리가 그때 왜 그렇게 예수를 열심히 믿었는지 이해가 되지 않아요."

한때 뜨거운 신앙을 가졌던 그들이 하루아침에 세속적으로 바뀌지는 않았을 것이다. 날마다 성령의 이끄심에 따르지 않고 불순종을 하다가 점점 무디어졌을 것이다. 결국 나중에는 자신에게서 성령이 떠나시는 줄도 모르다가 문득 돌아보니 완전한 세상 사람들이 되어 있었을 것이다. 지금도 하나님께 은혜를 구하면서도 하나님께 온전히 나아가기보다는 적당히 거리를 유지하며 믿을 정도로 은혜를 조절하려는 신자들이 적지 않다. 성도들은 비추시는 성령님의 역사에 대하여 올바로 알아야 한다. "신자들에게 조절이나 당하고 계실 성령님이 아니라는 사실을."

세속된 삶을 살고 있는 이 시대의 많은 그리스도인들에게도 성령께서 역사하실 수도 있다. 그러나 그 성령님의 역사는 어서 속히 그 세속됨을 버리고 온전한 신앙으로 나오라는 성령의 비추시는 역사라는 사실을 반드시 명심해야 한다. 성령께서 그들을 향하여 세속적인 삶을 철저히 회개하고 하나님의 자녀답게 새로운 삶을 살 것을 밝히 비추어 주시는 것이다.

비추어 주시는 성령의 은혜는 신자들에게 내주하시는 단계는 아직 아닐 수도 있다. 이때는 성령께서 내주하시기 위하여 회개를 시키고 신자들이 믿음을 갖고 온전한 성령의 전이 되게 하시기 위하여 사전에 준비를 시키시는 성령의 역사이다. 그러나 비추시는 성령의 은혜는 거듭난 후에도 성도들이 주님의 인격을 더욱 닮아 가도록 세상 사는 날 동안 끊임없이 성도들의 심령 속에서 역사하시는 지속적인 은혜이다. 사도 바울이 성도들에게 성령을 소멸하지 말라고 권고를 한 이유도 여기에 있다.

순종하지도 않으면서 성령 받았다고 자랑하기보다 더 깊은 은혜로 이끄시려 하시는 성령의 비추심에 순종을 하자. 그리하여 내가 주님 안에 주님이 내 안에 거해야 한다.

### 3) 인격을 변화시키는 성령의 역사

성령이 역사하시는 모든 사역 가운데 항상 적용되는 부분이 바로 성도들의 인격을 변화시키는 역사이다. 성령을 받기 이전의 모든 사람들은 은밀히 따지고 보면 그 마음속에 세상의 영이라고도 하고 사탄의 영이라고도 하는 영이 자리를 잡고 있었다. 사탄의 영이 독자적으로 사람의 심령 속에 존재하기보다는 사람들의 불완전한 자아와 이성을 매개로 하여 사람들에게 영향을 끼쳤을 것이다.

> "그 때에 너희는 그 가운데서 행하여 이 세상 풍조를 따르고 공중의 권세 잡은 자를 따랐으니 곧 지금 불순종의 아들들 가운데서 역사하는 영이라"(엡 2:2)

하나님의 형상대로 지음 받은 사람들이 타락하여 하나님의 거룩하신 형상을 상실하게 된 이유는 심령 속에 숨어들어 영향을 끼치는 사탄의 영 때문이었다. 이런 사람들의 마음속에 말씀과 성령의 밝히 비추심을 통하여 자리 잡은 악한 생각과 사상이 밝히 드러나게 된다. 말씀과 성령의 비추심에 의하여 인간의 자아와 불완전한 이성 속에 숨어있던 사탄의 정체가 함께 드러나는 것이다. 그러므로 성령의 비추심에 의하여 자신의 악함을 회개하고 버릴 때에 그 안에 숨어있던 사탄의 영이 함께 폐기처분 되는 것이다. 이제는 깨끗하고 가난한 마음이 되었다. 그리고 하나님의 은혜를 간절히 사모하는 마음이 생겼다.

하나님은 이처럼 사모하는 심령을 멸시하지 않으시고 성령을 더욱 부어 주신다. 이제 내 안의 주인이 바뀐 것이다. 거룩하신 하나님의 영이 사모하는 성도의 심령에 가득히 부어졌으니 그런 이들의 인격이 변하지 않는다는 것은 근본적으로 불가능하다.

인격이 변화되지 않았다는 것은 아직 성령의 비추심의 역사에 순종하지 않는 상태이든지, 아니면 여전히 마음속에 세상의 영이 주장하고 있기 때문이다. 사탄의 영이 자아와 이성 속에 감쪽같이 숨어든 채로 말이다. 그러므로 인격이 변화되지 않은 상태에서 역사하는 영의 역사는 성령의 역사가 아닐 수 있다는 점을 반드시 명심해야 한다.

"그러므로 하늘에 계신 너희 아버지의 온전하심과 같이 너희도 온전하라"(마 5:48)

### 4) 거듭남과 충만케 하시는 성령의 역사

성령의 비추심의 역사와 거듭나게 하시는 역사를 바로 구별하는 것은 성도들 편에서 정확히 단정 짓기는 곤란하다. 그렇기 때문에 타인의 신앙에 대하여 거듭났느니 어쨌느니 스스로 판단을 하는 것은 결코 옳지 않은 일이다. 이처럼 중대한 구분은 쉽게 오판할 수 있는 사람들의 몫이 아니다(고전 4:3-4 참조). 사람의 거듭남은 예수님의 영접과 믿음과 성령의 역사이기 때문이다.

> "영접하는 자 곧 그 이름을 믿는 자들에게는 하나님의 자녀가 되는 권세를 주셨으니 이는 혈통으로나 육정으로나 사람의 뜻으로 나지 아니하고 오직 하나님께로부터 난 자들이니라"(요 1:12~13).

> "이러므로 그들의 열매로 그들을 알리라"(마 7:20).

사도 바울은 항상 자신의 신앙에 대하여 아직은 잡은 줄로 여기지 않고 다만 앞을 보고 달린다고 하였다(빌 3:12 참조). 우리의 신앙이 옳고 그른지에 대한 판단은 가족들과 이웃들과 세상 사람들이 더 정확하게 볼 수도 있다. 각 사람에게서 발산되는 향기가 있기 때문이다(고후 2:14 참조). 그리고 모든 신자들의 신앙이 어떠함에 대한 완전한 판단은 우리의 재판장 되시는 예수 그리스도께서 그 날에 친히 하실 것이다. 앞에서 하나님의 예정에 대하여 잠시 언급하였지만, 예수께서 말씀하신 것처럼 성도들은 바람이 부는 것처럼 성령의 나타나는 그 영향력으로 그 사람의 거듭났음이 입증되는 것이다.

"우리가 알거니와 우리의 옛 사람이 예수와 함께 십자가에 못 박힌 것은 죄의 몸이 죽어 다시는 우리가 죄에게 종노릇 하지 아니하려 함이니 이는 죽은 자가 죄에서 벗어나 의롭다 하심을 얻었음이라"(롬 6:6~7).

"성령의 충만한 은혜는 반드시 그 이전에 인간의 옛 자아를 완전히 포기해야 한다."

율법시대가 막을 내린 그 곳에서 은혜시대인 교회를 탄생시키시려고 하나님이 의도적으로 예루살렘에 성령을 임하게 하신 것으로 봄이 타당할 것이다.

그러나 주님의 말씀에 순종하여 성령을 받기까지 예루살렘에 머물러야 하는 제자들에게는 또 다른 교훈이 필요했다. 제자들에게 예루살렘은 끔찍할 정도로 있기 싫은 곳이었다. 주님을 십자가에 처형한 유대인들과 빌라도가 있는 곳이 예루살렘이었기 때문이다. 거기다가 고향과 멀리 떨어진 곳이다. 3년 동안 주님을 따라 다니느라 가족들과 헤어져 있었던 때가 많았던 제자들이고 보면 빨리 고향으로 돌아가고 싶기도 했을 것이다.

그러기에 성령을 받기까지 예루살렘을 떠나지 말라고 하신 것은 성령을 받기 전에 먼저 인간적인 모든 것을 포기하고 성령을 구하라는 메시지가 들어있는 것이다.

"그리스도 예수의 사람들은 육체와 함께 그 정욕과 탐심을 십자가에 못 박았으니라"(갈 5:24).

제자들은 주님의 말씀에 순종하여 자신의 모든 입장을 다 포기하고 성령을 받기까지 예루살렘에 머물렀다. 이런 부분은 성령으로 온전히 충만하기 전에 성도들이 어떤 신앙적인 자세와 과정을 거쳐야 하는지를 깨닫게 하는 중요한 말씀이다. 성령을 충만히 받기 전에 먼저 인간적인 생각과 모든 개인적인 입장을 버리고 전적으로 하나님만 의지하라는 강한 메시지가 들어있는 것이다. 새것을 담으려면 그 전에 반드시 옛 것을 다 버려야 한다.

성령의 충만함을 받기 전에 인간적인 모든 욕망과 죄성들을 포기해야 한다는 데는 그만한 이유가 있다. 앞에서 여러 번 진술하였듯이, 인간의 이성이나 옛 자아는 사탄이 숨어들 수 있는 매개체이자 또한 은신처이다. 그러므로 성도들의 마음속을 성령의 전으로 삼으시려고 성령 충만의 은혜로 임하시려고 하는데, 회개하지 않은 옛 자아 속에 사탄이 자리를 잡고 있게 되면 내주하시는 성령께서 충만으로 임하실 수 없는 것이다. 성도들의 심령 속에 사탄의 영과 성령이 동시에 머물 수 없기 때문이다(마 12:43-45 참조). 그래서 성령께서 내주하시는 충만의 은혜로 임하시기 전에 먼저 비추시는 성령의 역사가 필요한 것이다. 하나님은 전능하신 분이지만 은혜나 그 어떤 것이라도 강제로 주시지 않으신다. 간절히 사모하는 이들에게 주신다. 하나님께 대한 순종도 없고 세속에 대한 미련과 자신의 사사로운 입장도 버리지 않은 이들은 성령의 은혜가 임할 수 있는 통로가 아직 마련되지 않은 상태인 것이다.

이런 관점에서 이 시대의 그리스도인들이 받았다는 성령의 충만함이란 도대체 어떤 것인가 하는 의구심을 자아내게 한다. 이 시대를 살아가는 우리가 성령을 받으려 제자들처럼 예루살렘으로 가야 할 필요는 없다. 그렇지만 주님의 말씀에 순종하여 예루살렘을 떠나지 않고 성령을 기다리던 제자들의 그 간절한 자세는 성령을 사모하는 모든 이들에게 반드시 요청되는 과정이다. 이런 과정을 거치지 않은 신자들에게 임한 영들에 대하여 말씀을 근거하여 정밀한 분별이 필요하다. 그러므로 인간의 모든 편견과 죄성마저 다 포기한 청결한 마음으로 성령의 은혜를 사모하자. 사모하는 청결한 마음에 성령께서 충만한 은혜로 채워주실 것이다.

### 5) 성령의 보증

에베소서 1장 13절에 보면, 하나님이 성도들의 믿음에 대한 보증으로 성령으로 인을 치셨다는 말씀이 나온다. 성경에 사용된 언어는 거의 대부분 인간들의 삶 속에서 일반적으로 통용되는 언어를 사용하셔서 교훈을 하는 경우가 많다. 예를 들자면 성도들이 신앙생활 하는 과정을 달리기 경주하는 선수나 전쟁에 임한 군인으로 비유를 하신 것은 성도들의 신앙생활을 경주하는 선수나 전쟁에 출전한 군인들의 입장처럼 이해해서 적용하라는 뜻으로 받아들이면 된다. 모든 성경을 영적으로 해석한답시고 무리하게 해석할 필요는 없다. 하나님은 사람들이 요긴하게 사용하는 특정 언어들에 대한 인간의 정서를 잘 알고 계신다. 인간에게 아주 친숙한 단어들을 사용하셔서 교훈을 하실 때는 그 단어의 의미를 그대로 순수하게 받아들여서 적용하면 되는 것이다.

구원에 대한 보증으로 성령의 인을 치셨다는 것은 무엇을 의미하는 것일까? 동서고금을 막론하고 사람에게 있어서 도장의 용도란 무엇을 사거나 팔 때에 소유에 대한 확정을 지을 때 도장을 찍는 것으로 받아들여지고 있다. 가끔은 위조 도장을 들고 사기를 치려는 이들이 있기 때문에 진위 여부를 검증해야 하는 경우도 있기는 하다. 일단 도장만 찍고 나면 해당되는 물건은 항상 도장을 찍은 사람의 소유이다. 눈이 오나 비가 오나 어려울 때나 쉬울 때나 항상 그의 소유이다.

이처럼 소유에 대한 확정을 짓는 데 사용되는 도장을 예로 들어서 성도들에게 성령으로 인을 친다는 표현을 하신 것은 무슨 의미를 깨닫게 하시려는 것일까? 교회에 다니는 사람치고 자신이 예수를 믿지 않는다고 생각하는 사람은 아무도 없다. 그렇지만 그런 이들 가운데서도 때로는 전혀 믿음이 없는 사람처럼 보일 때도 많다. 믿음 때문에 자신에게 손해나 어떤 어려움이 있을 때는 믿음이 전혀 없는 사람처럼 되기도 한다.

정말 믿음이 필요한 어려운 상황이 닥쳤을 때는 그만 그 믿음의 효력이 작동을 멈춘다.

애굽에서 나왔던 이스라엘 백성들은 대부분 평상시에는 하나님을 믿는 히브리 민족답게 누가 보든지 믿음의 사람들처럼 행동했다. 그러나 난관이 닥치고 큰 어려움을 만날 때는 그들에게 습관처럼 몸에 배어있던 믿음은 전혀 무용지물이었으며 여느 세상 사람들과 조금도 다를 바가 없었다. "원망하고 불평하고 낙심하고 넘어지고 후회까지 하면서."

하늘 높은 비행기에서 낙하산을 메고 낙하를 할 때 펴지지 않는 낙하산은 없느니만 못하다. 믿음이든 낙하산이든 하다 못해 우산이라도 필요할 때 작동해야 제대로 된 것이다. 스스로 나는 거듭났다 생각하는 신자들이라도 어이없는 상황 앞에서 믿음의 한계를 나타내 보이는 이들은 자신의 믿음에 대하여 돌아보아야 한다. "큰 시험에 더 붙잡아 주시는 성령의 든든한 보증이 있는 믿음인지를."

성령의 보증은 큰 시험을 당할 때 믿음의 효력을 나타내시려고 주시는 하나님의 보증인데, 정작 필요한 상황에서 믿음이 작동하지 않으면 펴지지 않는 낙하산이나 다름이 없다. 가짜 도장이 있듯이 가짜 믿음도 분명히 있다 가짜 도장도 감쪽같지만 가짜 믿음은 더 감쪽같다. 주님 앞에 가서까지 자기 믿음이 옳다고 우기는 게 가짜 믿음이다(마 7:22, 25:44 참조). 가짜 도장 같은 짝퉁 믿음을 가진 이들이 많지 않았다면 이 시대의 기독교계가 이처럼 무능하고, 무력하고, 분열하고, 혼란

하지는 않았을 것이다.

> “성령의 인으로 보증을 받은 믿음은 비가 내리고 창수가 나고 바람이 부는 것 같은 큰 시험에서도 변함없이 순종을 하며 효력을 발휘하는 믿음이다.”

앞에서 언급한 성령이 비추심의 역사는 한 사람의 자연인이 신앙을 갖기 전부터 역사해 오신 성령의 역사이다. 이 역사는 거듭난 후에도 이 세상 사는 날 동안은 끊임없이 이어진다. 성령의 비추심은 성도들을 성장하게 하시려고 인간적인 모든 것을 포기하는 데까지 이르도록 이끄신다. 완전히 청결한 마음이 된 성도들의 사모하는 심령과 무르익은 하나님의 때가 겹칠 때 성령으로 충만한 은혜를 입는 것이다. 거듭난 성도들의 심령 속에는 항상 성령께서 든든히 보증을 해 주시므로 더 이상은 굴곡지고 맥없는 신앙생활을 하지 않게 된다. 성령이 보증을 해 주신다는 것은 하나님께 대한 믿음에 털끝만큼도 의심 없이 믿어지게 하신다는 것을 의미한다.

신자들이 하나님을 온전히 신뢰하지 못하는 이유는 무엇 때문일까? 하나님과 사람 사이에 끼어들어 끊임없이 의심을 불어 넣고 믿지 못하게 하는 사탄의 개입 때문이다. 앞에서 사탄이 사람들의 자아와 이성 사이에 비집고 들어오고 특히 세속적인 마음 가운데 감쪽같이 들어올 수 있다고 진술한바 있다. 그러나 성령의 비추심에 의하여 자신의 이성과 자아마저도 깨끗지 않은 것으로 알고 다 포기했다. 세속적인 욕심은 그보다도 더 전에 버렸다. 말씀과 성령의 비추심에 의하여 자아를 포기하고 세속적인 욕심들을 폐기처분 할 때 그것들을 매개로 신자들의 마음속에 자리를 잡고 있던 사탄이 함께 폐기처분 된 것이다. 이런 신자들의 마음속에 성령께서 충만히 임하셨으니 이제는 의심의 구름이 다 걷히고 하나님의 말씀과 은혜와 약속이 눈에 보이듯이, 손에 만져 지듯이 믿어지는 것이다. 그러니 도장으로 소유의 확증을 받은 것처럼 의심 없이 항상 믿어지는 은혜가 임한 것이다. 이런 은혜를 입은 성도들은 날마다 새 노래를 부르며 더 감격하는 은혜로 주님께 가까이 가는 신앙생활을 이어갈 것이다.

그러나 오해하지 말 것은 우리는 여전히 사탄이 주장하는 세상에 살고 있고 순간순간 사탄의 미혹도 받을 수 있다는 점이다. 전에는 사탄이 사람의 이성과 자아에 감쪽같이 숨어서 사람을 배후 조종을 하였지만 성령이 충만한 성도들의 심령속에는 그런 형태로 머물지 못한다. 가끔씩 육체의 소욕이나 어떤 사건 등 틈을 노려서 신자들을 속이려는 시도를 할 뿐이다. 그렇기에 성도들은 끊임없이 성령의 비추심을 따라 살면서 사탄에게 틈을 주지 않는 지혜로운 삶의 자세가 요구된다. 이런 성도들은 비로소 믿음이 무엇인지를 바로 알게 된다. 믿음의 근거가 자신에게 있는 것이 아니라 자신으로 하여금 믿게 하시는 성령께 있음을 알기에 더욱 겸손하며, 아직 잡은 줄 여기지 않고 성령의 비추심에 더 순종하며 끊임없이 그리스도께로 더 가까이 달려가야 할 것이다.

## 3. 삶의 현장에서의 빛

필자는 자비량 사역을 줄곧 해왔기 때문에 세상 사람들과 몸을 부딪치고 살아갈 기회가 많았다. 그러다보니 평소에 읽었던 성경 말씀이 삶 속에서 보고 들은 사연이나 사건들과 오버랩 되면서 나 자신을 새롭게 깨울 때가 많았다. 나 스스로에 대한 교훈과 함께 나아가서 이 시대 그리스도인들을 다른 각도에서 보는 시각도 열리게 되었다. 필자가 사역 중에 세상 사람들과 삶의 현장에서 함께 하면서 얻은 교훈은 어쩌면 책상머리에서 성경을 보고 기도하면서 얻은 빛과는 또 다른 측면에서의 빛이라고 생각한다. 삶의 현장에서 깨달은 부분이 다른 이들에게도 작은 빛이 될 수 있다면, 삶의 현장에서 흘렸던 필자의 땀늘이 더 값진 자산이 될 수도 있겠다는 생각을 하면서 그동안의 경험들을 주 안에서 형제 자매된 분들과 함께 나누고자 한다.

### 1) 디지털 시대의 빛과 어두움

한 20여년 쯤 전에 있었던 일로 기억이 된다. 그때 우리나라의 한 세계적인 전자회사가 다음과 같은 광고를 TV에 내보냈던 적이 있었다. 그 회사가 개발한 디지털 전자기기들이 일반인들에게 대중화되는 십년쯤 후에는 지금보다 100배는 더 살기 좋은 세상이 열리게 될 것이라는 광고였다. 그로부터 세월이 좀 흐른 이 시대는 과거 시대의 사람들이 상상조차 할 수 없었던 세상이 펼쳐지고 있다. 집안에서 사용하는 가전제품으로부터 시작해서 남녀노소 가릴 것 없이 손에는 스마트폰이 들려있다. 스마트폰의 전원이 켜지는 순간 마음만 먹으면 지구 반대편에 있는 사람과도 실시간 화상 통화와 카톡 등으로 마치 바로 옆에 있는 것처럼 생동감 있는 대화를 할 수도 있다. 뿐만 아니라 인공 지능을 가진 무인 자동차도 개발되어서 자동차 운전을 할 줄 모르는 이들도 자동차를 이용하여 원하는 곳으로 다닐 수 있는 시대가 곧 열릴 전망이다.

전자기기들로 인하여 과거보다 더 편리해진 세상이 된 것은 사실이지만 이전보다 더 행복해졌다고 말하기는 어려울 것 같다. 디지털 문화가 주는 혜택을 마음껏 누리는 이 시대의 사람들 사이에서 자주 사용되는 언어를 살펴보면 그 안에 이들의 정서가 고스란히 묻어나기 때문이다. 몇 년 전엔가 한 대학교수가 쓴 책의 제목이 이 시대의 청년들 사이에서 유행어처럼 자주 사용되곤 한다.

"아프니까 청춘이다"

청년들이 아프다는 것이다. 인생이 걸린 대학 입시 때문에 그렇지 않아도 아픈 사춘기가 더 아프고, 낙타가 바늘귀로 들어가는 것처럼 좁은 취업의 문을 두드리느라 아프고, 그런 것들 준비하느라고 때를 놓쳐서 뒤늦게 짝을 찾느라 또 아파야 된다. 꿈과 희망이 넘쳐야 할 청년들이 아플 수밖에 없는 구조적인 문제점들이 디지털 문화의 대중화로 편리하다는 이 시대의 전반에 걸쳐져 있는 것이다.

그런데 가만히 보면 청년들만 아픈 것은 아닌 것 같다. 언제부턴가 이 시대를 살아가는 사람들의 입에서 '팍팍하다'는 소리를 푸념처럼 자주 듣는다. 알고 하는지 따라서 하는지 아주 나이어린 아이들도 이런 소리를 하는 것을 가끔 볼 수 있다. 디지털 문화가 사람들에게 편리함을 줌과 동시에 아프게 하고 힘들게 하는 보이지 않는 어떤 함정이 있는 것이 틀림없다.

과거 시대의 사람들은 정보의 전달이 아주 늦었고 어두울 수밖에 없었다. 바로 옆 동네의 소식조차도 간간이 오고가는 사람들의 입 소문을 통해서 한참이 지난 후에야 들을 수 있었을 것이다. 적군이 쳐들어와도 비오고 안개가 심하게 낀 날에는 봉화(연기를 통해서 어떤 신호를 아군에게 전달하는 방법)단에서 피운 연기 신호를 다음 봉화단에서 확인할 수가 없어서 하는 수 없이 말을 타고 달려가서 그 소식을 알려야 할 때도 있었을 것이다. 그나마 비가 많이 와서 하천을 건널 수 없을 때는 많이 지체되어서 뒤따라온 적들과 거의 동시에 성문을 두드리는 경우도 얼마든지 일어날 수 있었을 것이다. 이처럼 과거 시대의 사람들은 세상 돌아가는 물정에 대해서는 늦고 어두울 수밖에 없었다. 지구 반대편에 사는 사람들의 소식도 실시간으로 듣고 보는 이 시대 사람들의 시각으로 보면 무척 불편하고 갑갑하고 힘들었을 것 같기도 하다.

그런데 세상 물정에 어두웠던 그들이 남긴 시와 노래와 글들을 들여다보면 그 어디에도 갑갑하고 힘들었다는 내색조차 발견할 수 없다. 그들은 비록 가난하고 정보에 어두웠지만 그 때의 청년들은 아픈 기색을 내지 않았다. 중년들은 찢어지게 가난했지만 그 가난조차도 풍자와 해학과 노래로 표현할 수 있는 여유와 멋이 있었다. 비록 산으로 둘러싸여 외부와의 정보는 차단되어 있었지만 그 대신에 인생을 깊이 들여다보고 자신들을 성찰할 수 있는 마음의 여유와 안목이 열려 있었던 것 같다. 많이 배우지는 못했지만 인생에게 있어서 참으로 소중한 것이 무엇인가에 대하여 사색할 수 있는 시간적, 정서적인 여유가 있었던 것이다. 그들은 가난했지만 작은 것에도 큰 행복을 느낄 수 있었다. 쌀독에 보리쌀만 약간 채워져 있어도 세상을 다 가진듯한 포만감을 느낄 수 있는 욕심이 없는 순순한 감성이 있었다.

아마 그들이 이 시대의 사람들이 아프다고 하고, 팍팍하다고 하는 문제들을 보았다면 그것이 왜 아프며 팍팍한 것이냐고 정색하고 반문했을지도 모르겠다. 오해하지 말 것은 아파하는 이 시대의 청년들이 엄살을 부린다는 뜻은 아니다. 삶이 팍팍하다는 사람들의 신음이 과장되었다는 것도 아니다. 다만 모든 것이 편리하게 보이고 지구 반대편의 세상도 마치 내 손안에 들어온 것처럼 느껴지게 하는 이 시대의 편리한 문화가 우리를 아프게 하고 팍팍하게 하고 있다는 점을 말하고 싶을 뿐이다. 한 인간의 머리와 마음과 정서가 다 소화해 내기에는 벅찰 정도로 너무 많은 정보들이 이성과 정서를 흐리게 하고 병들게 하므로 인하여 생겨나는 시대적인 현상일 것이다.

두 개 이상의 작은 볼을 공중에 번갈아가며 던져서 땅에 떨어지지 않게 받아내는 '저글링' 이라는 놀이가 있다. 내가 할 수 있는 저글링의 수는 밀감 두 개 정도이며, 그 정도는 옆 사람과 대화를 하면서 할 수도 있다. 이런 나에게 밀감 세 개를 주면서 저글링을 하라고 한다면 마음과 몸을 완진히 거기에 집중하여도 쉽지 않을 것이다. 내 실력에 세 개의 밀감을 번갈아가면 공중에 띄운다면 다른 쪽으로는 전혀 돌아볼 겨를이 없어 내 옷 매무새가 어찌 되었는지, 내 자세가 어찌 되었는지에 대해서는 살필 겨를조차 없을 것이다.

옛날 사람들은 정보가 발달되지 않은 시대를 살았기에 그들의 오지랖은 넓지 않았다. 그 대신에 그들은 이모저모로 충분히 살필 수 있는 시간적 정서적인 여유가 있었다. 그러나 이 시대의 사람들은 과거 시대의 사람들이 일생동안 보고 듣는 것보다도 더 많은 엄청난 정보와 소식들을 하루 만에도 눈과 귀로 보고 들을 수 있는 시대를 살아가고 있다. 물론 그 많은 정보들과 사건들을 차분하게 다 소화를 할 수 없음은 물론이다. 소화되지 않은 음식이 몸에 해를 주듯이 단지 우리의 눈과 귀를 스치고 지나간 소화되지 않은 정보들도 우리가 모르는 사이에 마음과 정서에 어떤 자국들을 분명히 남기게 된다.

여기서 우리들이 잘 모르는 사이에 진행되고 있었던 한 가지의 분명한 사실이 있다. 우리가 접한 정보들을 다 소화를 하지 않고 그냥 지나쳤을지라도 그것들과 부딪친 우리의 마음과 정서는 충격을 받고 있었으며 또 일일이 분석하느라 분주하게 움직이고 있었다는 사실이다. 마치 소화해 낼 수 있는 것보다 더 많은 공을 동시에 공중에 띄워서 받아내느라 정신없이 집중해야 하는 '저글링' 맨처럼 그 많은 정보들을 받아내느라 다른 쪽으로는 거의 전원이 꺼진 상태처럼 되었을 것이다. 그러다보니 자신에 대한 가장 소중한 결정과 삶의 목적마저도 영혼 깊은 곳에서 고뇌하여 답을 찾지 못하고 홍수처럼 떠밀려오는 정보들이 가리키는 방향으로 자신도 모르게 합류하여 떠내려가고 있는 형국이라 볼 수 있을 것이다. 이뿐만이 아니다. 많은 공들을 공중에 띄워 올린 '저글링' 맨처럼 자신들의 자세가 어떠한지에 대하여도 자세히 살필 수 있는 겨를이 없었을 것이다.

이 시대의 정치인들이나 저명한 학자들이나 종교 지도자들이 어이없는 처신을 하다가 거침없이 승승장구하던 성공 인생의 종지부를 중도에서 찍게 되는 일들도 이 시대의 지나친 분주함과 무관하지 않다고 본다. 이 시대의 사람들이 과거보다 더 빠르고 편리한 정보화의 시대를 살아가고 있지만 편리함과 행복을 느끼기보다 아프고 힘들게 느껴지는 이유는 나에게 필요한 것의 범위를 훨씬 뛰어넘는 정보들에 치이고 휩쓸림으로 인하여 상처받고 정서적으로 혼돈해지기 때문일 것이다. 과거 시대의 사람들이 가진 욕심 없는 순수한 감성이 기능을 멈추고, 그 대신에 과도한 정보들과 시대적인 대세의 흐름에 쫓기면서 그 흐름에 뒤쳐진 자신들을 발견함으로 느껴지는 자괴감이 아픔과 팍팍함으로 느껴졌을 것이다.

그러므로 이런 시대적인 흐름에서 잠시 멈추어 우리의 자아와 정서가 본래의 나를 재발견할 수 있다면 아프지도 팍팍하지도 않을 것이다. 세상의 흐름과 영향을 따르기 위하여 사는 이들이 아니라 세상의 흐름에 하늘의 것으로 만족하며 살아가는 그리스도인들임을 자각하게 된다면…….

## 2) 30년이 지났지만 기억에 남아있는 명 설교

설교하는 사람이라면 누구나 듣는 사람들에게 깊은 감동을 주고 오래도록 잊히지 않는 명 설교자가 되고 싶을 것이다. 그러나 웬걸 담임목사가 주일날 성도들에게 지난 주 설교본문과 제목과 줄거리를 기억하는 사람 손들어 보라고 하면 과연 몇 사람이나 손을 들 수 있을까? 아마 그다지 많지 않은 신자들만 떠듬거리며 겨우 말할 수 있을 것이다. 겸손 빼느라고 그럴까? 물론 그럴 사람도 있겠지만 사실은 '저 목사님이 성경 어디에서 무슨 설교를 했더라.' 이것조차 생각이 나지 않는 신자들도 꽤 많을 것이다. 그런 경험을 한 목사들은 내가 설교를 실패하고 있구나 생각하고 자신의 설교가 어쩌다 청중들에게 깊은 감동을 끼치지 못하는지 심각하게 고민해야 할 것이다.

지금으로부터 30년쯤 전에 내가 접한 한 설교가 있었는데, 지금까지도 그 설교는 내 가슴속에 설교 내용까지 하나도 잊히지 않고 고스란히 남아 있다, 도대체 얼마나 특별한 명 설교를 들었기에 30년 전에 들은 설교의 내용을 잊지 않고 지금까지 기억한단 말인가 하며 무척 궁금해 할 것이다.

당시 나는 경기도 안양 부근에 살았는데, 이름 모를 병으로 내 생각에 도저히 이 상태로는 3개월 이상 살 수 없을 것 같다는 생각까지 하게 되었다. 물론 이 병원 저 병원 다 다녀 보았으나 뚜렷한 병명은 나오지 않았고, 심각한 고통은 육신과 영혼마저 밤낮 가리지 않고 무겁게 짓누르고 있었다. 나는 결국 다니던 칼빈신학교(용산구 청파동 소재)를 휴학하고, 죽더라도 복음을 전하다가 죽자 하는 비장한 결심을 하였다. 안양 청계 백운호수 근처에 있던 우리 집을 출발해서 판교 부근까지 걸어 다니며 주변에 사는 이들을 대상으로 전도 활동을 시작하였다.

하루는 유달리 피곤한 가운데 날이 저물어 어둑할 무렵, 판교 부근 정신문화원 근처를 지나 안양으로 가려고 조그만 저수지 옆을 지나갈 때였다. 내 뒤쪽에서 승용차가 저만치 오기에 손을 들어 세워볼까 하다가, 날이 저물어 어둑어둑 한데 남루한 차림의 남자를 차에 태워줄리 만무하다고 생각하면서 쳐다만 보고 그냥 발길을 재촉했다. 그런데 그 승용차가 저만치 나를 지나쳐가다가 차를 세우더니 이내 후진을 해서 내가 있는 곳까지 와서 멈추고는 나에게 어서 타라고 손짓을 했다. 그리고 그분이 내게 하시는 말씀이 “죄송합니다. 제가 미처 발견하지 못해서요. 이 늦은 시간에 인가도 없는 이 험한 고개 길을 어떻게 걸어서 가시려고 그래요.” 하시는 것이었다. 그 분의 차를 타고 가면서 보니 백미러에 작은 십자가가 걸려 있었다. 아마도 그 젊은 분은 그리스도인인 것 같았다. 그 분이 나에게 죄송할 이유는 전혀 없는데 마치 나에게 큰 실수라도 하신 것처럼 미안해하시는 것이었다. 그때가 1986년쯤 이었으니 벌써 30년이 지났지만 잠시 그분과 함께 했던 시간에 그분이 나에게 하셨던 그 따뜻한 인상과 몇 마디의 말 그리고 정중한 모습은 지금도 내 기억에 그대로 고스란히 남아있다.

"죄송합니다. 제가 미처 못 봐서 하마터면 그냥 지나칠 뻔 했어요. 이 늦은 시간에 인가도 없는 험한 고갯길을 어떻게 걸어서 가시려고 그러세요. 제가 목적지까지 태워 드릴 테니 얼른 차에 타십시오."

아마 그때 내가 예수를 믿지 않은 사람이었더라면, 그의 따뜻함과 정중함에 감동을 받아서 그분이 권하시는 거라면 예수를 믿으라고 하였어도 따랐을 것이다. 비록 내가 기피하던 것일지라도 차마 거부하지 못했을 것이다. 그때 나에게 이처럼 따뜻하게 대해주는 분의 권고를 듣지 않는 것은 사람의 도리가 아니라는 생각이 분명히 들었을 정도로 깊은 감명을 받았다. 오죽하면 30년이 지난 오늘까지 그분이 나에게 하셨던 말씀 한마디 한마디와 따뜻한 그 모습을 잊지 못하고 다 기억을 하고 있겠는가?

설교를 굳이 한자로 풀이 하자면 입으로 하는 것이지만, 설교의 궁극적 목적은 사람을 깨우치고 감동과 감화를 끼쳐서 상대방으로 하여금 복음을 믿게 함이 아니겠는가? 보고 듣는 이들로 하여금 설교를 통하여 감동과 감화를 끼쳐서 마음 문을 열고 복음의 진리를 받아들이게 함이 설교의 목적이라면 강단에서 입으로 하는 설교도 있겠지만, 또 다른 형태의 설교도 분명히 있을 것이다. 성도들이 삶 속에서 대하는 사람들에게 삶의 모본을 보여서 상대방의 마음속에 깊은 감동과 감화를 끼쳐서 기독교에 대한 마음 문을 열게 한다면 이 역시 아주 훌륭한 설교가 아니겠는가?

"나는 확신한다. 사람들의 마음속에 깊은 감동과 잊을 수 없는 감화를 끼치는 탁월한 명 설교자는 평신도들 중에서도 얼마든지 일어날 수 있다는 말이다."

강단 위에서 훌륭한 설교자의 입으로 전해지는 설교는 듣는 이들에게 깊은 감동을 끼칠 수 있다. 그러나 설교자가 아무리 훌륭한 설교를 했더라도 삶으로 뒷받침 해주지 못한다면 아무런 영향력이나 감화를 끼치지 못하는 찻잔 속의 태풍으로 그칠 수도 있을 것이다.

그렇지만 유창한 설교는 아니더라도 성도들이 삶 속에서 대하는 많은 사람들에게 삶의 모본을 보이는 이들이 있다. 만나는 사람들에게 언어 행실로서 빛과 소금의 역할을 묵묵히 해 낸다면 그를 경험했던 많은 이들에게 잊히지 않을 깊은 감화를 끼칠 수 있을 것이다. 빛과 소금의 은혜를 입은 성도들은 세상 사람들과 한데 섞여 살면서 나지막이 건넨 사랑과 위로의 말로서 주변 사람들에게 따뜻한 사랑을 전할 수 있다. 비록 입으로 한 마디 직접적인 전도를 하지 않았어도 그리스도인으로서의 진실한 행동과 따뜻한 인격으로 세상 사람들의 마음속에 잊히지 않는 감동과 감화를 끼칠 수 있을 것이다. 특히 오늘날처럼 사람다운 사람을 만나기 어려운 때일수록 빛과 소금의 은혜를 입은 성도들은 더 뚜렷하게 세상 사람들에게 신선한 충격으로 다가올 것이다.

이 시대를 살아가는 많은 이들은 복잡한 사회 환경으로 인하여 정서적으로 바싹 메말라 있어서 가까이 대하기가 무척 조심스러운 시대이다. 어쩌면 이 시대의 사람들은 수많은 사람들 틈에서 살지만 선뜻 가까이 대하기가 어려워서 마음 문을 닫은 채 홀로 고립되어 사는 이들이 무척이나 많을 것이다. 이 시대 대부분의 사람들은 관심, 다정함, 따뜻함, 사랑에 심히 목말라 있다. 그러나 한편으로는 요즘같이 사람 사이의 관계가 어려울 때가 그리스도인들에게는 사람들의 마음을 얻을 수 있는 절호의 기회가 아닐까 싶다.

필자는 일반 성도들을 '평신도'라고 부르기를 꺼려한다. '평신도'라는 말이 성경에 없기 때문이다. 오히려 하나님은 오늘날 '평신도'라 불리는 일반 신자들을 세상 가운데 세우시고 입이 아닌 삶과 의로운 행동으로 빛과 소금되어 하나님의 나라를 세상에 전하는 특이한 설교자로 세우셨음을 믿어 의심치 않는다.

나는 모든 그리스도인들에게 이렇게 말씀드리고 싶다.

이 땅 위의 모든 그리스도인들 특히 '평신도'라 불리는 모든 분들이여, 당신들은 결코 평범한 분들이 아니라 하나님이 뽑고 또 뽑으셔서 이 세상이라는 강단에 세우신 유능한 설교자들이다. 그것도 가끔씩 올라가는 교회당 강단이 아니라 세상이라는 드넓은 강단에서 날이면 날마다 찬란한 빛과 소금이 되어 감동적인 삶의 '퍼포먼스적 설교'를 하게 하시려고 하나님이 세우신 유능한 설교자들이시라고 생각한다.

### 3) 나는 분명히 보았다

지금으로부터 20여 년 전의 일이다. 필자는 그때 경기도 안성지역에 잠시 머물고 있었다. 그때 자동차로 어디를 가다가 라디오를 켜는 순간 뉴스를 진행하는 남성 앵커의 숨 넘어갈 듯한 긴박한 호소가 흘러 나왔다. 나는 혹시 전쟁이라도 일어난 것 같은 불길한 예감이 들어서 도로 한쪽에 차를 세웠다. 그리고 긴급뉴스를 전하는 앵커의 호소를 자세히 들어보았다. 서울 강남지역의 대형백화점이 갑자기 붕괴되어 수많은 사람들이 매몰되어 있다는 긴급 뉴스였다.

"전국에 이 방송을 듣고 계신 청취자들 중에서 혹시 산소를 이용하여 금속절단 작업을 할 수 있는 분이 계시면 붕괴된 삼풍백화점 쪽으로 속히 오셔서 구조 활동을 해 주십시오."

국민들을 향하여 응급 구조대원들을 모집하는 대 국민 호소였다. 필자는 평소 자비량으로 중국 선교 활동을 해오고 있었기에 항상 경제활동을 하고 있었는데, 백화점 붕괴 사고가 있던 그 무렵에는 안성에서 기계 제작 관련 사업을 하고 있었다. 그 뉴스를 듣자 나는 곧 자동차에 관련 장비들을 싣고 아내에게 어디로 간다는 연락도(당시 핸드폰이 너무 비싸서 나에겐 없었다) 미처 하지 못한 채 강남의 삼풍백화점이 무너진 현장으로 차를 몰고 달려갔다.

당시 나는 큰 백화점이 무너져 내린 현장에서 구조 활동을 하는 것이 얼마나 위험한 일인지에 대하여 잘 알고 있었기 때문에, 자칫하면 내가 멀쩡하게 집으로 돌아갈 수 없는 일이 일어날 수도 있다는 생각이 들기도 하였다. 하지만 망설이지 않고 지체 없이 달려서 그 붕괴 현장에 도착하였다. 거대하던 백화점이 아득히 땅 밑으로 무너져 내린 참상을 바로 눈앞에서 목격한 필자는 마치 온 세상이 송두리째 무너져 내린 것 같은 충격에 사로 잡혔다. 도대체 어디서 무슨 일부터 시작해야 할지 도무지 엄두가 나지 않았다.

무엇 때문인지 모르지만 사고가 난 첫날밤에는 119 구조대원들이나 정부 측 구조 요원들이 나서서 현장 장악을 하지도 않아서 사고 현장은 그야말로 무질서와 혼돈의 상태였다. 곳곳에서 자발적으로 모여든 시민 구조대원들이 삼삼오오 모여서 구조 활동을 하는 것이 고작이었다. 워낙 수많은 사람들이 무너져 내린 시멘트 더미에 깔려 있어서 그들이 한꺼번에 토해 내는 비명 소리는 귀청이 터질 정도였다. 인간의 귀로 들을 수 있는 가장 높은 데시벨의 상태를 유지 한 채 연속으로 '웅~~~' 하는 고음으로만 들렸다. 비명 소리로는 사람이 어디쯤에 깔려 있는지 도무지 알 길이 없었다. 하는 수 없이 응급 구조대원들은 건물의 단열재 등으로 사용된 유리솜 가루나 석면 가루 같은 분진이 무너진 시멘트 더미에서 안개처럼 피어오르는 가운데로 들어가 구조 활동을 시작하였다. 마스크나 그 어떤 보호 장구도 착용하지 않고 이곳저곳의 시멘트 더미들을 들추어가며 한 사람씩 구조하여 나갔다. 산소가 가득 충전된 산소통은 그 무게가 60킬로그램은 족히 넘을 것이다.

수백 명이 동시에 울부짖는 그 절체절명의 비명 소리가 바로 우리의 발밑에서 들려오고 있음을 아는 구조대원들은 주저하지 않았다. 아무 보조 장치 없이 60킬로그램이 넘는 산소통과 가스통을 각기 하나씩 어깨에 둘러메었다. 그리고 10미터가 넘어 보이는 건물 지하 바닥으로 무너져 내린 수직 절벽 쪽으로 갔다. 띄엄띄엄 돌출된 철근 나부랭이를 겨우 부여잡고 가스 배관이 파열되어 가스와 먼지가 자욱이 피어오르는 바닥을 향해 한발씩 내려가기 시작했다. 아차하면 둘러맨 산소통이나 가스통과 함께 바닥에 떨어져 중상을 입거나 아니면 죽을 수도 있을 정도로 위험하기 그지없는 무모한 시도였다. 하지만 아무도 겁을 내거나 움츠리고 몸을 사리지는 않았다. 이를 악물고 절벽 난간을 위태하게 한참을 내려가는데 무너진 건물 더미에서 새어 나오던 가스에 불이 붙으면서 갑자기 불길이 확 치밀어 올라 왔다. 구조대원들은 어쩔 수 없이 황급히 위로 올라올 수밖에 없었고 그때부터 불을 끄느라 여러 대의 소방차가 물을 뿌려대기 시작했다.

얼마나 시간이 흘렀을까. 이윽고 수많은 사람들이 한꺼번에 토해내던 비명 소리는 차츰 잦아들고 있었다. 아마 비명 소리조차 지를 수 있는 사람들이 급속히 줄어들고 있었던 모양이다. 꼬박 밤을 지새우며 정신없이 구조 활동을 하다 보니 날이 훤히 밝아오기 시작했다. 현장 상황을 자세히 살펴보니 사람들이 가장 많이 매몰되었을 것 같은 백화점의 매장 바닥

부분이 보이는 곳도 있었다. 구조에 투입된 사람들은 한 사람이라도 더 신속히 살려내기 위하여 온갖 위험을 무릅쓰며 안간힘을 다하고 있었다.

그때 이상한 행동을 보이며 이곳저곳을 기웃거리는 사람들이 몇 명 눈에 들어왔다. 삼풍백화점은 강남에서도 주로 부자들이 자주 이용하던 백화점이었다. 붕괴된 현장에는 귀금속은 물론 여성들이 소지했던 명품 핸드백들에는 돈을 비롯한 여러 가지 값나가는 귀중품이 건물더미와 함께 이곳저곳에 널려 있었다. 그런데 어떤 사람들은 시멘트 덩어리 밑에 깔려서 살려달라던 비명 소리조차 점차 잦아들어가는 그 절박한 상황에서 이상한 짓을 하고 있었던 것이다. 사람을 구조하는 척 하면서 발로 무언가를 툭툭 차고 다니며 핸드백이나 지갑들을 뒤지고 있는 모습이 내 눈에 들어왔다. 시멘트 더미에 깔려서 죽어가는 사람들을 찾아 살려내는 일은 뒷전이고 그들의 시선과 관심은 오직 땅바닥 여기저기에 널브러진 핸드백이랑 지갑을 찾기에 여념이 없고 더러는 핸드백을 열어서 무언가를 끄집어내어 주머니에 넣는 사람들까지 있었다.

"오, 주님! 도대체 저들이 사람들입니까? 사람들이 어찌 저럴 수가 있는 겁니까?"

자기들 발밑에서 사람들이 지르던 비명조차 잦아드는 이 절박한 상황에서 사람들을 구조할 생각은 하지 않고 엉뚱한 짓을 하고 있다니. 비명을 지르는 이들이 흘린 핸드백과 지갑을 뒤지는 행동들을 어떻게 사람의 탈을 쓰고서 할 수가 있단 말인가? 당시 그들의 행위를 지켜본 나는 정말 심각한 정신적

충격을 받았다. 인간이 악해지면 도대체 어디까지 악해질 수 있는가를 눈으로 똑똑히 목격하는 순간이었다.

"악마를 보았다는 말은 바로 이럴 때 쓰이는 말일 것이다."

나는 이상하게도 눈에 보이는 어떤 기이한 현상들을 보면 가끔 그런 현상들이 다른 어떤 현상들과 '오버랩' 되어 보이는 경우가 있다. 어쩌면 저 죽어가는 사람들은 안중에도 없고 단지 그들이 흘린 귀중품에 눈이 어두워서 땅에 떨어진 핸드백에 눈독을 들이고 있는 저 사람들의 모습은 누구의 모습과 닮았을까? 어쩌면 이 시대의 많은 그리스도인들과 무척 많이 닮았다는 생각이 드는 것이다. 그리스도인들은 구원을 받은 사람들로서 아직 구원을 받지 못한 사람들을 구원하려고 세상에 보냄을 받은 사람들이다. 주님께로부터 세상으로 보내심을 받은 그리스도인들의 모든 역량은 아직 구원에 이르지 못한 사람들을 구원하는 데 최선을 다했어야 했다.

"세상 사람들이 지금 어디에 깔려 있는가?"

허물과 죄에 눌려서 영원한 사망으로 가기 직전의 상태에 놓여있는 이들이 분명하다. 그리스도인들이 믿는 하나님의 말씀이 틀리지 않다면 그렇다. 그리스도인들은 하나님이 살아 계시고 천국과 지옥이 분명히 있음을 믿는 이들이다. 누구든지 예수 그리스도를 구주로 믿어 하나님께 죄의 용서함을 받지 못한 이들은 영원한 지옥의 형벌을 받게 된다는 것을 기정사실로 믿는 이들이다. 아무리 문학적 표현력이 뛰어난 사람이라도 '영원함' 이라는 시간적 개념이 갖는 의미를 인간의 제한된 표현력으로 다 담아낼 수 없다. 그 영원한 불행으로 떨어지고 있는 이들이 바로 그리스도인들의 전후좌우에 수를 헤아릴 수 없이 많다. 이런 점을 아는 그리스도인들이라면 그들을 살리기 위하여 할 수 있는 가능한 모든 일들은 했어야 했다.

그런데 이 시대의 그리스도인들과 특히 그 중에서도 하나님께로부터 사역자들로 세움을 받았다는 이들이 자신들의 사적인 욕심을 차리느라 정신이 없다. 자신들의 부끄러운 몸짓 때문에 세상 사람들이 점점 더 영원한 생명으로부터 멀어지고 있는데도 그들에 대해서는 안중에도 없다. 무너진 건물 더미에 깔린 사람들 위에서 떨어진 지갑을 열며 미소를 짓는 그 사람들과 마치 한 장의 사진처럼 어찌 그리도 닮았는지 말이다.

### 4) 결정적인 순간에

부산의 영도에는 태종대라는 경치 좋은 곳이 있는데, 깎아지른 절벽이 얼마나 높은지 아래를 내려다보면 현기증이 날 정도로 까마득하다. 낭떠러지 아래는 파도가 바위에 부서지면서 하얗게 물보라가 휘날리는 아름다운 장관이 연출되는 곳이다. 지금부터 한 40여 년 전에 필자가 16~7세쯤 되었을 때 친구들과 그곳에 놀러 갔던 적이 있었다. 당시에도 그 아찔한 절벽에서 몸을 던져 자살하는 이들이 가끔 있어서 그들이 한번 더 생각할 기회를 갖게 하기 위하여 아들을 꼭 껴안은 인자한 어머니상을 세워 놓았었다. 그때 절벽 아래를 내려다보는 순간 이런 생각이 나의 뇌리를 스쳐 지나갔다. '아이고! 이 절벽에서 떨어지는 사람은 저 밑바닥까지 닿으려면 한참동안 떨어져야 하겠는 걸!'

그로부터 몇 년이 지난 후 그러니까 정확히 1978년 2월 24일 오후 이른 봄,비가 꽤 많이 내리고 있었다. 부산시 동래구 명장동에 있는 세신실업(공구류 생산 공장) 앞길에서 자동차를 몰고 가다가 그만 빗길에 미끄러졌다. 시속 70킬로미터의 속도로 달리던 자동차가 세신실업 공장 시멘트 담벼락에 엇비슷하게 충돌하고 말았다. 그 충격의 순간 필자는 이런 의식에 사로 잡혔다.

"아! 내가 지금 태종대 절벽에서 떨어지고 있구나. 정말 높네! 한참동안 떨어지고 있네! 좀 있으면 내 몸이 바위에 충돌하여 산산조각 나겠지!"

공장 담벼락에 부딪치는 충돌의 순간 태종대 절벽에 떨어지고 있다는 생각이 필자의 뇌리를 스치다가 그만 정신을 잃고 말았다. 사고 당시의 충격으로 강철심이 들어있던 자동차 핸들은 나의 가슴과 부딪쳐 초생 달처럼 굽어지고 갈비뼈는 골절되었다. 자동차가 얼마나 처참히 부서졌는지 필자의 형이 퇴근길에 그 광경을 보고 집에 가서는 가족들에게 "내가 오늘 집에 오는 길에 처참한 교통사고를 목격했는데 그 운전자는 도저히 살아남지 못할 정도로 자동차가 완전히 박살이 났더구만!" 했다고 하니 그 상황을 짐작할 수 있으리라.

그 운전자가 자기 동생인 줄도 모르고 열심히 생생한 뉴스를 전했는데, 부모님은 이내 동래에 있던 대동병원에서 댁의 아들이 교통사고로 병원에 있으니 응급실로 빨리 오라는 전화를 받게 되었던 것이다.

내가 태종대에 놀러 갔던 것이 3~4년 전의 일이다. 특히 그때 잠시 나의 뇌리를 스쳤던 그 잡념이 왜 교통 사고가 난 그 절체절명의 순간에 나의 의식 속에서 되살아 났을까? 나는 그때의 경험을 통해서 한 가지 분명한 사실을 깨닫게 되었다. 사람이 어떤 특이한 것을 보거나 듣게 되면 그것으로 끝이 아니라 잠재의식 속에서 가만히 자리를 잡는다는 것을 알았다. 그러다가 어떤 기회가 생기면 다시 생각에 떠오르거나 변형된 잡념으로 언젠가 마음속에서 작용하게 된다는 사실을 알았다.

사람이 이 세상에서 무언가를 이루며 살아가려면 정신을 고도로 집중해야 할 일들이 아주 많다. 그 중에서 성도들의 믿음과 연관성이 있는 부분만을 생각해보기로 하자. 성도들이 성경을 읽고 그 깊은 의미를 깨닫기는 그리 쉬운 일은 아니다. 신령한 의미는 둘째 치고라도 우선 문맥의 흐름이라도 제대로 파악해야 비로소 성경의 문자적인 의미라도 제대로 알게 된다. 그리 하려면 우선 성경을 많이 읽어야 하며 그것도 아주 집중하여 읽어야 한다. 그런데 문제는 성경을 한참 읽어 가다보면 눈은 성경책에 있는데 생각은 전혀 엉뚱한 곳에서 헤매고 있을 때가 더러 있음을 성도들은 많이 경험했을 것이다. 성도들이 말씀을 깊이 묵상하면서 영적으로 주님과 교통을 해야 한다.

하지만 그럴 때도 마음속은 어이없는 잡념의 등장으로 깊은 묵상은커녕 시간낭비만 하게 되는 경우가 가끔 있을 것이다. 그런 잡념들이 우연히 생긴 것일까? 아닐 것이다. 우리의 마음속을 오락가락하는 잡념들은 대부분 지금까지 보거나 들은 것들이며, 또한 그것들이 여러 가지로 변형되어서 틈만 나면 우리의 마음속을 노략질하는 잡념으로 등장하는 것이다. 때로는 보고 들은 것이 단지 잡념에서 그치지 않고 직접 우리의 마음을 움직여 행동으로까지 발전시키는(세속되고 죄스러운 방향으로) 경우도 있을 것이다. 결국 향후의 인격 형성에까지 지대한 영향을 미칠 수도 있는 것이다.

이 시대는 여러 가지의 뉴스와 정보가 거대한 홍수처럼 우리의 눈과 귀를 향하여 무차별적으로 밀려오고 있다. 그 많은 정보들에 의하여 우리의 눈과 귀와 마음까지 장기적으로 노출되면 그 영향은 고스란히 우리의 마음속에 축적될 것이다. 우리의 눈빛은 물론 마음과 인격과 사고방식에까지 영향이 끼쳐지게 될 것은 불 보듯이 훤한 일이다. 우리의 눈과 귀 그리고 마음까지 장악한 여러 잡다한 뉴스들과 정보들은 그대로 기억에 깊이 저장되면서 우리의 성격에 그 색채가 서서히 입혀지게 될 것이다. 그것이 틈만 나면 잡념으로 둔갑하여 다시금 우리의 마음과 생각을 교란시키는 역할을 하게 된다는 점이다. 이런 잡념들은 하나님의 말씀을 더욱 깊이 깨닫는 것과 묵상 가운데 주님과 교통하는 것을 방해한다. 결국 성도들의 영적 건강에 치명적인 해를 끼치게 된다.

뿐만 아니라 어쩌면 우리가 언젠가 반드시 맞이할 임종의 그 순간이 오면 우리의 정신이 극도로 쇠약해질 것이다. 마지막 남은 생명의 불꽃이 꺼져갈 무렵 우리의 마음이 평소에 조심 없이 보고 들은 좋지 않은 그런 잡념들이 되살아나 그것들에 사로잡힐 수도 있다. 마음속 깊은 곳에 잠재되어 있던 헛된 잡념들이 인생의 마지막 순간에도 마음속에서 일어나지 않는다고 누가 장담을 하겠는가?

얼마 전 자동차 경주 선수가 교통사고로 인하여 수술을 받기 위해 마취 상태로 있었다. 그는 혼수 상태에 빠져 있으면서도 입으로는 고속으로 달리는 자동차의 배기음을 내고 손으로는 부지런히 기어를 넣는 모습이 담긴 동영상이 인터넷에 올라왔던 적도 있었다.

"평소에 그의 마음을 사로잡았던 것이 그가 무의식중에 있을 때 부지중 나온 행동인 것이다."

좋은 일과 나쁜 일 그리고 유익한 정보들과 해로운 정보들이 넘쳐나는 이 시대에 어떤 정보와 뉴스들을 향하여 여러분의 눈과 귀를 내어주고 또 마음을 열어 주겠는가? 그 선택은 여러분이 자유로이 하실 수 있다. 하지만 그 얼이 여러분의 마음과 눈빛과 어쩌면 영혼 속 깊은 곳까지 미칠 수 있음을 반드시 감안을 하면서 받아들여야 할 것이다. 주님은 인간을 지으신 분이시고 인간의 특성을 너무나 잘 아시기에 이러시지 않으셨을까?

"오직 여호와의 율법을 즐거워하여 그의 율법을 주야로 묵상하는 자가 복 있는 자"라고 다윗은 고백한다.

"내 눈을 돌이켜 허탄한 것을 보지 말게 하시고 주의 길에서 나를 살아나게 하소서"(시 119:37)

많은 정보와 뉴스들이 홍수처럼 우리의 눈과 귀를 향해서 밀려오지만 선별하여 받아들여야 한다. 마음과 영혼에 해롭지 않을 좋은 소식에는 눈과 귀를 기울이되 해를 끼칠 뉴스와 정보들에 대해서는 되도록 경계하고 멀리하는 것이 좋을 것이다. 비록 악한 세대에 살기는 하지만 악한 세대의 색채와 소음과 흉한 자극이 여러분의 마음과 눈빛과 영혼 속에 얼룩을 남기지 않도록 해야 할 것이다. 그리하여 주님께서 오실 때까지 빛나는 세마포로 단장한 주님의 정결한 신부로 존재하시기를 바란다.

### 5) 두 종류의 성직자들

기독교에 있어서 성직자들이라 함은, 구약시대에는 성전에서 구별되게 하나님을 섬기던 제사장들과 하나님이 시대마다 세우신 선지자들이 그에 해당될 것이다. 이들은 구별된 자들로서 하나님께로부터 부여받은 고유의 임무를 수행하는 사람들이었다. 하나님이 어떤 일을 하실 때는 이들을 통하여 당신의 계획을 나타내시기도 하였다. 이런 의미에서 이들은 하나님과 이 세상 중간에서 중보적 업무를 수행하는 사람들이었다. 그들은 하나님과 세상 사이에서 중보적인 사명을 감당해야 했기에, 그들의 삶(의, 식, 주)은 물론 모든 면에서 남들과 구별된 삶을 살아야 했다. 그러나 구약 때에도 이 성직을 오해한 사람들이 있었다. 그들은 사명에 걸맞은 거룩히 구별된 삶은 살지도 않았다. 단지 제사장 의복을 성경의 기준보다도 더 멋있게 옷소매를 넓게 하여 입고 다니면서 자신이 성직자임을 과시하며 다니는 자들도 있었다.

교회 시대인 신약시대에 성직자들은 어떤 사람들을 말하며, 어떤 삶을 살아야 할까? 먼저 교회사를 살펴보면 신약시대에도 구약의 성직자들과 크게 달라지지 않았던 점을 발견할 수 있다. 가톨릭에서 일반 신자들은 오랜 기간 동안 성경을 읽을 수 없었다. 이는 성경이 라틴어로 되어 있어서 사제들만이 알고 예배시에 읽어주었기 때문이다. 그러니 일반 신자들은 그 의미도 모른 채 그저 듣고만 있어야 했다. 그러다 보니 일반 신자들은 자신들의 신앙이 성경의 기준에 부합한 것인지 아닌지 알지도 못한 채 사제들이 이끄는 대로 믿을 수밖에 없었다. 결국 '루터'를 통해서 종교 개혁의 불씨가 당겨지고 '칼빈'과 여러 개혁자들을 통해 그 불길이 걷잡을 수 없이 들불처럼 온 세상에 확산되어 오늘에 이르렀다. 종교개혁을 통하여 개신교가 가톨릭의 그릇된 교리에서는 벗어났지만 성직자에 대한 개념은 큰 차이가 없는 것 같다.

일반적으로 성직자란 누구를 가리키는가? 목사, 선교사 등 복음을 위하여 전적으로 헌신하는 이들을 가리킬 것이다. 그러나 여기서 그친다면 성경에서 가르치는 아주 중요한 점이 빠진 것이다. 신약시대에 예수 그리스도를 믿어 세상의 빛과 소금으로 세워진 모든 성도들은 똑같이 성직자에 해당한다.

또 성직자란 누구를 지칭하는가? 하나님의 거룩한 일을 맡아서 수행하는 이들을 가리킨다. 신약시대에 있어서 하나님의 일은 어떤 일인가? 목사가 성도들에게 하나님의 복음을 전하기 위하여 설교를 하는 것도 분명히 하나님의 일이다. 그러면 평신도들이 세상 사람들에게 복음을 전하는 것은 하나님의 일이 아닌가? 평신도가 입으로 설교학적인 유창한 설교를 하지는 못하지만 착한 말과 행실로 감화를 끼쳐서 믿지 않는 이들의 마음을 움직일 수 있다면 이는 더 없이 소중한 하나님의 일이다. 오히려 성직자의 위치에 있으면서 사회의 덕을 끼치지 못하여 비난받는 이들이 있다면, 그는 하나님의 일을 하는 게 아니라 하나님의 일을 허물고 있는 자이다. 목사들이 하는 사역과 일반 신자들의 사역을 이렇게 표현을 할 수 있을 것이다. '목사들은 신자들을 상대로 성직을 수행하고 있다면, 일반 신자들은 하나님을 모르는 세상 사람들을 향하여 성직을 수행하는 성직자들이라고 말할 수 있다.'

이 세상과 불신자들은 천국을 알지도 맛보지도 못한다. 그러나 그들에게 최초로 천국의 빛을 비추고 맛보게 하며 깨닫게 하여 굳게 닫혔던 마음의 문을 여는 고귀한 성직은 목사들이 아닌 일반 신자들의 사역인 것이다. 허물과 죄로 죽어서 눈이 어두워 하나님, 영생, 천국에 대하여 전혀 감각이 없던 세상 사람들에게 영생의 감각을 살리고 천국의 빛을 보게 하는 소중한 사명은 그들과 함께 몸을 부딪치며 섞여서 살아가는 일반 성도들의 사역인 것이다. 전쟁으로 비유를 한다면 일반 성도들은 최전방 격전지에서 백병전을 치르는 병사들이며, 목사들은 후방에서 그들을 지원하는 본부에 해당하는 것이다. 또 목사들이 교회 강단에서 성직을 수행한다면, 성도들은 온 세상을 강단삼아서 성직을 수행한다고 볼 수 있다.

"세상의 빛과 소금이 되어 삶으로 나타내는 설교를 통해서"

이는 누구의 사역이 더 소중한가를 논함이 아니다. 일반 신자들의 역할이나 목사들의 역할이나 우열을 가릴 수 없이 너무나 소중한 하나님의 일이요 거룩한 성직임을 말하고자 함이다. 예수님은 만왕의 왕이시지만 친히 제자들의 발을 씻기시며 진정한 성직자들의 자세가 어떤 것인지 본을 보여 주셨다. 성직자들은 신자들 위에서 군림하는 이들이 아니고 섬기기 위하여 하나님이 세우신 봉사자들이다. 굳이 따지자면 신자들이 목사들을 위하여 있는 것이 아니고 목사들이 신자들을 위하여 있어야 하는 것이다.

교회가 대형화되고 교회에 신자들의 수가 많아지면서 신자들을 겸손히 섬겨야 할 사역자들이 신자들 위에 군림하는 듯한 보기 흉한 일들이 가끔 목격되기도 한다. 이는 자신의 직무를 넘어서는 행위로서 세우신 주님께 엄한 질책을 받을 행동이다. 모든 사역자들은 다시 한 번 자신의 '사역적' 자세를 돌아보고 겸손히 성도들을 섬기는 사역을 해야 할 것이다.

성경을 자세히 보면, 사역자와 일반 신자 사이에 차이가 별로 없었다. 빌립 집사는 분명 평신도에 해당하는 집사였지만,

'에디오피아' 내시에게 성경을 가르치고 세례도 베풀었다. 물론 제도화된 오늘날의 교회에서 목사들이 넘쳐 나는데 집사들까지 나서서 세례를 베풀어도 된다는 의미는 아니다. 분명한 것은 사도 베드로의 말처럼 예수 그리스도를 구주로 믿는 모든 성도들은 이 세상과 하나님 사이에 세워진 거룩한 제사장들이요 성직자들이라는 것이다. 어떤 이들은 말로 가르치는 은사가 있어서 강단에서 신자들을 상대로 하는가 하면, 어떤 이들은 자신의 달란트에 따라서 장사, 사업 등 그 무엇을 통해서라도 성직의 수행이 가능하다는 것이다.

일반 성도들도 하나님이 세상에 세우신 성직자에 해당한다면, 성직자로서의 책임과 거룩한 윤리 의식도 성직자들에 부합한 기준을 스스로에게 적용해야 한다. 성직자들에 대하여 시대가 요청하는 어떤 바람직한 기준이 있다면, 일반 신자들도 스스로에게 그 기준을 적용하여 거룩한 하나님의 일꾼으로서 부족함이 없게 하여야 한다. 물론 목사나 선교사들이 성경을 더 많이 깨달았다면 주님께서 그들에게 더 차원 높은 윤리 기준을 제시하실 것이다. 모든 성도들도 자신을 하나님과 세상 사이에 중보적인 위치에 세우셨음을 인식하고, 거룩한 제사장으로서의 무거운 책임과 거룩한 윤리 의식으로 맡은바 직분을 잘 감당해야 할 것이다.

### 6) 조각구름에 가려진 태양

내가 자란 곳은 경상북도 영일군에 속한 아주 오지의 산간

벽지 작은 마을이다. 집에서 초등학교까지 거리는 대략 3 킬로미터 정도 되는데 굽이쳐 흐르는 넓은 내를 두 번이나 건너야 학교에 다다랐다. 더운 여름이면 학교를 파하고 집으로 돌아오는 길에 참새가 방앗간을 그냥 지나치지 못하듯 거의 대부분의 남자 아이들이 빠짐없이 들리는 곳이 있었으니, 이름은 '용치소'라 하고 깊이가 약 3 미터 정도는 되는 천연 풀장이었다. 너무나 물이 맑아서 3 미터 정도의 바닥은 그냥 훤히 들여다보일 정도로 맑았다, 거의 물 반 고기반인 그 맑은 물에 한참을 헤엄치며 놀다보면 그만 깊은 산 계곡물의 낮은 수온 때문에 너나없이 아이들의 입술이 파래진다. 한참 놀다 지치면 아이들은 물가로 나와 태양이 따끈하게 달구어놓은 바위에 드러눕는다. 태양이 눈부셔서 살포시 눈을 감는다. 그 순간에는 학교에서 선생님께로부터 들었던 꾸지람이나 늦게 집에 들어감으로 인하여 부모님께 들을 꾸지람 따위는 충분히 무시될 만큼 행복감에 젖어 철부지들의 마음을 완전히 무장해제 시켜 버린다.

그 따뜻함이 너무 좋아서 그냥 사르르 잠이 들 때도 많은데 가끔 그 행복한 분위기를 망치는 방해꾼이 가끔 나타난다. 따끈히 데워진 바위에 누워 하늘로부터 내리쬐는 태양빛에 물속에서 빼앗긴 체온이 가까스로 회복되어 그 행복함을 좀 더 누리려 살포시 눈을 감고 막 잠이 들려는 순간에 갑자기 감은 눈꺼풀 위로 내리 쬐이던 따스함은 온데간데없이 사라지고 순식간에 공기가 썰렁해져서 실오라기 하나 걸치지 않은 벌거숭이 아이들의 피부는 이내 소름마저 돋으려 한다. 갑자기 사라져버린 행복이 아쉬워서 '이게 뭔 일이야.' 하며 눈을 떠 보니 지나가는 구름 조각에 찬란하던 태양이 그만 가려졌기 때문이다. '에이! 참 좋았는데.' 하며 아이들은 투덜거리며 부랴부랴 옷가지를 주워 입고 그제야 정신이 번쩍 들었는지 각자들 집으로 발걸음을 재촉한다. 하늘의 태양으로부터 온 대지 위에 내리쬐던 햇빛이 지나가는 구름 한 조각에 의하여 이처럼 순식간에 달라질 수 있다니…….

그로부터 수십 년이 지난 시점에 과거 어릴 때의 추억을 되살리다 뇌리를 번개같이 스치는 게 있었다. 하나님은 한량없는 은혜와 사랑을 하늘의 태양보다도 더 강렬하게 우리를 향하여 항상 넘치도록 부어주시고 계신다. 그 은혜를 받은 성도들은 어쩔 줄 몰라 기뻐하며 감격해 한다. 그러나 그때의 그 감격이 일평생 신자들을 감동시키고 있을까. 아마 그런 이들은 거의 찾아볼 수 없을 것이다. 심지어 어떤 신자들은 주일날 목사님의 설교에 너무 은혜를 받아 다시는 예전처럼 살지 않겠노라고 일어서서 받은 은혜를 간증까지 했다가도 며칠 지나지 않으면 시들어지는 경우가 종종 있다. 물론 이런 일은 신자들이 은혜를 제대로 받지 못해서 이내 맥없이 식어 버리는 경우도 있겠지만 은혜를 제대로 받은 신자들에게도 얼마든지 일어날 수 있다.

하나님의 은혜는 한시도 쉬지 않고 우리를 향하여 무한정 부어지고 있지만 방해꾼 사탄이 또한 쉬지 않고 하나님과 신자와의 사이를 가로막아 하나님께로부터 내리는 은혜가 신자들에게까지 전달되지 못하도록 방해하고 있다. 이런 사탄의 영적 방해를 알지 못하는 신자들은 수없이 하나님의 은혜를 받으면서도 그 은혜를 금세 잊어버리고 하나님과의 관계마저 차단되어 버릴 수도 있는 것이다. 그러므로 성도들은 은혜를 받는 것만큼이나 소중한 것은 하나님과 자신과의 사이를 끊임없이 가로막는 사탄의 전략을 알고서 그에 대한 직절한 전략을 세울 때 비로소 하나님과의 바른 관계를 바로 이어갈 수 있는 것이다.

이런 일에 남달리 경험이 많은 베드로 사도를 통하여 주신 성경 말씀이 이를 잘 증명하고 있다.

> "근신하라 깨어라 너희 대적 마귀가 우는 사자 같이 두루 다니며 삼킬 자를 찾나니 너희는 믿음을 굳건하게 하여 그를 대적하라"(벧전 5:8-9)

성도들이여, 하나님과 당신 사이를 끊임없이 가로막는 사탄의 방해를 알고 유심히 살피며 그때마다 방해를 제거하여 하나님과 당신 사이에 아주 얇은 종이 한 장이라도 가로막히지 않게 되기를 소망한다.

### 7) 골든타임을 놓치지 말라.

출애굽기 14장에는 이스라엘 백성들이 애굽을 떠나 가나안에 이르기 위하여 홍해를 건너는 내용이 나온다. 우여곡절 끝에 홍해를 건넌 이스라엘 백성들은 그 후 자신들이 건너왔던 홍해로 되돌아 갈 수 없었다. 이스라엘 백성들이 애굽으로 돌아갈 수는 없었으나 그들의 마음은 여전히 홍해 건너편 애굽에 있을 때의 향수에 젖어들곤 하였다는 기록이 종종 나온다. 그들은 애굽에 있을 때를 회상하며 모세와 아론을 원망하였다. 하늘에서 내리는 만나를 먹으며 배도 불렀건만 어이없게도…….

> "우리가 애굽에 있을 때에는 값없이 생선과 오이와 참외와 부추와 파와 마늘들을 먹은 것이 생각나거늘"(민 11:5)

> "우리가 애굽 땅에서 고기 가마 곁에 앉아 있던 때와 떡을 배불리 먹던 때에 여호와의 손에 죽었더라면 좋았을 것을"(출 16:3)

가나안에 들어가기 위하여 애굽을 떠나서 돌아갈 수 없는 홍해를 이미 건넜지만 그들의 마음은 여전히 홍해 저 건너편 애굽에 머물러 있었던 것이다. 하나님은 애굽에 대한 향수에 젖어있는 그들의 심각한 행악을 보시고 진노하셨다는 기록이 성경에 나온다. 그들은 구원을(열 재앙과 홍해의 기적을 통한 구원) 등한히 여긴 것이다(히 2:1-3 참조). 인간적으로 생각하면, 광야를 방황하는 동안 가끔 과거에 자신들이 살던 애굽에 대하여 회상에 젖어드는 것이 뭐 그리 나쁜 일인가 하는 생각이 들기도 한다. 그러나 그들이 자주 회상하곤 했던 애굽에 대한 추억은 다시금 그들을 옛날의 애굽인으로 되돌려 놓지도 못했다. 뿐만 아니라 자신들이 이르러야 할 요단강 저 건너편 가나안으로 들어가지도 못하게 하는 원인이 되었다. 애굽을 회상하던 그들은 결국 거의 대부분 유리 방황하다가 광야에서 쓰러져 죽는 불행한 결과를 초래하고 말았다.

그런데 이 사선에 대하여 고린도전서 10장 6-11절에서 기록하기를, 광야에서 멸망 받은 그 사건은 신약시대 성도들에게 경종을 울리기 위함이라고 하였다. 애굽을 뒤로 하고 광야로 나왔던 그들처럼 우리들도 불신의 세상에서 믿음의 세계로 들어왔다. 광야에 나온 백성들이 애굽에 있을 때를 회상하듯이, 그리스도인들도 가끔 믿기 이전에 세상에서 살 때의 그 무엇을 못 잊어 할 때가 있다. 가끔 전에 즐기던 세속된 것들을 다시금 즐겨보려는 강한 유혹에 갈등하기도 한다.

"여기서 하나 반드시 짚고 넘어갈 것이 있다."

신약시대의 그리스도인들도 전에는 애굽에 해당하는 세상에 속하여 살았다. 그러다 주님의 부르심으로 인하여 세속이라는 곳에서 하나님의 나라 백성들이 머무는 믿음의 세계로 일단 들어오긴 하였는데, 세상에 속하여 살다가 믿음의 영역에 들어온 그리스도인이라 일컫는 이들은 한 가지 심각한 문제에 부딪친다. 그들은 예수 그리스도의 십자가를 믿음으로 하나님의 자녀라 일컬음을 받고 신분상으로는 천국 백성이 되었다. 그러나 아직 그들의 기억과 습관과 취미나 가치관은 여전히 세상에 속하여 살 때에 가졌던 흔적을 지니고 있다.

새로이 형성되기 시작한 하나님의 말씀과 성령님의 알게 하심과 믿게 하심으로 말미암은 그 믿음의 영역과 심각한 충돌이 생기기 시작한 것이다.

이전에 주님을 알기 전에는 세상에서 행하던 여러 가지 오락이나 세속 된 생활 자체가 아무런 갈등이나 부딪침 없이 마냥 좋았다. 너도 나도 정신 줄 놓고 그렇게 심취하여 살았다. 그러나 이제 일단 그리스도인이 된 이상에는 그래도 명색이 그리스도인이라 불리기 때문에 버젓이 드러내놓고 예전처럼 세속적으로 살아갈 수는 없다.

"물론 일찌감치 경주를 포기한 선수들처럼 그런 신자들이 있기는 하지만"

남의 눈을 피해야 하는 그 비참함을 무릅쓰고 절묘한 균형감각으로 예수 믿지 않을 때처럼 은밀히 세속적인 것들을 탐닉하며 다시금 예전처럼 살아본다고 치자. 옛 맛을 회상하며 남의 눈을 피하여 세속적인 삶을 은밀히 즐겨보려 하지만 갈등도 없고 마냥 좋기만 했던 예전의 그 짜릿한 맛을 결코 되찾지는 못할 것이다(성령이 책망하시기에). 주님께 버림을 받아 완전히 애굽으로(불신앙) 다시 되돌아가 버리지 않은 이상은. 그럼에도 불구하고 신자들에게 있어서 세속적인 것들은 실제 그 이상의 아주 강한 유혹으로 다가온다. "아주 심오하고 짜릿할 것 같은……" 결국 세속의 미련을 완전히 버리지 못한 신자들은 별 신통치도 않은 세속적인 것들의 과대 포장된 강한 유혹에 이끌려 세속의 경계선을 마냥 넘나들고 있는 것이다. 그리고는 "아, 이 맛이 아니었는데." 하며 쓴맛을 다시면서도 또 되풀이하는 것이다.

이처럼 신자들이 믿음과 세속의 영역을 자꾸만 넘나드는 사이에 서서히 굳혀지고 있는 것이 있는데, 그것이 무엇일까? 애굽을 탈출하여 광야로 나왔던 그들이 아주 신속히 해야 될 일은 다름 아닌 가나안 땅에 들어가 구별된 하나님의 백성으로서 살아가기 위한 훈련과 그 인격을 갖추는 일에만 전념하는 것이었다. 그리 하더라도 오히려 그들에게는 시간이 부족하였을 것이다. 왜냐하면 그동안 애굽에 살면서 그 타락된 문화와 가치관과 죄악 된 습관에 뼈 속까지 찌들어 있었기 때문이다. 그러니 그런 것들을 다 걸러 내기 위하여서는 피땀 흘리는 긴 몸부림의 시간이 있어야 했다. 그러나 그들은 그런 몸부림 대신에 전에 살던 애굽의 향수에 취하여 흐느적거리고 있었다. 그들이 천국의 예표인 가나안 땅에 들어갈 수 없었음은 지극히 당연한 결과였다.

바울은 그들이 가나안에 들어가지 못하고 광야에서 멸망한 사건을 굳이 성경에 기록한 이유에 대하여 다음과 같이 말하였다. 신약시대의 성도들에게 그들과 같은 전철을 밟지 않게 하기 위하여 거울처럼 경계시키기 위함이라고 성경에 기록한 이유까지 의도적으로 밝히고 있다(고전 10:6-11 참조). 출애굽 한 이스라엘 백성들이 그러 하였듯이, 죄악 된 세상에서 믿음의 세계로 들어온 그리스도인들은 비록 신분은 하나님의 백성이요 자녀들로 바뀌었지만 여전히 죄악 되고 타락된 세속적 가치관과 관습과 사상이 뼛속 깊이 물들어 있었다.

"그냥 예수만 믿으면 되는 거야. 우리는 부족해도 그분의 십자가를 믿기만 하면 과거 현재 미래의 죄까지도 다 용서하여 주셨는데, 별 일 있겠어? 내가 좀 세속적이거나 설령 죄악에 찌들어 있다 하여도 그것으로 인하여 버림을 받지는 않을 거야. 이게 바로 은혜의 종교인 십자가의 도리 아니겠어?"

목사나 신학박사들 중에도 이렇게 믿는 신자들이 의외로 많다. 만일 그렇다면 굳이 사도 바울이 애굽에서 나왔던 백성들이 광야에서 대부분 멸망한 사건을 신약시대의 신자들에게 경종을 주기 위함이라고 언급할 필요는 전혀 없었을 것이다.

예수를 믿는 이에게는 성령께서 그와 함께 계신다. 함께 계신 성령님은 그냥 가만히 계시려고 오신 것이 아니다. 하나님의 백성으로서 손색이 없기까지 자라게 하기 위하여 끊임없이 성도들을 위로하시고 독려하시며 때로는 책망을 하신다(벧후 3:13-14 참조). 그 성령의 음성에 순종을 하다 보니 외형상으로는 날마다 절제하고 몸부림치는 양상으로 나타나는 것이다. 그 성령에 따르지 않을 때는 당연히 두려운 마음을 갖게 하는 것이 또한 성령님이 하시는 일이다(약 4:8-9 참조). 성령의 역사에 따라 바울 같은 대 사도도 바른 믿음을 지키기 위하여 달리고 또 달리며 날마다 자신의 몸을 치면서도 이렇게 말했다. "나는 아직까지 무엇 하나 손에 잡은 듯이 여기지도 아니하고 단지 푯대를 향하여 쉬지 않고 달려갈 뿐이라"(빌 3:12-13 참조).

"요즘은 되지도 못하고 스스로 다 된 줄로 착각하는 이들이 얼마나 많은지 모른다."

이 시대의 많은 그리스도인들이라 자처하는 이들이 사도 바울처럼 성령의 인도하심에 따라 끊임없이 자기 십자가를 지고 자신을 부인하며 날마다 더 온전하여지기 위하여 몸부림을 치는 이들을 만나보기가 참으로 어렵다. 그리스도인으로서의 경주를 포기한 것인지 아니면 자신이 만만해서 그런 건지 알 수 없는 일이다. 성직자들 중에서도 예수님을 닮는 거룩한 삶을 위하여 애쓰기보다는 예전 믿지 않을 때의 생활 습관을 따라 세속 된 삶에 심취하고 있는 이들이 적지 않은 것 같다.

"목사가 놀음을 했다나 뭐를 했다나?"

그러면서도 "구원? 그건 주님이 십자가 위에서 이미 과거에 다 이루어 놓으신 거 아니야? 인간이 몸부림을 친다고 그게 어찌 자신을 구원하겠는가? 그렇다면 그건 기독교가 아니지……."

이렇게 제법 그럴듯한 논리를 들어 성경적 깨달음인양 자신들의 신앙적 일탈 행위를 성경 여기저기를 둘러대며 자신들의 방패로 삼으려는 이들이 없지 않다.

이로 말미암아 이 세상에 사는 동안에 하나님의 백성으로서 필수 요소인 거룩함과 아름다운 성도의 형상을 갖추어야 할 기회를 다 놓쳐 버린다. 불행한 사람들로서의 위치가 그들에게 점점 더 분명해 지는 것은 아닐까? 애굽에서 탈출하여 광야에 나온 사람들이 애굽에서는 구원을 받았으나 아직 가나안에는 이르지 못했다. 그들의 구원은 가나안에 가서야 비로소 완성되는 것이었다. 그러나 그들의 불신앙으로 인하여 애급의 향수에 젖어 비틀거리는 동안에 그들에게는 오직 한 번 주어진 기회인 천금 같은 '골든타임'이 지나가고 있었다.

이 세상의 그리스도인들은 분명히 죄악 된 세상에서는 일단 불러냄을 받은 사람들임에는 확실하다. 그러나 아직 이 땅에 사는 그리스도인들은 하나님의 나라가 완성 되지도 않았고 또 천국에 이르지도 못한 중간 지점에 있다. 구원의 완성이 그리스도인들에게 다 이루어 진 것은 아니다. 세상에 사는 동안에 하나님의 백성으로서의 온전한 조건이(하나님의 기준에 의한) 갖추어진 사람만이 구원의 완성에 이를 것이다. 그 구원의 완성을 위하여 성령께서 각 성도들에게 강하게 역사하시며 독려하시며 때로는 책망하시는 것이다. 구원은 값없이 베푸시는 것이나 그 구원의 은혜를 입은 그리스도인들은 성령의 강력한 인도하심에 의하여 때로는 근심하며 몸부림을 치며 끝없이 자신을 절제하며 온전한 신앙에 이르기까지 자신을 세속에 방치하지 않을 것이다. 그에게 성령이 함께 계신다면 세속에 방치되도록 내버려 두시지도 않을 것이다.

그리스도인들이 예수 그리스도를 믿는 믿음은 인간 스스로의 마음으로 믿는 것이 아니다. 믿게 하시는 성령의 인도로 믿는 것이다. 성령님은 모든 믿는 이들의 심령 속에서 비추어 주시며 내주하시며 끊임없이 성도들을 재촉하신다. 하나님이 창세전에 예정하신 그 기쁘신 뜻대로 이루어지게 하는 삶을 살게 하시기 위하여 성령님이 강권하시는 것이다. 강권하시는 보혜사 성령님의 인도를 받는 그리스도인들은 영원한 하나님 나라에서 더 영광스러운 하나님의 자녀로서의 형상을 이루기 위하여 이 세상에서 주어진 모든 시간을 '골든 타임' 처럼 아주 소중하게 사용할 것이다.

"골든 타임이 어떤 시간인가?"

심장마비나 호흡이 중지된 사람을 살리기 위한 조치를 취할 수 있는 극히 제한된 시간을 두고 흔히 일컫는 말이다. 죄악 된 세상에서 나와서 예수 그리스도를 믿는 이들의 남은 삶과 모든 시간들은 영원한 하나님의 나라의 백성으로서 준비되기 위하여 두렵고 떨리는 마음으로 신중히 사용되어야 할 오직 단 한 번 주어진 '골든 타임' 인 것을 바로 알아야 한다.

### 8) 영적 데미지를 조심하라.

부산 최고의 관광명소는 해운대 해수욕장일 것이다. 우리나라 제2의 도시인 부산시에 동백섬과 함께 해운대 해수욕장의 존재는 부산 사람들의 자랑거리요 뛰어난 휴식처임에 틀림없다. 해운대 해수욕장이 이처럼 부산 사람들의 사랑을 받게 된 이유는 도시 안에 있으면서도 깨끗한 바닷물과 넓고 고운 모래사장이 있기 때문이다. 해운대 해수욕장은 동해와 남해가 막 시작되는 절묘한 위치에 있어서 그런지 적당한 파도가 끊임없이 밀려오면서 떠밀려온 모래로 인하여 자연스럽게 형성된 천연 모래사장은 너무나 아름다운 경관을 이룬다.

그런데 1980년대 초부터 해운대 해수욕장의 모래사장은 이상하게 파도에 휩쓸려 어디론가 사라져 버려서 예전의 그 아름다운 경관을 찾아볼 수 없었다. 할 수 없이 부산시에서는 관광 제1명소인 해운대 해수욕장의 명성을 유지하기 위하여 많은 예산을 들여서 해마다 먼 곳에서 모래를 수천 톤씩 운반하여 인공적으로 모래사장을 조성해야 했다. 해운대 해수욕장의 모래가 갑자기 휩쓸려가는 이유를 밝혀 보려고 부산시 관계자들과 학자들이 한 자리에 모여서 다양한 의견을 나누어 보았는데, 이렇다 할 뾰족한 해답이나 대책도 찾지 못했다.

그러던 중 A라는 분이(오래된 일이라 그분의 직업과 성함을 기억하지 못함) 그 자리에서 그 원인에 대하여 다음과 같이 말한 것을 듣게 되었다. 해운대에서 20 킬로미터 정도 떨어진 곳에는 영도라는 섬이 있고, 중앙동과 영도를 잇기 위하여 일제강점기 때 놓았던 교량이 하나 있었다. 그러나 너무 좁고 낡아서 그 옆에다 왕복 4차선의 큰 대교를 1980대초에 완공하였다. 새로 건설된 영도대교는 길이가 길기 때문에 바다 가운데 교각을 몇 개 세운 후 그 위에 다리를 건설하였다. A라는 분의 주장은 영도대교를 건설하면서 바다에 교각을 몇 개 세운 것이 해류의 흐름에 영향을 미쳐서 20 킬로미터나 떨어진 해운대 해수욕장의 모래가 휩쓸리게 되었다는 것이었다. 그 자리에 함께 참석한 많은 사람들은 '아니! 20 킬로미터나 떨어진 바다 속에 교각 몇 개 세웠다고 그 많은 모래가 없어진다고요?

설득력이 있는 주장을 하셔야지. 허허.' 하면서 웃고 지나치려 하였다.

그러자 A라는 분은 정색을 하며 "글쎄요. 아마 저의 주장이 틀림없을 겁니다. 이렇게 한번 해보는 게 어떨까요?" 하며 부산 근해의 해안선 모형을 만들어 실험을 해 보자고 제의를 하였고, 그 의견은 받아들여졌다. 먼저 영도대교를 건설하지 않은 해안선 모형을 만들어 인공 파도를 발생시켜본 결과 축소판 해운대 백사장의 모래는 변동이 거의 없었다. 뒤이어 영도대교를 건설한 모형에다 인공 파도를 형성시켜본 결과 놀라운 현상이 나타났다. 바다 가운데 세워진 교각의 영향으로 해류의 흐름에 장애가 생겨 멀리 떨어진 해운대의 백사장 모래가 휩쓸리는 현상이 부산 앞바다의 축소판 모형에서 뚜렷하게 나타났던 것이다. 넓은 바다는 크고 작은 것을 아무 흔적 없이 다 수용할 줄 알았는데 그게 아니었다. 사람들이 자세히 살피지 않아서 그렇지, 넓은 바다도 어떤 충격을 받으면 받은 충격의 크기만큼 그대로 데미지가 남는 것이었다. 어쩌면 이런 현상은 영적인 세계에서도 그대로 일어날 수 있는 일일 것이다.

세속적인 것과 죄에 아주 민감한 센스가 작동하는 육신을 입고서 마귀가 우는 사자처럼 삼킬 자를 찾아 해매는 이 세상에서 신앙생활을 하는 성도들의 영성은 어느 정도의 여력이 있는 것일까? 성경에는 아주 대단한 영적 거장들이 많이 있다. 그런데 이들의 영성도 때로는 아주 작은 장애물에 의하여 어이없이 걸려 넘어지곤 했던 것을 볼 수 있다. 영적 거장이라 일컫는 믿음의 선진들의 영성마저도 그다지 큰 여력은 없었던 것 같다.

그렇다면 이 시대를 살아가는 그리스도인들의 영성은 어느 정도의 여력이 있는 것일까? 나는 이 시대를 그리스도인들의 영적 수준을 이렇게 표현하고 싶다. 아주 모범적인 성도들의 영성이라 할지라도 여력은커녕 시소 위에서 가까스로 균형을 유지하고 있는 정도가 아닐까 생각한다. 겨우 균형을 맞춘 '시소' 한쪽에 작은 자갈 한 개만 올려놓으면 시소는 자갈이 실린 쪽으로 기울어지게 될 것이다.

우리가 살아가는 이 시대는 어떤 시대인가? 눈에 보이는 것들과 귀에 들리는 것들 중에는 성도들의 영성에 치명적인 상처를 입힐 수 있는 해로운 정보나 사건들이 쓰나미처럼 밀려오는 시대이다. 가까스로 영성을 유지하고 있는 성도들이 이처럼 믿음과 영혼에 치명적인 정보들을 아무 경계심 없이 그대로 받아들인다면 겨우 평형을 유지하던 영적 '시소'는 이내 바닥으로 가라앉을 것이며, 특단의 대책이 없는 한 원상회복은 거의 불가능할 것이다.

저 멀리 영도 앞바다에 세워진 작은 구조물의 영향으로 인하여 20 킬로미터나 떨어진 해운대 백사장의 모래가 수천 톤씩 파도에 쓸려간 것처럼, 크건 작건 성도들의 영성 유지에 손해를 끼칠 정보들을 아무 생각 없이 받아들인다면 가까스로 유지되던 영성은 어쩌면 원상회복이 어려울 정도의 큰 데미지를 입을 수도 있을 것이다. 권투 선수들이 상대 선수의 강펀치를 맞고 순간적으로 다운이 되기도 하지만 이내 회복되기도 한다. 그러나 상대 선수가 견제를 위하여 날리는 잽을 지나치게 많이 허용할 경우 데미지가 누적되어 결국 쓰러지기도 하는데, 이런 경우 다시는 기운을 회복할 수 없다는 게 권투계의 전문가들의 견해이다. 경우에 따라서는 스마트폰과 인터넷 그리고 TV 등도 성도들의 영성에 해로운 잽을 지속적으로 가하여 데미지로 작용할 수도 있을 것이다.

말세지말의 때를 살아가는 성도들은 자신의 영혼에 해를 입히는 게 어떤 것인지를 자세히 살펴서 그런 것들에 의하여 주님과의 교통에 지장을 초래하거나 성령님이 탄식하시는 음성조차도 듣지 못하는 일은 없도록 해야 할 것이다. 말세의 때를 살아가는 성도들의 영성은 그다지 여력이 없다. 영성이 깨어있는 이라 하더라도 겨우 유지하고 있는 정도를 넘지 못할 것이다 .어쩌면 지금 보고 듣는 어떤 것으로 인하여 당신의 영성은 치명상을 입고 다시는 예전처럼 건강하게 회복되지 못하고 아주 쇠락하게 될지도 모른다.

> "그들이 감각 없는 자가 되어 자신을 방탕에 방임하여 모든 더러운 것을 욕심으로 행하되 오직 너희는 그리스도를 그같이 배우지 아니하였느니라"(엡 4:19-20)

### 9) 저 찬란한 드레스는

나는 의상 전문가도 아니고 또한 남자이기에 옷에 그다지 관심이 없는 사람이다. 그러나 물리학 쪽에 약간의 관심과 상식이 있어 그 관점에서 의상의 구조와 용도를 이해하는데 약간의 도움이 되었다. 어떤 물체의 회전 운동에 있어서 정확한 밸런스는 아주 중요하다. 오늘날 대부분의 사람들은 자동차를 소유하고 운전한다. 그 자동차 바퀴의 휠 부분을 자세히 보면, 어느 쪽인가에 작은 납덩이가 붙어 있다. 타이어나 휠을 생산할 때 아무리 정밀하게 가공하여도 무게 배분을 100% 똑같이 하기는 쉽지 않다. 무게 배분이 부정확한 타이어를 장착한 채로 자동차가 고속 주행을 하게 되면 바퀴는 크게 진동을 일으켜서 고속 주행이 불가능하게 된다. 그래서 맞지 않는 무게만큼 작은 납덩이를 부착하는 것이다. 따지고 보면 아직 타이어나 휠은 무게 배분이 고르지 못한 불완전 제품인 것이다 그래서 그 불완전한 무게를 납덩이로 보완을 하는 것이다.

그런데 이런 시각으로 옷을 보니까 아무리 뛰어난 디자이너가 직접 만든 값비싼 의상들도 어딘가 불완전한 부분이 있음을 알게 된다. '아니! 의상 전문가도 아니면서 무엇이 불완전하다는 것인가?' 이의를 제기할 것이다. 모든 의상들 특히 여성들의 의상들을 자세히 보면 값비싼 옷일수록 액세서리들이 달린 것을 볼 수 있다. 액세서리가 왜 달려 있는 것일까? 옷을 더 아름답게 보조 역할을 하기 위하여 부착하는 것이다. 옷 자체만으로는 어딘가 밋밋하고 빠진 것 같으므로 그 여백을 메우기 위하여 액세서리가 필요했던 것이다. 그렇다. 아담과 하와 이후부터 사람에게는 옷이 필요했고 옷을 만드는 기술은 비약적으로 발전해 왔지만 아직까지는 완벽한 옷을 만들 수 없어서 액세서리의 도움을 받아야 하는 것이다.

그런데 요한계시록 19장 8절에 보면, 지금까지 사람의 기술로 만들 수 없는 가장 완벽한 의상에 대하여 기록하고 있다. 여기 보면 '세마포'라는 옷이 나오는데, 이는 우리나라의 베옷에 해당한다. 옛 선조들이 입던 베옷에 장식품 달린 것을 본 일이 있는가? 베옷은 아무 장식품도 없이 단지 옷매무새를 매는 끈만 달려있을 뿐이다. 그런데 성경에는 이 옷이 눈이 부실 정도로 찬란한 광채를 발한다고 하였다. 아무런 꾸밈이나 액세서리가 없음에도 말이다. 이 옷은 장차 세상 말세의 때에 예수께서 이 세상에 오시기 직전 어린양의 신부로 예비된 이들에게 입히기 위하여 하나님이 그 빛나는 세마포 옷을 입도록 허락하셨단다. 그런데 이 옷이 무언가에 대하여 설명하기를 이는 "성도들의 옳은 행실"이라고 하였다. 아하! 세상 사람들은 자신의 몸을 가리기도 하고 또 자신의 신분과 경제력을 나타내기 위하여 값비싼 옷을 해 입는데 하나님이 성도들에게 입히실 옷은 이런 것이었음을 깨닫게 되었다.

세상 사람들은 자신들의 불완전함을 감추려 이런 저런 것들을 장식품처럼 꾸미려 한다. 하지만 마음속에 주님을 모시고 하나님의 은혜에 겨워 사는 이들은 도무지 자신을 더 좋게 보이려고 그 무엇을 꾸며야 할 아무런 이유도 필요도 없다. 오히려 자신에게 부어주신 하나님의 은혜가 너무 크기에 다 표현하지 못하고 많은 부분이 감추어져 있을 것이다. 마귀가 주장하여 온 세상이 타락하고 진리의 기준조차 모호해진 말세지말의 때에도 어린 양의 신부로 택함을 받은 이들은 아무 꾸밈없는 자태를 보이고 있다. 그럼에도 티 하나 없는 순결무

구함과 찬란한 빛을 지닌 채 이 어두운 세상에서 존재한다는 성경의 증거이다. 특히 이들의 정결함과 찬란함이 더 빛나는 것은 마귀의 방해와 온 세상의 타락이라는 그 와중에서도 순수함과 아름다운 빛을 그대로 간직하고 있었다는 점이다.

이것이 단지 그들의 각오와 몸부림으로 가능했던 것일까? 계시록 9장 8절에서 그들에게 이 세마포를 입도록 허락하셨다는 기록이 나온다. 그렇다! 온 세상이 다 타락되고 세속화의 길로 갈지라도 주님께서 자신의 신부로 택하신 성도들은 주님께서 반드시 당신의 신부답게 정결하게 지켜 내시고야 말 것이다. 이것을 현실적으로 이해가 쉽게 풀어보자.

찬란하게 빛나는 세마포로 표현된 성도의 삶이란 무엇을 말하는가? 사람들은 자신이 그리되지 못했을망정 참으로 바른 어떤 것을 보게 되면 고개를 끄덕이게 되어있다. '그래! 바로 저거야. 사람은 본래 저렇게 살아야 하는 거야.' 눈이 부시도록 성도들의 옳은 행실이 빛이 났다는 것은 그 성도들의 삶을 지켜본 사람들의 마음에 도저히 잊을 수 없는 감동과 빛을 비추어 주었음을 말해주는 것이다. 세상과 완전히 구별된 성도들의 거룩하고 빛난 모습을 가리킨다.

이 시대는 어떠한가? 기독교인들의 삶의 방식과 인격 vs 세상 사람들의 그것은 아마 거의 대부분 별 차이 없음으로 나타날 것이다. 이러고도 그 기독교인들이 주님의 신부로 예정된 이들이라고 할 수 있을까? 그들의 생각과 행실에는 죄가 더덕더덕 붙어있고 걸어가는 발자취마다 탐욕이 여기 저기 묻어나는데 그들을 과연 주님이 특별히 예비하신 어린양의 신부들이라고 할 수 있을까? 그들의 타락되고 오염된 삶의 모습들을 어떻게 해석하여야 이 빛난 세마포를 입은 무리와 그들을 제대로 이해할 수 있을까?

> "임금이 손님들을 보러 들어올새 거기서 예복을 입지 않은 한 사람을 보고 이르되 친구여 어찌하여 예복을 입지 않고 여기 들어왔느냐 하니 그가 아무 말도 못하거늘 임금이 사환들에게 말하되 그 손발을 묶어 바깥 어두운 데에 내던지라" (마 22:11-13)

비록 한 사람일지라도 그 혼인 잔치에는 예복이 없이는 절대 들어갈 수 없음을 밝히고 있다. 이 말세의 때에 많은 그리스도인들의 삶이 세상 사람들과 별 다름없이 세속화 되어버린 원인을 살핀다면 이것이 아닐까? '택함 받은 성도들은 행위의 어떠함과 상관없이 하나님이 반드시 구원을 하신다고.' 이 말이 크게 틀린 말은 아닌데, 아주 중요한 것이 빠져있다. 하나님이 택하시고 예정하신 당신의 백성들은 반드시 이 빛나는 예복을 입게 하신다는 것을 말한다.

즉 성도들로 하여금 보혈의 능력과 성령의 강권적인 도움을 힘입어서 이 말세의 때에도 눈이 부시게 빛난 세마포를(빛난 옳은 행실을) 입도록 하신다는 점이다. 그의 마음속에 강력한 성령의 감동을 주셔서 주님의 신부로서의 합당한 예복을 갖추려는 간절한 소원을 품게 하실 것이다.

어떤 이는 이렇게 말할 수도 있을 것이다. '아니! 눈에 보이는 거의 대부분의 교회와 그리스도인들이 세속 되게 보이고 타락한 것 같은데 빛나는 세마포를 입은 것 같은 그리스도인들이 도대체 어디에 있단 말인가?' 그러나 항상 하나님이 하신 일들은 인간의 시야와 짐작이 미치지 못하는 가운데서 이루어져 왔음을 성경은 밝히고 있다. 그리되지 못한 교회나 그리스도인들이 아직 하나님의 입게 하시는 세마포를 입지 못했을 뿐, 하나님이 입도록 허락하신 성도들은 하나님이 기어이 입혀주실 것이다. 그리하여 그 어떤 액세서리로 꾸미는 것 없이 오직 주님의 은혜로 한 올 한 올 짜여진 순결무구함과 찬란하게 빛나는 세마포로 단장되어 갈 것이다.

> "이는 너희가 흠이 없고 순전하여 어그러지고 거스르는 세대 가운데서 하나님의 흠 없는 자녀로 세상에서 그들 가운데 빛들로 나타내며"(빌 2:15)

### 10) 복을 전달하는 공급자

창세기 12장 3절에 보면, 아브람에게 하나님이 나타나셔서 너로 말미암아 땅의 모든 족속이 복을 얻으리라고 하셨다 하나님의 복이 아브람을 통하여 온 세상으로 흘러가게 될 것을 말씀하신 것이다. 이 약속은 아브람 한 사람에게 국한되는 것이 아니요, 그의 영적 자손인 모든 그리스도인들을 통하여 성취될 것이다. 모든 성도들은 아브라함과 함께 하나님께로부터 오는 그 무엇을 이 세상에 공급하는 공급자로서 세우심을 받았다.

세상의 잣대로 볼 때 아무리 볼품없고 가난한 성도라 하더라도 그가 아브라함의 계보를 잇는 참 믿음의 반열에 서 있다면 그는 이 세상에서 공급자로서 살아갈 수 있을 것이다. 어떤 이가 설령 직장에서 말단 직원으로 몇 푼의 돈을 받고 일을 할지라도 그는 여전히 그 곳의 공급자일 수 있다. 그가 온전한 믿음의 성도라면 일한 대가로 받는 몇 푼의 돈과는 비할 수 없이 더 소중한 것들을 직장이나 세상에 끼칠 수 있기 때문이다. 세상 사람들은 예수 그리스도나 천국, 영생을 알지 못하지만, 성도는 그들에게 이 소중한 것들을 끼칠 수 있기 때문이다. 좋지 않은 직장에서 작은 월급을 받는 사람이 세상에서는 뒤쳐진 사람 같지만, 그가 믿음의 성도라면 상황은 달라진다. 수고의 대가로 받는 것은 아주 작지만 그가 받은 것과 비교할 수 없도록 더 소중한 것을 끼칠 수 있기 때문이다.

### "성도들은 영원히 목마르지 아니할 것으로 줄 수 있기에"

이제 받는 것으로 계산하지 말고 내가 타인에게 끼칠 수 있는 것으로 계산하자. 성도는 자동차가 복잡한 도로 위에서도 여전히 공급자일 수 있다. 시간에 쫓기고 무엇엔가 목말라 바쁜 이들에게 성도들은 넉넉한 공급자의 아량으로 그들에게 시간을 양보할 수 있을 것이다. 성도들은 이 세상의 부한 자들과 권세자들 앞에서도 그들에게 무엇을 받기보다는 끼치기 위하여 하나님이 자신을 그곳에 보내셨음을 알아야 한다. 성도들 중에(심지어 사역자들까지도) 하나님은 나에게 그럴듯한 일을 맡기지 않은 것 때문에 은근히 불평하는 이들도 있을 것이다.

바울은 대 사도이지만 예수 믿고부터 거의 평생을 쫓겨 다니며 매 맞고, 굶으며 감옥을 전전하는 삶을 살았다. 그는 이 시대의 사람들이 상상도 할 수 없는 극한의 가난과 핍박, 환난 가운데서도 여전히 공급자로서 살았다. 언뜻 보면 사도 바울은 예수를 믿고 나서 쫄딱 망한 사람처럼 보인다. 사도행전 26장에 보면, 바울은 죄수로서 아그립바 왕 앞에 서게 되었다. 바울이 아그립바 왕에게 무엇을 얻으려 하기보다는 끼치려 애를 쓰고 있는 모습을 볼 수 있다.

> "바울이 이르되 말이 적으나 많으나 당신뿐만 아니라 오늘 내 말을 듣는 모든 사람도 다 이렇게 결박된 것 외에는 나와 같이 되기를 하나님께 원하나이다 하니라"(행 26:29)

아그립바 왕 앞에 죄인의 신분으로 서 있으면서 이 얼마나 담대한 웅변인가. 그는 구차하게 아그립바 왕에게 무엇을 부탁하려 하지 않고 자신에게 있는 그 무엇을 끼치려 하고 있는 것이다

"이 시대 교회와 모든 성도들이여!"

당신이 처한 어떤 현실과 상황에서도 당신 속에 예수님이 함께 계신다면 당신의 배에서 생수의 강이 흘러넘칠 것이다.

주님께로부터 당신에게 전달된 그 생수의 강을 온 세상을 향해 흘려 보낼 수 있다면 당신은 진정한 공급자이다. 어디서 무엇을 하든지 아브라함의 후손답게 받거나 얻기보다는 하나님께서 당신을 통하여 주시고자 하는 소중한 것들을 이 세상에 풍성히 공급하는 공급자가 되라. 당신이 비록 중한 병으로 병상에 있다 할지라도 주님께서 붙들고 계시다면 여전히 주위에 있는 분들에게 소중한 그 무엇을 끼치는 공급자일 수 있는 것이다. 하나님은 어떤 상황에서든지 공급자로 사시는 당신에게 항상 공급할 것이 있도록 필요한 것들을 넘치도록 채워주실 것이다. 당신이 그곳에 있는 것은 무엇을 받거나 채우기 위함이 아니라 세상에 없는 소중한 것들을 공급하기 위하여 하나님이 그곳에 보내셨음을 아시기를 바란다. 당신이 앉고 서는 곳마다 천국의 빛이 비친다면 당신은 세계적인 대 재벌이 돈으로는 끼칠 수 없었던 아주 값진 것을 공급하는 삶을 살아갈 수 있을 것이다.

> "근심하는 자 같으나 항상 기뻐하고 가난한 자 같으나 많은 사람을 부요하게 하고 아무것도 없는 자 같으나 모든 것을 가진 자로다"(고후 6:10)

### 11) 내가 이런 짓을 저질렀다.

나는 산간벽지 깊은 산골에서 어린 시절을 보냈다. 내가 생각하기에도 어릴 적의 나는 장난이 좀 심했다.

"거의 악동 수준이랄까."

어릴 적 우리 집에는 토종닭을 몇 마리 키웠다. 그 중에는 장닭들이 몇 마리 있었다. 방학이 되면 기나긴 하루를 보내기가 쉽지 않았다. 언젠가 방에서 따분하게 턱을 괴고 마당을 내다보는데, 그때 마당에서 무리지어 노는 닭을 보는 순간 기가 막힌 생각이 떠올랐다. 장닭끼리 싸움을 붙이면 재미있을 거라는 생각이 떠오른 것이었다. 이상하게 우리 집 장닭들은 서로 싸움을 잘하지 않고 사이좋게 지내고 있었다. 워낙 서열 차이가 나서 그랬는지 모르지만 하여튼 사이가 좋았다.

악동은 어릴 때도 닭들에게 싸우게 하는 비법을 알고 있었다. 장닭 한 마리를 들고 다른 장닭 앞에서 머리를 맞대게 하고 아래위로 흔들어대면 100% 싸우게 된다. 평소 아무 감정이 없던 녀석들이 처음에는 깃털만 치켜세운 채 노려보다가 화가 머리끝까지 치솟았을 무렵 맞은편 닭 위로 휙 던지면 두 장닭은 이내 발차기 쪼기 등 가능한 모든 방법을 다 동원하여 서로의 볏이 찢어지도록 죽어라고 열심히 싸우는 것이었다. 얼마 후 내가 손으로 들고 싸움을 유도한 닭이 좀 약했는지 도망가기 시작했는데도 싸움을 당한 장닭은 화가 풀리지 않는지 끝까지 따라가 거의 죽여 놓는 것이었다. 그 쌈 잘하는 장닭은 내가 싸움을 시켰다는 사실을 전혀 모르는지 나는 거들떠도 보지 않고 애꿎은 장닭만 무진장 혼내고 있었다.

"그 장닭은 왜 그토록 분이 풀리지 않았을까?"

"이 버르장머리 없는 애숭이 놈 감히 나에게 시비를 걸어 너 잘 걸렸다."

어쩌면 자기에게 대들었다고 생각하고 장닭에게 분풀이를 하고 있었을 것이다.

나는 요즘 어쩌면 그 장닭이나 우리네 사람들이 별반 차이가 없지 않다는 생각을 해본다. 사람들은 가정이나 직장이나 사회에서 다른 이들과 이런 저런 관계를 맺으며 얽혀서 살아간다. 사람들이 서로 가까이 살다보니 이런 저런 일로 인하여 마찰이 생기고 시비가 붙어 급기야 걷잡을 수 없는 싸움으로 비약되기도 한다. '당신이 어찌 나에게 이럴 수 있냐?' 고 하면서 말이다. 사람들의 싸움과 시비는 정말 싸움 당사자들만의 이유 때문일까?

다윗 같은 신실한 사람도 사탄에게 속아 격동 당했다. 사탄은 사람들을 격동시켜 또 다른 사람과 시비와 마찰을 일으키게 하고, 때로는 회복이 불가능할 정도의 큰 상처를 입히게도 한다. 사탄은 영적인 존재라 눈에 보이지는 않지만, 얼마든지 사람의 마음속에 은밀히 잠입하여 감정을 부추기고 불난 집에 부채질을 하듯 분노를 키워, 파국적인 행동이나 무서운 죄악까지 저지르게 한다. 사람끼리의 다툼이나 어떤 크고 작은 죄악의 이면에는 그렇게 되도록 사람의 마음속에 들어가 은밀히 조종하고 부추기며 싸움판을 크게 키운 조종자 사탄이 있다. 사람들의 감정 속에 숨어들어 은근히 떼밀면서 "조금만 더 힘 좀 써봐 옳지! 옳지! 딱 좋아……." 이러면서 닭들이 원하지 않았던 닭싸움의 이면에 악동의 손이 있었던 것처럼, 사람과 사람의 모든 시비와 성냄과 싸움과 죄악에는 사탄의 검은 손이 사람들을 격동시키고 있음을 알아야 하는 것이다.

> "근신하라 깨어라 너희 대적 마귀가 우는 사자같이 두루 다니며 삼킬 자를 찾나니 너희는 믿음을 굳게 하여 저를 대적하라"(벧전 5:8-9)

이런 사탄의 계략을 아는 성도들은 사람들을 대할 때 자신과 상대방이 사탄에게 휘둘릴 가능성을 알기 때문에 매우 조심한다. 뿐만 아니라 때로는 상대가 애매히 자신을 대적하는 듯한 자세를 취할 때에도 눈에 보이는 그 사람만을 보고 판단하지 않는다. 마치 장닭 싸움에 악동의 나쁜 손이 있었던 것처럼, 배후에 그 사람을 사로잡아 자신에게 시비를 붙이는 마귀의 검은 손이 있음을 아는 것이다. 이런 점을 아는 성도들은 오히려 그를 불쌍히 여길 수 있다. 예수님께서 죄는 미워하되 사람을 미워하지 말라고 하신 것도 이런 이유 때문이다. 사람들이 지은 죄보다도 먼저 사람을 사로잡아 죄를 짓게 한 사탄의 검은 손을 볼 수 있다면 그 사람은 신령한 눈을 가진 사람이라 할 수 있다.

그러므로 혹 앞으로 어떤 사람이 시비를 걸어오거든 그 사람만 보고 깃털 세운 장닭처럼 그와 싸우려 하지 말고 그를 사로잡고 싸움을 부추기는 사탄의 검은 손을 확 비틀어 버리기를 바란다. 그러면 사탄에게 속지 않았을 뿐 아니라 사탄이 그 사람을 두려워할 것이다. '저 성도는 나의 움직임을 다 보고 있구나.' 하면서.

그런 성도들은 자신에게 잘못을 저지르는 사람들을 전보다 더 쉽게 용서할 수 있을 것이며, 잘못을 저지르는 사람들을 긍휼히 여길 수도 있을 것이다.

"너희가 사람의 잘못을 용서하면 너희 하늘 아버지께서도 너희 잘못을 용서하시려니와"(마 6:14)

### 12) 사울 왕은 '류마티스' 관절염 환자였다.

경기도 용인에 있는 모 교회에서 부교역자로 사역할 때 주일 오후에 좀 황당한 내용의 설교를 한 적이 있었다. 의사도 아닌 내가 느닷없이 설교 중에 거의 3천 년 전 시대의 사람인 사울 왕을 두고 심각한 류마티스 관절염을 앓고 있었다는 주장을 했던 것이다. 의사나 고고학자도 아닌 내가 무슨 근거로 수천 년 전에 사망한 사울 왕이 류마티스 관절염을 앓고 있었다는 황당한 주장을 했을까? 류마티스 관절염이란 관절 부위에 자가 면역 체계의 이상으로 인해 세포들끼리 서로 해로운 적으로 알고 싸워서 관절의 물렁뼈가 손상되어 그 부위가 심한 통증과 함께 기형적으로 부어오르는 증세이다.

그러면 사울 왕이 이러한 류마티스 관절염에 걸렸다고 볼 만한 증거는 있는가? 초대 이스라엘의 왕인 사울은 블레셋과의 싸움에서 골리앗이라는 거인 장수를 만나 패색이 짙었다. 골리앗이 하나님의 백성들인 이스라엘 군대를 심히 모욕하였지만 그 누구도 감히 골리앗에게 도전하는 사람이 없었다. 그

때 소년 다윗이 사울 왕에게 "골리앗을 인하여 낙담하지 마소서 제가 저 블레셋 사람과 싸우겠나이다" 하였다. 사울이 보기에도 너무나 결과가 뻔한 싸움이 될 것 같아서 너는 아직 어리고 저 골리앗은 어려서부터 용사이니 안 된다고 하며 말렸다. 그러나 어린 다윗은 결연한 의지로 골리앗과 싸울 것을 강하게 주장 했다. 그리하여 사울 왕이 건네주는 큰 갑옷과 큰 칼을 버려 둔 채 평소 양을 지킬 때 사용하던 물맷돌 몇 개만 가지고 거구 인 적장 골리앗에게로 나아갔다. 만일 그때 다윗이 골리앗에게 패했다면 다윗은 물론이거니와 온 이스라엘과 사울 왕도 블레셋에게 패하여 그 나라의 종이 되든지 창칼에 죽든지 할 절대 절명의 순간이었다.

다윗과 골리앗의 싸움은 하나님의 도우심으로 인하여 다윗의 승리로 끝나고 사울은 나라와 자신의 안위마저 지키게 되었다. 그러나 다윗이 개선장군으로 성읍에 들어 올 때 "사울이 죽인 자는 천천이요 다윗은 만만이로다" 이 같은 여인들의 노래 소리가 들렸다. 순간 사울은 이 소리에 심히 불쾌하여 노하고 그때부터 다윗을 주목하기 시작했다. 다윗을 주목하기 시작했다는 말은 다윗을 은근히 자신의 적으로 간주하기 시작하였음을 의미한다. 사울은 실제로 몇 번인가 창을 던져 다윗을 죽이려고 하였다. 자신의 목숨을 걸고서 골리앗과 싸워서 이긴 은인이요 천군만마 같은 다윗을 그만 자신의 왕위를 노리는 적으로 보기 시작했던 것이다. 다윗은 추호도 사울로부터 이러한 의심을 살만한 행동을 한 적이 없음은 성경이 잘 증거하고 있다. 그 후 다윗은 어이없게도 자신을 적으로 간주하는 왕 사울을 피해 이곳저곳을 도망하는 도망자의 신세가 되었다.

> "내 아버지여 보소서 내 손에 있는 왕의 옷자락을 보소서 내가 왕을 죽이지 아니하고 겉옷 자락만 베었은즉 내 손에 악이나 죄과가 없는 줄을 오늘 아실지니이다 왕은 내 생명을 찾아 해하려 하시나 나는 왕에게 범죄한 일이 없나이다"(삼상 24:11)

사울이 왜 그리 되었을까? 이것은 성령을 순종하지 아니하여 성령이 그에게서 떠나고 그 대신에 악령이 그의 마음에 들어와서 생명을 걸고 자신을 지켜준 다윗을 시기하여 적으로 보이게 했던 것이다. 면역 체계의 이상이 생겨 같은 세포끼리 싸워서 생기는 류마티스 관절염과 그 원인과 증세가 똑같지 아니한가?

### "영적인 류마티스 관절염 증세"

그런데 문제는 '영적 류마티스' 라는 질병의 심각한 증세가 과거의 사람인 사울 왕에게만 있었던 것이 아니라 오늘날 그리스도인들이라 하는 이들에게도 많이 있다는 점이다. 교회나 기독교계에 좀 뛰어난 사람이 있으면 그는 분명 하나님의 일꾼일진대 모든 기독교인들에게도 우군이요 자기편인 것이다. 이 세상과 교회는 하나님 나라의 백성들과 흑암의 권세인 사탄의 권세와 전면전이 전개되고 있는 영적 싸움터이다. 이 큰 싸움에 있어서 아무리 뛰어난 사람이라 할지라도 결코 혼자서는 싸워서 이길 수 없다. 온 세상의 그리스도인들이 모두 힘을 합쳐도 주님의 전적 도우심이 없으면 도저히 이길 수 없는 아주 벅찬 싸움이다. 그런데 그리스도인들이 기독교 공공의 적인 사탄을 향하여 전열을 가다듬지 아니하고 어이없이 자신의 우군에 해당하는 지체들 중의 어떤 사람들을 경쟁 상대 내지는 적으로 간주하여 시기하고 질투하며 예리한 눈으로 주목하여 본다는 점이다.

자신의 설교보다 더 뛰어난 부목사의 설교에 성도들이 아멘으로 화답하는 것을 보면서 함께 아멘으로 기뻐하기보다 딴 생각이 들 수 있다면 류마티스 관절염 증세가 매우 심각한 것이다. 혼자서 다 일할 수 없기에 사역을 도와주기 위해서 온 부교역자가 담임목사인 자신보다 설교를 더 잘하여 신자들이 은혜를 많이 받는다면 아주 고마워해야 할 일이다. 자신이 혼자서 다 할 수 없는 사역을 도와주러 온 부교역자는 분명 우군이요 적군이 아니다.

성경은 교회를 사람의 몸으로 비유를 하였다. 인간의 육체가 사지백체가 모여서 한 몸을 이루어 일사 분란하게 서로 조화를 이루고 몸의 더 나은 부분은 못한 부분을 감싸주고 덮어주는 것처럼, 그리스도 안에서 한 몸을 이룬 지체들은 서로를 높여주고 한 몸처럼 아끼고 사랑함으로 온전한 그리스도의 몸을 이룬 교회의 지체들이 되라고 성경은 권면하고 있다(고전 12:12-27 참조). 담임목사나 부목사나 성도들이나 자신이 왜 교회의 구성원으로 세움을 입었는가를 바로 알아야 한다. 주의 몸 된 교회 가운데 자신을 우뚝 세우려고 교회의 사역자나 어떤 직분으로 세워진 것이 아니다. 오직 교회의 머리이신 주님을 높이고 함께 몸을 이룬 다른 지체들을 섬기고 돕기 위하여 세움을 입은 것임을 사역자들과 성도들은 반드시 알아야 한다.

"몸 가운데서 분쟁이 없고 오직 여러 지체가 서로 같이 돌보게 하셨느니라 만일 한 지체가 고통을 받으면 모든 지체가 함께 고통을 받고 한 지체가 영광을 얻으면 모든 지체가 함께 즐거워하느니라 너희는 그리스도의 몸이요 지체의 각 부분이라"(고전 12:25-27)

나보다 형제를 더 높이고 세워주고 진심으로 존경할 수 있는 마음의 소유자는 믿음 안에서 비로소 장성한 분량의 은혜를 입은 성도이다. 부디 영적인 관절염 증세가 없는 건강한 주의 몸 된 지체들이 되시기를 소망한다.

### 13) 인생에 있어서 최고의 소득은

다윗은 참으로 많은 것들을 가진 사람이었다. 아버지에게도 그다지 인정받지 못했던 그가 하나님의 마음에 맞는 자가 되어 아주 젊은 나이에 이스라엘의 왕이 되었다. 다윗은 분명히 대단한 것들을 가진 사람이었다. 헤아릴 수 없이 많은 재물과 백성들 그리고 자신의 말 한 마디면 생사를 안 가리는 잘 훈련된 병사들 등 대단한 자산들을 소유했던 사람임에 틀림이 없다. 그러면 다윗은 이러한 자신의 소유물에 대하여 어떤 입장을 가지고 있었을까?

> "내 소유는 이것이니 곧 주의 법도들을 지킨 것이니이다"(시 119:56)

믿음의 사람 다윗에게 있어서 최고의 가치, 최고의 소유는 왕위와 온 나라와 땅이 아니라 하루하루의 삶 속에서 한 걸음 한 걸음 하나님의 말씀을 지키고 순종하며 살아가는 것, 바로 그것이었다. 다윗은 믿음의 사람이요, 현명한 사람이라 왕인 자신의 머리에 씌워진 왕관을 꾹 눌러쓰고 온 이스라엘의 땅을 다 짊어진 채로 영생에 들어갈 수 없음을 잘 알고 있었다. 다윗에게 있어서 들에서 양을 칠 때나 궁궐에 있을 때나 적에게 쫓겨 다닐 때에도 절대로 놓칠 수 없는 것이 있었으니, 그것은 하나님의 말씀을 순종하고 지키는 바로 그것이었다. 그것은 영원토록 자신으로 하여금 누리게 하는 진정한 소유물이었다. 이처럼 다윗은 영생의 관점에서 자산에 대한 가치 분별을 하여 진정한 소유물이 무엇인가를 살피는 눈을 가졌던 것이다.

이 시대를 살아가는 성도들이 얻고자 하는 소유물들은 무엇이며 얼마를 가졌을까? 불신자들은 재물을 얻으려 직장 생활이나 사업을 하지만 그로 인하여 얻은 것들을 언제까지 소유하며 누릴 수 있겠는가? 힘겹게 얻은 것들이 어느 날 홀연히 떠나든지, 아니면 그 자신이 그 아까운 소유물 곁을 홀연히 떠나게 될 것이다. 이런 덧없는 것들이 어떻게 진정한 성도의 소유물이며 인생을 다 주고라도 얻으려고 할만한 가치를 지닌 것이 될 수 있겠는가? 성노들은 이런 것들보다 더 소중한 그 무엇을 자신의 소유물로 삼아야 한다. 공평하신 하나님은 별 재간이 없는 사람들도 소중한 것을 가질 수 있게 하셨다. 날마다 믿음 안에서 하나님의 말씀을 순종하고 지키며 살아간다면 성도가 떠나보낸 그 날들은 흔적 없이 사라져버리는 것이 아니라, 주의 말씀을 순종하며 걸어갔던 그의 아름다운 발자취가 고스란히 그의 삶의 소중한 결실로서 금세와 내세에 이르도록 그를 빛나게 하며 그에게 최고의 가치를 지닌 진정한 소유눌이 되어 줄 것이다.

하나님의 말씀을 순종하며 살아가는 성도는 설령 그의 삶이 세상에서 살 동안 고난의 연속이었다 하더라도 그 실패의 고비 고비 속에서도 여전히 하나님의 뜻을 순종하다가 겪은 고난이라면 그의 고난은 값진 것이며, 고난 속에서도 꿋꿋이 순종하며 살아간 발자취가 그에게 가장 소중하고 빛나는 결실이요 영원히 값진 소유물이 되어줄 것이다. 다윗은 왕위보다도 이스라엘 전 영토보다도 삶의 매 순간마다 하나님의 말씀을 순종하고 따르는 것만이 진정한 자신의 소유물이 됨을 알았던 것이다. 어떤 이가 잠시 지나는 세상에서 남보다 더 앞서 가려고 하나님의 말씀을 불순종하며 그 무엇을 손에 좀 잡았다 하더라도 그것들은 그를 이롭게 할 소유물이 아니라 오히려 그로 인하여 영원히 부끄러워지며 자신을 심판하는 유력한 증인으로 나설 것이다.

성도들이여! 영생의 시각으로 진정한 가치를 지닌 나의 소유물이 무엇인가를 깨달아 그 값진 것들을 소유하라. 당신은 영원한 하나님의 나라에서 부요한 사람이 될 수 있다. 잠시 스쳐갈 세상에서 부질없는 것 말고 영원한 하나님의 나라에서 세세토록 영광스러우며 부요하게 할 소유물을 얻기 위하여 남은 생을 온전히 바쳐 보지 않겠는가?

> "내 평생에 선하심과 인자하심이 반드시 나를 따르리니 내가 여호와의 집에 영원히 살리로다"(시 23:6)

### 14) 영적 세계에도 관성의 법칙은 통한다.

달리거나 자전거를 타고 가다 미처 멈추지 못하고 '어~~어' 하다가 부딪친 경험들이 있을 것이다. 한번 움직인 물체는 계속 직진하려는 관성이 있기 때문에 마음은 원이로되 관성의 영향을 받는 몸이 제때에 서주지 않기 때문이다.

"어디 몸뿐인가?"

가끔 부부간이나 친한 사람들과도 작은 일로 다투다가 점점 판이 커지면서 속으로 '어 이게 아닌데' 하면서도 한번 격해진 감정은 즉시 멈추지 않아서 대형 충돌로 이어진 경험이 있을 것이다. 요즘 사회적인 큰 문제로 떠오른 층간 소음으로 인한 이웃과의 마찰도 일종의 관성 법칙이 적용되는 경우라 하겠다. 정신세계에도 관성의 법칙이 작용하기 때문에 빚어지는 일들이다.

"어디 그뿐인가?"

그리스도인들도 때로는 옛날 믿지 않았을 때 세속적으로 살던 때의 육체적 미각이 살아 있어서 가끔 생각으로나 실제적인 면에서 은근히 세속적인 맛을 탐닉한다. 정신없이 세속의 맛을 즐기다가 문득 '내가 그래도 예수 믿는 사람인데.' 하며 자책이 들어 마음으로 멈추어보려 하지만, 한번 세속을 향하여 탄력이 붙기 시작한 속도는 지금까지 향하던 관성에 의해 쉽게 멈추어지지 않는다. 멈추지 못하여 죄에 부딪치고 세속에 넘어진 일들이 도대체 얼마나 될까? 이런 상태에 있는 신자들이 맡은 순서나 종교적 습관에 의하여 잠시 눈감고 기도하거나 성경책을 보거나 심지어 설교를 한다 하여도 영적인 세계와 깊은 교통은 이루어지지 않는다. 하나님과 영적인 교통이 이루어지려면 먼저 성령의 능력으로 활성화되어 육적인 자아를 통제하고 영적인 세계와의 정밀한 채널 조정과 자세 교정이 먼저 있어야 하기 때문이다.

비행기가 하늘 높이 날아오르기 위해서 긴 활주로를 달려가야 하는 과정이 필요하듯이, 그리스도인들이 하나님과 영적인 깊은 교통을 위해서는 영적인 가속도가 충분히 붙을만한 정서적, 시간적 여유가 필요하다. 눈만 살짝 감거나 부랴부랴 성경책을 펴 들었다고 이내 깊은 영적인 교통에 들어갈 수는 없는 것이다. 이 시대는 그리스도인들에게도 여전히 남아있는 육적 감각을 일깨우는 것들이 지천에 널려 있다. 이런 것들이 그리스도인들의 육적 감각을 깨우는 데서 그치지 않고 무섭게 가속도가 붙도록 그리스도인들의 등을 힘껏 떠밀고 있다. 이처럼 무섭게 세속을 향해 떠밀려 가는 그리스도인들은 결코 하나님과의 진정한 영적 교통을 가질 수 없는 것이다. 세속을 향하여 떠밀려가던 속도가 완전히 정지되고 난 후 영적인 세계를 향한 출발이 되고, 그 후 충분한 가속이 이루어진 후에야 비로소 영적 교통이 이루어질 수 있는 최소한의 정서가 마련되는 것이다.

이처럼 세속을 향하여 달려가던 가속도가 멈추고 관성이 제로가 되기 전에는 하나님을 향하여 한 발자국도 떼어 놓을 수 없는 것이다. 세속을 향한 가속이 멈추지 않은 상태에서 하나님과 영적 교통을 시도하는 것은 300 킬로미터의 속도로 '교행' 하는 맞은편 고속전철 승객과 악수를 시도하는 것만큼이나 어려운 일일 것이다. 하나님과의 깊은 영적인 교통이 이루어지려면 먼저 세속을 향하던 속도와 관성이 제로가 되게 해야 한다. 그리고 하나님을 향하여 전심으로 구하며 달려갈 때 하나님은 우리를 만나 주실 것이다.

"너희가 온 마음으로 나를 구하면 나를 찾을 것이요 나를 만나리라"(렘 29:13)

## 15) 정답 대신 오답을 써내는 사람들

인생을 사노라면 부득불 여러 차례 중요한 시험을 치르게 된다. 어린 시절 학기마다 치르는 기말 고사뿐 아니라 대입 시험을 치루고 난 뒤에도 여전히 끝이 아니다. 낙다기 바늘귀로 들어 가는듯한 취업의 관문을 또 시험을 치루며 통과해야 하기 때문이다. 중요한 시험을 치루는 수험생들은 대부분 긴장되어 맥박이 뛰고 때로는 머릿속이 하얗게 되기도 한다.

"왜일까?"

정답이 떠올라야 하는데 이것인지 저것인지 도무지 알 수 없을 때가 그렇다.

그러다 불현듯 깨달아지면 그때의 고마움이란(고마움의 대상이 누군지는 몰라도 부소건 고맙다) 말로 표현할 수 없다. 그런데 이처럼 정답이 떠오르지 않아 뒤통수를 두드리다가 문득 떠오른 정답을 답안지에 그대로 쓰지 않고 "정답은 다음번 시험 볼 때 쓰기로 하고 요번엔 아무렇게나 대충 쓰자."라고 하는 이런 어리석은 사람이 있을까. 그것도 아주 중요한 시험에서 그랬다면 그는 인생을 말아먹을 작정을 한 사람일 게다.

그런데 세상 사는 모습을 가만히 보면, 그런 사람들이 많음을 알게 된다. 가장 정확한 답을 쓰기보다는 오답 내지는 아주 틀릴 확률이 많은 답을 써 내려가는 이들이 아주 많은 것 같다. 신자들 중에 그런 이들이 많다. 믿음의 사람으로서 가장 합당한 삶은 무엇이며 무엇을 하는 것이 옳은 것인지를 모르는 이들은 거의 없다. 그렇지만 그리스도인들 중 많은 이들은 답안지로 제시된 하나님의 말씀과 자신을 향하신 하나님의 뜻에 가장 확실하고 합당한 삶으로 순종하기를 주저한다. 가장 정확한 답은 다음 기회에 써 내기로 하고 대충 두루뭉술하고 하나님의 바라시는 바가 아닐 확률이 높은 오답 같은 삶으로 오늘을 써 내려 간다.

'자신의 영생에 관한 운명이 걸린 이 중대한 시험을!'

### 16) 내게 은과 금은 없거니와

오순절에 베드로가 성령을 받고 난 뒤 놀라운 능력의 일꾼이 되어 초기 기독교회는 경이적인 부흥을 이루게 된다. 베드로의 설교를 통해 하루만에 기독교인의 수가 삼천이나 증가하고 어떤 날은 남자의 수만 오천이나 증가하기도 했었다. 이처럼 초대교회에서 베드로는 매우 중요한 위치에 있었다. 하루는 베드로가 기도하러 요한과 함께 성전에 올라가다 나면서부터 걷지 못하는 이가 구걸을 하자, 베드로는 그에게 말한다.

> "은과 금은 내게 없거니와 내게 있는 이것(예수님)을 네게 주노니 나사렛 예수 그리스도의 이름으로 일어나 걸으라"(행 3:6)

즉시 나면서부터 걷지 못하던 병자는 일어나서 걷기도 하고 뛰면서 하나님을 찬송하였다. 베드로가 나면서부터 걷지 못했던 이에게 했던 말 “은과 금은 내게 없거니와” 하는 이 말을 깊이 생각하여 보자.

당시 베드로는 어떤 사람인가? 그의 설교는 당시 예루살렘 사람들의 마음을 온통 뒤흔들었다. 그를 통하여 나타나는 표적과 기사 이적은 놀라운 것이었다. 당시 사람들에게 그의 위치는 하나님이 세우신 탁월한 사역자로 의심의 여지가 없는 능력의 일꾼이었다. 이런 베드로의 주머니에 왜 은과 금이 없었을까? 만일 그에게 은과 금이 필요했다면 은과 금이 그에게 없을 이유가 없었을 것이다. 베드로의 설교에 은혜를 많이 받은 당시의 신자들이 재산마저 다 팔아서 헌금을 하고 물질을 서로 통용하던 때였다. 당시 예루살렘 교회의 상황을 감안하면 베드로에게 은과 금이 없었다는 것이 더 이상한 상황이다. 만일 베드로가 은과 금의 필요를 느꼈다면 직접 돈을 요구하든지 아니면 얼마든지 좋은 의미에서 성도들이 바친 헌금의 일부분이 베드로가 쓰기에 풍족할 정도로 그의 주머니에 건네질 수 있는 당시의 상황이었다.

그러나 그때 베드로의 주머니에는 여전히 은과 금이 없었다. 왜 그랬을까? 초대교회 신자들이 주의 종 베드로에게 너무 인색해서일까? 아니다. 당시 예루살렘 성도들은 자신의 재물들을 다 팔아서 궁핍한 사람들에게 나누어줄 정도로 이미 큰 은혜를 받은 사람들이었다. 답은 딱 하나다. 베드로는 자신에게 돈이 왜 있어야 하는지에 대한 개념조차 없었던 것이다. 성령을 충만히 받고 예수님으로 가득 채워진 베드로는 자신에게 계신 주님 외에 다른 어떤 것에 대한 갈증이나 필요도 느끼지 못했기 때문이다. 그랬기에 가난했던 이들도 은혜를 받은 성도들이 바친 재산의 분배로 인하여 짭짤하게 돈을 만지던 그때에 유독 예루살렘 교회의 탁월한 지도자인 베드로의 주머니는 여전히 텅텅 비어 있었다. 주님으로 가득히 채워진 이들은 세상의 어떤 것들이 좀 부족하여도 그 부족한 것들에 대하여 그다지 민감하지 않았던 것이다. 아니 민감하지 않다기보다는 그런 것들이 자신에게 부족하다는 생각 자체를 잊고 살아갈 수도 있다는 것을 성경은 베드로를 통해서 보여주고 있다.

"주님 한 분이면 충분하기에"

세상 사람들이나 믿음이 부족한 신자들은 그만하면 되었음직 한데도 무엇에 그리 갈증이 심한지 이해하기 어렵다. 집 위에 집을 더하고 적금에 적금을 더하고 노후를 대비하고 그래도 불안하여 별의별 보험을 다 들고서도 안절부절못하며 살아가는 이들이 우리 시대에는 얼마나 많은가? 그렇지 않고서야 보험회사 빌딩들과 은행 건물들이 저처럼 화려하고 하늘 높이 치솟을 수는 없기 때문이다. 특히 세상 사람들에게 빈축을 사면서까지 물질 문제로 성직자라는 그 아름다운 이름과 하나님의 거룩하신 이름에까지 어두운 구름을 드리우는 이들은 도대체 그들의 배 속에 무엇이 들어있는지 궁금하다.

모든 그리스도인들과 특히 사역자들은 자신에게 진정 소중한 것은 무엇이었는지 깊이 돌아보아야 한다. 보배로우신 예수 그리스도를 만났고 하나님의 나라를 전하는 성직자들이 물질 문제 때문에 비난을 받는다는 것은 너무 슬픈 일이다. 그리스도인들이 왜 그토록 세상의 것에 허기를 느끼는가? 오죽 했으면 온 기독교계를 비난받게 하면서까지 편법을 써가며 분에 넘치는 사례비를 받으려 하겠는가? 모든 그리스도인들은 자신에게 가장 소중한 것이 무엇인지 자신의 신앙을 다시 한 번 점검해 보아야 할 것이다.

"나에게 있어서 정말 소중한 것은 예수님인가 아니면 물질인가를"

당시 재정이 풍부하던 예루살렘 교회의 최고 지도자인 베드로의 고백이 이 시대를 살아가는 모든 그리스도인들과 특히 교회 사역자들의 고백이 되어야 할 것이다.

한국교회의 사역자들과 성도들에게 올리는 호소문
교회여 어찌하여

펴 낸 날 1판 1쇄 2016. 9. 30

지 은 이 김진홍
펴 낸 이 이환호
편집디자인 반갑경
펴 낸 곳 도서출판 예찬사
등 록 1979. 1. 16 제302-2004-000056호
주 소 서울시 용산구 한강대로 46길 6(정우빌딩 205호)
전 화 798-0147(편집) 798-0148~9(영업)
팩시밀리 798-0145
블 로 그 blog.naver.com/yechansa
전자우편 octo0691@naver.com

I S B N 978-89-7439-431-8 03230


좋은 책은 좋은 사람을 만듭니다.
예찬사는 기독교 출판 실천윤리강령을 준수합니다.